Antje Nolte/Bernd Nolte

Die Rucksack-Strategie

Antje Nolte/Bernd Nolte

Die Rucksack-Strategie

Sichere Altersvorsorge für unsichere Zeiten

FinanzBuch Verlag

Bibliografische Information der Deutschen Bibliothek:
Die Deutsche Bibliothek verzeichnet diese Publikation in der Deutschen Nationalbibliografie; detaillierte bibliografische Daten sind im Internet über http://dnb.ddb.de abrufbar.

Lektorat: Dr. Renate Oettinger
Satz/Layout: Agentur MCP, Holzkirchen
Covergestaltung: Pamela Günther
Druck: Druckerei Joh. Walch, Augsburg

Antje Nolte/Bernd Nolte · Die Rucksack-Strategie
1. Auflage 2009

FinanzBuch Verlag GmbH
Nymphenburger Straße 86
80636 München
Tel. 089/65 12 85-0
Fax 089/65 20 96

Für Fragen und Anregungen:
nolte@finanzbuchverlag.de

ISBN 978-3-89879-428-2

Inhalt

Vorwort der Autoren

Sie kennen die Warnungen im Zusammenhang mit dem Thema Altersvorsorge sicher schon zur Genüge: die tickende demografische Zeitbombe, die drohende Rentenlücke und die unsicheren globalen Finanzmärkte, die ganz schnell aus einem großen Vermögen ein kleines machen können. Und Sie kennen auch die täglichen Horrorszenarien: Wenn Sie mal alt sind, dann gibt es keine staatliche Rente mehr. Und dazu noch eine Menge alter Menschen, die unversorgt bleiben. Von denen viele wenig bis nichts haben. Und andere haben heute zwar viel, müssen aber morgen vielleicht schon nach einem Börsencrash oder einer Scheidung mit deutlich weniger Geld auskommen. Und wenn Sie dann im Alter Single sind und keinen Lebenspartner haben, der Ihren Rollstuhl schiebt, oder eine Pflegekraft, die Ihnen die Suppe ans Bett bringt, dann sind Sie verloren. Und deshalb sollten Sie jetzt ganz schnell etwas an Ihrem sich abzeichnenden Schicksal ändern und anfangen, fürs Alter zu sparen. Was immer geht. Und so früh wie möglich! Sie wissen schon – sonst wird es schlimm enden mit Ihnen!

Die Reaktionen der von staatlichen Sicherungsinstitutionen oder ihren Lebenspartnern »im Stich gelassenen« Menschen auf diese Horrorszenarien sind vielschichtig. Sie kommen in einem Dialog der beiden Fernsehmoderatoren *Anne Gesthuysen* und *Sven Lorig* recht treffend zum Ausdruck, die vor kurzem den Themenschwerpunkt »Altersvorsorge« in ihrer *Morgenmagazin*-Sendung wie folgt anmoderierten:

Er: »Du, hast du dich denn schon mit dem Thema Altersvorsorge beschäftigt?«

Sie: »Nee du, ich find' es irgendwie unangenehm, mich damit zu beschäftigen.«

Er: »Du, ich hab es einmal gemacht. Und dann etwas abgeschlossen. Und jetzt hab ich meine Ruhe. Und das Gefühl, dass von meiner Altersvorsorge ganze Heerscharen von Versicherungsmaklern leben.«

Und jetzt kommen Sie: Was sollen Sie jetzt tun – was ist richtig und was ist falsch?

Die Augen schließen und das Thema Altersvorsorge verdrängen (wie die oben genannte Moderatorin), weil es einem unangenehm ist und es sich schon irgendwie regeln wird? (Anmerkung: Von wem eigentlich?)

Oder reicht es, wenn man die Augen nicht verschließt und einfach mal mit irgendetwas anfängt in der Hoffnung: Das wird sicher ausreichen (oder zumindest das Gewissen beruhigen, wie bei dem Fernsehmoderator)?

Die beiden Reaktionen sind typisch, und sie sind uns in den vergangenen Jahren in unseren Finanzseminaren und -trainings immer wieder begegnet: Das Thema »Altersvorsorge und Finanzen« ist vielen – trotz der immer präsenteren Bedrohungsszenarien – höchst unangenehm. Viele wollen eigentlich gar nicht darüber sprechen und hoffen insgeheim doch irgendwie auf Hilfe von Dritten (zum Beispiel von »Vater Staat« und *Norbert Blüm*, der uns doch einmal weismachen wollte, dass unsere Renten sicher seien) und dass alles nicht so schlimm kommen möge. Andere wiederum glauben, wenn man einmal irgendetwas gemacht hat, wird die im Beratungsgespräch bei der Bank verkaufswirksam aufgezeigte »Renten- oder Versorgungslücke« schon geschlossen werden – das beruhigt einen schon ungemein!

Die beiden Reaktionen helfen Ihnen aber kaum weiter. Es wird in Zukunft kein Vater Staat und keine Generationenvertragsgemeinschaft in Deutschland für Ihre persönlichen Wünsche und Pläne im Alter aufkommen können – außer, Sie sind bereit und auch in der Lage, Ihre Wünsche und Ausgaben konsequent an den künftig schmaleren Rentenbetrag anzupassen. Und auch ein einmal initiierter Ratensparplan oder eine Lebensversicherung werden bei vielen kaum ausreichen, die vielfältigen und äußerst individuellen Wünsche oder die aufkommenden Zwänge zu finanzieren, die das Leben für Sie parat hat. Zum einen, weil manche Anlageprodukte nicht das halten, was Ihnen beim Kauf vollmundig versprochen wird – die Aktienmarktkrisen machen das alle paar Jahre deutlich. Und zum anderen, weil viele von uns nicht nur für sich und die vielen Wechselfälle des Lebens sorgen müssen, sondern auch noch für ihre Eltern, ihre Kinder oder Geschwister und ihre Lebenspartner. Und diese persönliche Sorge sowie die dafür nötige finanzielle Vorsorge müssen mit Verstand – und vor allem mit Überblick – geplant werden. Nur dann haben Sie die Sicherheit, die Sie brauchen, um zu erkennen, was für Sie und andere drin ist – und was nicht. Gerade in unsicheren Zeiten.

Denn viele von uns werden nicht automatisch jedes Jahr in einem gut dotierten Job tätig sein, sondern auch einmal den Arbeitsplatz verlieren oder – gewollt – eine Bildungs- oder eine Familienpause einlegen. Ihnen hilft bei der Altersvorsorgeplanung der gern zitierte »Eckrentner« mit seinen 45 Jahren linearer Erwerbsbiografie nicht weiter. Und auch der Mensch, mit dem man voller Liebe und Hoffnung ins Eheleben aufgebrochen ist, kann sich irgendwann einmal anders entscheiden – nämlich gegen einen; dann ist oft nicht nur die Liebe verloren, sondern auch noch viel Geld. Andere unter uns werden womöglich überhaupt keinen eng verbundenen Partner haben, der ihnen menschlich – und eben oft auch finanziell – zur Seite steht. Diese Singles – und alle, die es einmal für kürzere oder längere Zeit werden – müssen im Grunde immer eigenverantwortlich ihr Leben meistern, mit allen Irrungen und Wirrungen – und dafür immer ausreichend finanzielle Mittel zur Verfügung haben. Und das oft nicht nur für sich, sondern – wie Sie später noch lesen werden – auch für andere.

So entstand die Idee für dieses Buch: Wir wollen Ihnen ohne ständige Altersarmutsdrohungen, »Pseudo-Rentenlücken« und »Wenn Sie dieses oder jenes Finanzprodukt jetzt abschließen, dann werden sich alle Ihre Probleme im Alter lösen lassen« zeigen, wie Sie sich auf die Herausforderungen unsicherer Zeiten und die damit verbundenen Finanz- und Vorsorgethemen sinnvoll vorbereiten können. Wir nennen dies die »Rucksack-Strategie«, weil wir die Erfahrung gemacht haben, dass es gerade in unsicheren Zeiten entscheidend ist, einen eigenen Rucksack zu besitzen, in dem ausreichend Proviant ist für alle Höhen und Tiefen der Tour durchs Leben. Auf diesen Rucksack sollten Sie immer wieder zurückgreifen können. Ihn müssen Sie von Anfang an sorgsam packen und seinen Inhalt immer wieder neu zusammenstellen. Teils mit Mitteln, die Sie selber mit Ihrer Arbeitskraft erwirtschaften, teils mit Mitteln aus Ihrem Ersparten und teils mit Mitteln, die Ihnen der Staat oder Ihr Arbeitgeber mit auf die Tour geben. Sie werden mit unserer Hilfe Schritt für Schritt lernen, Ihren persönlichen Finanz-Rucksack zu packen und zu erkennen, wie viel in welche Tasche rein muss und was Sie bei den diversen Befüllungen und Entnahmen bedenken müssen. So ist sichergestellt, dass Sie in allen möglichen Situationen gut versorgt sind und bleiben – beim Aufstieg wie beim Abstieg auf der Tour durchs Leben.

Das Packen Ihres »Finanz-Rucksacks« erfolgt in vier Schritten:

- Im ersten Schritt zeigen wir Ihnen, wie Sie sich mit Ihrem Finanz-Rucksack vom Start weg finanziell gut vorbereitet und erfolgreich auf einen sicheren Weg durch Ihr – manchmal unsicheres – Leben machen.

- Im zweiten Schritt erkennen Sie ganz konkret, was Sie an finanziellem Vorsorgeproviant von Dritten – nämlich vom Staat und von Ihrem Arbeitgeber – für Ihren Weg durchs Leben bekommen können.

- Im dritten Schritt verdeutlichen wir Ihnen, wie Sie auf Ihrem Weg durchs Leben Ihr Geld für sich arbeiten lassen und immer wieder von Ihren Rücklagen profitieren und zehren können – Sicherheit in unsicheren Zeiten!

- Im vierten Schritt lernen Sie höher rentierliche und riskantere Finanzanlagen kennen. Sie liefern mit ihren höheren Ertragschancen das »Sahnehäubchen obendrauf«. Aber gefährden Sie niemals Ihre gesamte Grundversorgung, bei deren Wegfall Sie plötzlich mit leeren Taschen dastehen und auf die Hilfe Dritter angewiesen sind. (Aktien sind dafür ein prima Beispiel: Bei den heutigen global vernetzten Kapitalmärkten kann eine Krise über Nacht aus einem großen Vermögen ein kleines machen.)

Sie werden an vielen Stellen dieses Buches die Gelegenheit bekommen, Ihre je nach Lebenssituation wechselnden persönlichen Verhältnisse und die damit verbundenen finanziellen Möglichkeiten – und eben manchmal auch Zwänge – herauszuarbeiten. Dazu müssen Sie nicht BWL studiert haben oder ein gewieftes Finanzgenie sein. Sie werden für alles in diesem Buch eine ganz klar strukturierte und für Sie immer nachvollziehbare (und vor allem auch nach*machbare*) rechnerische Lösung finden. Und genau deshalb – das dürfen Sie uns glauben – werden Sie auch in unsicheren Zeiten immer wieder ein gutes Gefühl von Sicherheit haben. Denn als Rucksack-Besitzer werden Sie bei aufkommenden Schwierigkeiten auch die sich bietenden Gelegenheiten sehen. Und diese Gelegenheiten können Sie dann mithilfe unseres Buches auch nutzen. Sie werden also – wenn Sie sich mit dem Packen des Finanz-Rucksacks und dem dafür sinnvollen und nötigen Finanz-Proviant vertraut gemacht haben – ohne großes Brimborium und ohne Finanz-Schabernack mit dem Thema Altersvorsorge und Finanzplanung klarkommen – ein Leben lang. Versprochen! Also, nichts wie ran!

1

PACKEN SIE IHREN FINANZ-RUCKSACK FÜR ALLE IRRUNGEN UND WIRRUNGEN DES LEBENS

1. Ihr Ausgangspunkt: vom Start weg richtig packen – es kommt nicht nur auf die Menge an!

In diesem Kapitel …

- … erkennen Sie, dass Ihr Finanz-Rucksack und die Planung Ihres finanziellen Proviants für Sie so wichtig sind wie der herkömmliche Rucksack für den Bergsteiger auf seiner Tour.
- … bekommen Sie einen ersten Überblick über Ihre persönliche finanzielle Situation und Ihre diversen Möglichkeiten zur Befüllung Ihres Finanz-Rucksacks.
- … können Sie verschiedene Lebenssituationen und die damit verbundenen finanziellen Auswirkungen »durchspielen«.
- … wird Ihnen eines klar: Ich geh' nicht mehr ohne meinen Finanz-Rucksack durchs Leben!

1.1 Das Leben ist kein Spaziergang, sondern eine Bergtour

Wir möchten gleich zum Start das bereits angesprochene Bild einer Bergtour – Ihrer ganz persönlichen Tour durchs Leben – mit allen Höhen und Tiefen konkretisieren. Einer Tour mit Phasen des euphorischen Aufbruchs, der steilen und mühsamen Aufstiege, der Höhepunkte und der tollen Ausblicke, der Einkehr mit den Momenten des stolzen Rückblicks auf die bisherigen Etappen und das Erreichte.

Es kann aber auch ganz schnell zu Wetterwechsel und Steinschlag kommen, zu Phasen des Unglücks und der Frustration, in denen alles schiefgeht, was auch nur schiefgehen kann. Da wechseln ganz plötzlich strahlende Ausblicke und tolle Perspektiven mit stürmischen und lebensfeindlichen Situationen. Da glaubt man nach einem erreichten Gipfel, man wandere jetzt nur noch so dahin in Richtung Ziel. Und merkt dann auf einmal, dass die nächste – zunächst viel versprechende – Etappe noch viel mehr Kraft und Energie kostet als die soeben zurückgelegte. (Oder was, glauben Sie, haben die Bankkunden empfunden, nachdem sie erfahren haben, dass ihre bislang »geräuschlos« verlaufene Immobilienfinanzierung an eine ausländische Finanzheuschrecke verkauft wurde, die ihnen das sicher geglaubte Eigentum enteignen will?)

Noch heute wollen uns viele weismachen, unser Leben würde sich in vier aufeinanderfolgende Lebensphasen strukturieren lassen:

1. **Der Berufseinstieg:** Der Mensch hat nach Jahren auf der Schul- und Lehrbank ausgelernt, verdient das erste eigene Einkommen, schafft das erste Auto und die erste Wohnungseinrichtung an, geht gerne aus und reist im Sommer in den Süden. Was verdient wird, reicht gerade für den Konsum; gespart werden meist Minibeträge – und das auch nur wegen der vermögenswirksamen Leistungen von Staat und Arbeitgeber.

2. **Die Aufbauphase:** Jetzt steigen mit den Jahren Einkommen und Ansprüche. Die Partnersuche führt Mitte 20 zum Erfolg, eine Familie wird gegründet, und Anfang 30 wird dann eine Wohnung gekauft. Und es wird zwischen 30 und 50 noch mehr gerackert, um Schulden, Lebensversicherungsbeiträge und Konsumwünsche zu finanzieren.

3. **Die Vermögenssicherungsphase:** Die Anstrengungen haben gefruchtet. Die Immobilie ist mit 50 fast abbezahlt, sogar ein kleines Wertpapierdepot ist neben das Sparbuch gerückt. Und die Kinder gedeihen prächtig und sind der ganze Stolz der Eltern.

4. **Die Erntezeit:** Jetzt, im letzten Viertel des Lebens, sind die Schulden getilgt, die Lebensversicherung wird mit 60 ausbezahlt, und die eigenen Eltern haben ein schönes kleines Erbe hinterlassen, der lang gehegte Traum von den schönen Fernreisen wird ver-

wirklicht. Mit einer ansehnlichen Rente vom Staat geht man in Ruhestand und freut sich auf die Einladung der örtlichen Bank oder Sparkasse zur Abendveranstaltung »Erben und vererben«. Schließlich möchte man keine Fehler machen beim Vererben an die vielen Enkel.

Und wenn sie nicht gestorben sind, dann leben sie noch heute. Ein schönes Märchen, nicht? Es hat nur leider einen Haken: Mit der Realität der meisten Menschen hat dieses Märchenleben, in dem eins aufs andere schön geordnet kommt, nichts mehr gemein. Viele von uns drücken heute mehrmals im Leben die Schul- oder Weiterbildungsbank. Einstiege, Aufstiege und Abstiege mit Höhen, Tiefen und Seitwärtsbewegungen kommen wenig planbar. Wir wechseln die Arbeitgeber – nolens volens – mehrmals im Leben – dabei verkündete unser Vater noch stolz: »Einmal Bosch, immer Bosch!« Das Gleiche gilt für die Lebenspartner und die Familien. Die einen verlieren ihr Vermögen und ihre sicher geglaubte Lebensbasis, die anderen gewinnen noch mehr hinzu – durch eine tolle Geschäftsidee, eine steile Karriere oder durch eine Erbschaft. Aber nicht alle erben gut gefüllte Sparbücher, schöne Wohnungen und Häuser in Top-Wohnlagen oder gar attraktive Wertpapierdepots.

Im Gegenteil: Nicht wenige von uns werden ihre Herkunftsfamilie sogar viele Jahre kräftig unterstützen müssen. Auch – oder: gerade – viele Singles. Da wird der nächste Schritt im Leben zur Rückkehr. Es ist eben keine Seltenheit mehr, dass 50- bis 60-Jährige ihre Kinder nach einer Ehescheidung oder einem Berufswechsel finanziell unterstützen oder 60- bis 70-Jährige ihre hochbetagte 90-jährige Mutter pflegen und versorgen. Die Welt hat sich für uns alle sehr verändert, wie die folgende Tabelle zeigt:

Früher	Heute und künftig
vorhersehbare	offene ungewisse
Lebensphasen	Lebenswege
klar vorgezeichnete	viele individuelle
Lebenswege und	Erwartungen und
Erwartungen in puncto ...	Befürchtungen in puncto ...
... definierte Bildungswege	... gestaltbare Bildungsbausteine
... Beruf und Karriere	... Entwicklungswege als »Ich-AG«
... Lebensstil und Stellung	... Selbstverwirklichung als »Ichling«
... Familie und Gesellschaft	... das Leben als Pipi Langstrumpf:
(»Man tut dies und das«)	(»Ich bau mir meine Welt, wie sie mir gefällt«)
... gruppenkonformer Konsum	... Lifestyle und Selbst verwirklichung
... passiv-annehmende Haltung	... aktiv-gestaltende Verantwortung

Diese oder ähnliche Entwicklungen werden immer wahrscheinlicher auch auf Sie zutreffen und Sie auf Ihrer persönlichen Tour durchs Leben immer wieder vor große persönliche Herausforderungen stellen – selbst gewählte oder überraschende – vielleicht schon morgen oder erst übermorgen. Dann müssen Sie sich von einem Tag auf den anderen umstellen können. Und vor allem finanziell genau wissen, wo Sie stehen und worauf Sie zurückgreifen können.

Nun zu Ihrem Leben. Notieren Sie einfach einmal drei wichtige Ereignisse in Ihrem Leben und wie sich damit Ihre persönliche finanzielle Situation jeweils veränderte.

Lebenssituation …

____

____

____

____

____

… und damit verbundene / daraus resultierende finanzielle Auswirkungen …

____

____

____

____

____

Lebenssituation …

____

____

____

____

____

... und damit verbundene / daraus resultierende finanzielle Auswirkungen ...

____

Lebenssituation ...

____

... und damit verbundene / daraus resultierende finanzielle Auswirkungen ...

____

Sie merken ganz schnell an Ihrem eigenen Leben: Fast alles, was uns widerfährt, hat unmittelbare finanzielle Konsequenzen. Im Job geht's vorwärts, man verdient prima, man gönnt sich was und genießt das Leben.

Und dann passiert's: Die Firma wird übernommen; was bis gestern gut war, ist auf einmal nicht mehr ausreichend; man verliert den Job, bekommt auch nicht so schnell einen neuen; man schreibt Bewerbungen, reist durch die Gegend und stellt sich vor. Das Geld wird immer knapper (es kommt ja auch kaum was rein), viele »Freunde« verlieren das Interesse an einem, und die innere Unruhe steigt mehr und mehr. Dann endlich: ein neuer Job – Neustart. Endlich wieder ein geregeltes Einkommen, wieder drin im Leben. Sie entwickeln Pläne für die Zukunft, kaufen sich eine schöne Wohnung, bauen sich etwas auf. Und gerade als sie glauben, es ginge genauso weiter, kommt die nächste unvorhergesehene Situation.

Für diese Tour durchs Leben mit dem häufigen Auf und Ab sollten Sie, gerade wegen der vielen unvorhersehbaren Wendungen, vom Start weg richtig gerüstet sein – mit einem gut gepackten eigenen Rucksack. Dieser Rucksack symbolisiert zum einen die Notwendigkeit des kontinuierlichen Befüllens für den eigenen Lebensweg und zum anderen die Tatsache, dass zumindest Sie – manchmal auch andere – von ihm zehren werden. Sie brauchen also zunächst einmal bestimmte Mittel beziehungsweise Einnahmen, um damit die einzelnen Taschen und Fächer Ihres Rucksacks zu füllen. Und egal, wie es dann kommt auf Ihrer Tour, in Ihrem Rucksack haben Sie Ihre Ausrüstung – die Karten, das Schweizermesser, den Kompass und den Regenschutz, trockene warme Kleidung für schlechtes Wetter und dergleichen mehr – wie auch Ihren Reiseproviant, von dem Sie (und vielleicht auch andere) über die verschiedenen Etappen hinweg leben können.

Logischerweise werden Sie nicht den gesamten Proviant für die ganze Tour gleich von Anfang an dabeihaben; das würde Sie kräftemäßig und sicher auch wirtschaftlich überfordern. Vielmehr werden Sie Ihren Rucksack vom Start weg gut strukturiert befüllen und dann den Proviant je nach Situation aufbrauchen beziehungsweise wieder gezielt nachfüllen. Das werden Sie eigenverantwortlich machen und sich nicht nur auf Dritte verlassen (denn dann sind Sie vielleicht ganz schnell wirklich verlassen). Und vielleicht sogar auch für Dritte etwas mit einpacken, weil man von einem guten Freund und Begleiter auf dieser Tour ganz genau weiß, dass er meistens dies und das nicht dabei hat und einen später dann anpumpen wird (und Sie sich womöglich sogar darin gefallen, dass man sich eben auf Sie verlassen kann).

Der Weg durchs Leben gleicht einer solchen Tour: ein ständiges Auf und Ab. Genau für diese Irrungen und Wirrungen – für die *magic* und *tragic moments* – Ihres Lebens werden Sie gut (aus)gerüstet sein. Da ist die Schlussetappe im Alter eben nur eine von vielen. Und in der Regel nimmt einen die Herausforderung, vor der man gerade steht, am meisten in Anspruch.

Mit dem Finanz-Rucksack, bei dessen Zusammenstellung wir Sie in den nächsten Kapiteln beraten, werden Sie – bildlich gesprochen – immer einen guten Helfer auf dem Rücken haben. Einen Helfer, der Ihnen – mit unserer Rucksack-Strategie mit den richtigen Dingen in der richtigen Menge befüllt – in allen Situationen weiterhilft. Sie können dabei freilich nicht alle Arten von Touren und alle möglichen Wetterlagen im Leben berücksichtigen, aber die meistbegangenen Varianten mit den möglichen Umwegen und Verzweigungen und den dort notwendigen Mitteln – Ihrem Finanz- und Geld-Proviant. Auf diese Weise haben Sie vom Start weg die richtige Vorgehensweise.

1.2 Was Sie wann mindestens brauchen werden – die acht Taschen Ihres Finanz-Rucksacks

Jetzt geht's los: In vier Schritten packen und befüllen wir unseren Finanz-Rucksack:

Im **ersten und zweiten Schritt** klären wir die *Mittelherkunft*, das heißt: Woher kommen die Einnahmen für das Befüllen der Finanz-Rucksacktaschen, und wie viele sind es? Als Quellen für diese Einnahmen dienen

- zum einen das Einkommen aus einem oder mehreren Jobs, aus einem Sparplan, einer fälligen Versicherung oder einer vermieteten Immobilie und

- zum anderen Einnahmen aus staatlichen und betrieblichen Zuwendungen.

Darüber hinaus kümmern wir uns um die wichtigsten rechtlichen Vorsorgemaßnahmen und die Verwendung unseres Finanz-Proviants für unsere Tour durchs Leben.

Im **dritten und vierten Schritt** betreiben wir unser Geld- und Anlagemanagement, indem wir die Teile unserer Einnahmen, die wir nicht zum Leben und Wohnen benötigen, für uns arbeiten lassen – in einer Bank, in einer Versicherung oder am Kapitalmarkt. Da wir manche Gelder zum Beispiel kurzfristig und schnell benötigen, können wir sie nicht langfristig anlegen. Wir parken das Geld dann kurzfristig auf einem Sparbuch oder auf einem Geldmarktkonto.

Darüber hinaus legen wir bestimmte Teile unserer Einnahmen in sichere und verlässliche Finanzprodukte an, die uns im Alter die wegfallenden Einnahmen aus unserer Arbeit durch Finanzeinnahmen ersetzen – und deshalb sicher zu kalkulieren sein müssen. Darüber hinaus investieren wir möglicherweise auch einen Teil unserer Einnahmen in etwas riskantere, aber auch lukrativere Finanzprodukte, die uns dann zudem noch Chancen auf interessante Zusatzerträge ermöglichen, wie zum Beispiel Aktien und Immobilien.

Fangen wir am besten gleich mit dem ersten Schritt an, mit der Bestimmung Ihres monatlichen, besser noch: Ihres jährlichen Einkommens – besser deshalb, weil immer mehr Menschen nicht das ganze Jahr über voll beschäftigt sind und andere wiederum in einem Jahr 13 oder mehr Monatsgehälter von einem Arbeitgeber erhalten.

Wie viel Geld haben Sie also für das in Schritt zwei folgende Befüllen der acht Fächer Ihres Finanz-Rucksacks zur Verfügung?

Schritt 1: Ihre jährlichen Einnahmen

1. Mein Arbeitseinkommen beträgt pro Jahr (netto) ________ Euro
2. Davon gehen zwingend weg
   a) für Unterhalt an ____________________ ________ Euro
   b) für Steuernachzahlungen ans Finanzamt ________ Euro
3. Meine jährlichen zusätzlichen Einnahmen aus diversen Nebenjobs betragen ________ Euro
4. Meine Zins- und Dividendeneinnahmen aus meinem Vermögen betragen pro Jahr ________ Euro
5. Darüber hinaus bekomme ich noch (z. B. Kindergeld, Mieteinnahmen, Steuerrückzahlungen) ________ Euro

---

Summe der jährlich verfügbaren Einnahmen ________ Euro

Schritt 2: Das Befüllen der acht Taschen Ihres Finanz-Rucksacks

Wenn Sie bereits Buch führen über Ihre persönlichen Ausgaben, Ihre Haushaltskosten und Ihre Sparleistung und Versicherungsprämien, ist der zweite Schritt ganz einfach. Und wenn Sie keine derartigen Aufzeichnungen zur Hand haben, ist das auch kein Beinbruch. An dieser Stelle genügt es fürs Erste, wenn Sie alle Ihre Ausgaben grob abschätzen. Und die Zahlen, die Sie sowieso schnell greifbar haben, setzen Sie einfach konkret ein. An dieser Stelle eine Bitte: Verschieben Sie diesen Schritt nicht, bis Sie alle Unterlagen beisammenhaben – ein oft zu beobachtender Verdrängungsmechanismus für unangenehme Aufgaben ist, sie erst dann anzugehen, wenn man alle Voraussetzungen zum eigentlichen Angehen der Aufgabe geschaffen hat. Setzen Sie ruhig ungefähre Werte ein. Sie werden sehen, die Chancen stehen recht gut, dass Ihre Schätzungen den tatsächlichen Werten sehr nahekommen. Fangen Sie also einfach mal an!

Tasche 1: Geldmittel fürs tägliche Leben (die Konsumtasche)

1. Ausgaben für Essen und Getränke
   (Monatswert x 12) ________ Euro
2. Kommunikation/Information (pro Jahr)
   Telefon/Handy
   Internet
   GEZ, Zeitung, Kabel ________ Euro
3. Friseur/Kosmetikartikel (pro Jahr) ________ Euro
4. Reinigung/Wäscherei (pro Jahr) ________ Euro
5. Alkohol und Zigaretten (pro Jahr) ________ Euro
6. Kleidung und Schuhe (pro Jahr) ________ Euro
7. Auto (Benzin, Wartung, Versicherung etc. pro Jahr) ________ Euro
8. Sonstiges (zum Beispiel kleinere Anschaffungen) ________ Euro

---

Summe der notwendigen Mittel für Tasche 1 ________ Euro

Tasche 2: Geldmittel fürs Wohnen (die Wohntasche)

1. Miete und Nebenkosten (Summe pro Jahr) ________ Euro
2. Strom/Wasser/Heizung (pro Jahr) ________ Euro
3. Versicherungsbeiträge pro Jahr
   Hausrat
   Gebäudebrand ________ Euro
4. evtl. Baufinanzierung (Zins und Tilgung pro Jahr) ________ Euro
5. evtl. Betriebskosten bei Wohneigentum ________ Euro
6. evtl. Unterhaltungs-/Renovierungskosten pro Jahr ________ Euro
7. evtl. Grundsteuer ________ Euro

Summe der notwendigen Mittel für Tasche 2 ________ Euro

Tasche 3: Geldmittel zum Abschirmen von Risiken (die Versicherungstasche)

1. Beiträge für private Unfallversicherung ________ Euro
2. Todesfallrisiko (Beiträge für Risikolebensversicherung) ________ Euro
3. Beiträge zur privaten Haftpflichtversicherung ________ Euro
4. Beiträge zur Krankenzusatzversicherung/ privaten Krankenversicherung ________ Euro
5. Beiträge für private Pflegezusatzversicherung ________ Euro
6. Beiträge zur Berufsunfähigkeitsversicherung ________ Euro
7. Beiträge zur Rechtschutzversicherung ________ Euro

Summe der notwendigen Mittel für Tasche 3 ________ Euro

Tasche 4: Geldmittel für Hobbys und Lebensfreude (die Freizeittasche)

1. Ausgehen, Kino, Konzerte etc. (Summe pro Jahr) ________ Euro
2. Musik (CDs, DVDs, Podcasts etc.) ________ Euro
3. Urlaub und Reisen ________ Euro
4. Sonstiges ________ Euro

Summe der notwendigen Mittel für Tasche 4 ________ Euro

Tasche 5: Geldmittel für Sport und Wellness (die Gesundheitstasche)

1. Beiträge für Vereine/Fitnessstudios (Summe pro Jahr)	________	Euro
2. Zuzahlungen zu medizinischen Behandlungen	________	Euro
3. Zuzahlungen zu Arzneimitteln	________	Euro
4. Sonstiges	________	Euro
Summe der notwendigen Mittel für Tasche 5	________	Euro

Tasche 6: Geldmittel für Aus-, Fort- und Weiterbildung (die Bildungstasche)

1. Ausgaben für Schulungen/Seminare (Summe pro Jahr)	________	Euro
2. Ausgaben für Bücher/CDs/Podcasts	________	Euro
3. Ausgaben für Fachzeitschriften und Abos	________	Euro
4. Sonstiges	________	Euro
Summe der notwendigen Mittel für Tasche 6	________	Euro

Tasche 7: Geldmittel für die Unterstützung Dritter (die Finanzhilfetasche)

1. für meine Eltern/Großeltern (freiwillig, kein Unterhalt, Summe pro Jahr) ________ Euro
2. für mein Kind/meine Kinder (freiwillig, kein Unterhalt, Summe pro Jahr) ________ Euro
3. für Freunde und weitere Verwandte ________ Euro
4. für Organisationen und Kirchen (z. B. Spenden) ________ Euro

---

Summe der notwendigen Mittel für Tasche 7 ________ Euro

Tasche 8: Geldmittel für mein Vermögenseinkommen (die Vermögenstasche)

1. der »Notgroschen« für überraschende Ausgaben (zum Beispiel für Autoreparaturen oder plötzliche PC-Schäden) ________ Euro
2. Zahlungen in Riester-Sparverträge (Summe pro Jahr) ________ Euro
3. sonstige Altersvorsorge(spar)verträge ________ Euro
4. Investment(spar)verträge ________ Euro
5. jährliche Beiträge in eine Kapitellebensversicherung ________ Euro
6. Sonstiges ________ Euro

Summe der notwendigen Mittel für Tasche 8 ________ Euro

Ehrliche Frage: Wie viel Prozent Ihres jährlichen Arbeitseinkommens (Nummer 1 in Schritt 1) landen nach der Befüllung der ersten sieben Taschen überhaupt noch in Tasche 8 (zur Bildung von Sparvermögen)? Weniger als zehn Prozent? Dann sollten Sie im Verlauf Ihrer Tour schrittweise umpacken und Teile Ihrer Geldmittel auch in Tasche 8 umlenken. Warum?

Nun, Sie müssen im Verlauf Ihrer Tour beispielsweise mit den folgenden Herausforderungen rechnen:

1. Sie wollen beispielsweise Ihre Hobbys und Vergnügungen trotz sinkenden Arbeitseinkommens beibehalten. Das bedeutet: Ihre gleich bleibenden Entnahmen aus den Taschen 1, 2 und 4 erfordern, dass die sinkenden Einnahmen aus Ihrem Arbeitseinkommen durch steigende Einnahmen aus anderen Quellen, zum Beispiel aus Sparvermögen (das in Tasche 8 gebildet wurde), ersetzt werden.

2. Sie übernehmen auf Ihrer Tour durchs Leben zusätzliche Verantwortung für den Lebensunterhalt Ihrer Familie. Das heißt, dass die Entnahmen aus den Taschen 1, 2, 3 und 7 zunehmen werden, ohne dass Ihr Einkommen, das Sie in Schritt 1 berechnet haben, größer wird. Auch jetzt ist das in Tasche 8 gebildete Vermögen für zusätzliche Einnahmen gefordert – oder ein besser bezahlter oder zusätzlicher Job.

3. Sie werden älter und müssen mehr Zeit und Geld in Ihre Gesundheit investieren. Das heißt, dass Ihre Ausgaben aus Tasche 5 (Gesundheit, Sport und Wellness) ansteigen werden, die dann durch Mehreinnahmen refinanziert werden müssen – auch jetzt wäre etwas mehr Cash aus Tasche 8 nicht schlecht.

4. Ihnen kann es aber auch fantastisch gehen, und Sie wünschen sich eine noch tollere Wohnung, ein schöneres und größeres Haus, einen neuen schnittigen Wagen oder gar ein Segelboot für eine Weltreise. Dann steigt Ihr Bedarf zur stärkeren Befüllung der Taschen 1, 2 und 4, der wiederum durch Mehreinnahmen refinanziert werden muss. Also muss mehr rein in Tasche 8, damit später aus den anderen Taschen etwas rausgenommen werden kann.

5. Oder, im letzten Drittel Ihres Lebens: Sie wollen oder dürfen nicht mehr so viel und so gut bezahlt arbeiten wie in den Jahren zuvor. Dann sollten Sie in der Lage sein, mindestens die Hälfte Ihres Nettoarbeitseinkommens durch die Erträge aus Ihrem über die Jahre gebildeten Vermögen in Tasche 8 zu ersetzen. Die damit erzielbaren Erträge können aus Sparanlagen, Aktien, Fonds oder anderen Finanzanlagen stammen (hierzu später mehr in Schritt 3 und 4 auf den Seiten 162 ff. und 218 ff.).

Sie merken ganz schnell: Sie können in jeder der genannten Situationen auf zwei Arten reagieren: Sie können Ihre monatlichen beziehungsweise jährlichen Entnahmen aus den acht Taschen Ihres Finanz-Rucksacks reduzieren, oder Sie erhöhen Ihre entsprechenden Einnahmen. Und wenn das durch mehr Arbeiten nicht mehr – oder nicht so schnell – geht, dann sollte auch Ihr Geld schnellstens anfangen, mehr für Sie zu arbeiten. In Tasche 8 muss deshalb auch etwas landen. Je früher, desto besser! Der Zeitfaktor ist einer der ganz entscheidenden Erfolgsbringer für Ihr dort gebildetes Vermögen. Die anderen Kriterien für die Anlage Ihres Finanz-Proviants sind Rendite, Risiko, Steuern und Inflation (dazu mehr auf den Seiten 37 ff.).

Jetzt wollen Sie es natürlich ganz genau wissen. Dann spielen Sie doch ganz einfach die verschiedenen für Sie denkbaren Situationen und die dadurch veränderten finanziellen Verhältnisse einmal durch. Das haben Hansi und Dani Glück auch getan. Bis Mitte 20 haben sie so ins Jahr hineingelebt, mit der Geburt Ihrer Tochter haben sie dann begonnen, ihren Finanz-Rucksack und den fürs Leben zu Dritt notwendigen Finanz-Proviant konsequenter zu planen und alle Taschen strukturiert zu befüllen. Seither haben sie ihre Finanzen auf einen Blick im Griff, komme, was da wolle: In den ersten vier Spalten der Tabelle Jahr für Jahr ihre diversen Einnahmen, danach dann die Mittel für die acht Taschen ihres gemeinsamen Finanz-Rucksacks und am Schluss der Tabelle die Gesamtausgaben (die logischerweise mit den Einnahmen übereinstimmen sollen).

Finanz-Rucksack												
Jahr	Einkünfte (netto)	Zusatz-einkünfte	zusätzliche Zahlungen im Alter	1 Konsum-tasche	2 Wohn-tasche	3 Versicherungs-tasche	4 Freizeit-tasche	5 Gesundheits-tasche	6 Bildungs-tasche	7 Finanzhilfe-tasche	8 Vermögens-tasche	SUMME
1*	25.000	10.000	-	13.000	10.000	2.500	4.000	2.000	500	1.500	1.500	35.000
2	25.000	10.000	-	13.000	10.000	2.500	4.000	2.000	500	1.500	1.500	35.000
3	...	...	-	...	...	...	...	...	...	...	...	
4**	25.000	10.000	-	13.000	10.000	2.500	4.000	1.000	500	2.500	1.500	35.000
5	...	...	-	...	...	...	...	...	...	...	...	
6***	35.000	10.000	-	15.000	16.000	3.500	4.000	1.000	500	2.500	2.500	45.000
...	...	...	-	...	...	...	...	...	...	...	...	
in % ca.												
1. - 3. Jahr				37	29	7	11	7	1	4	4	100
...												
ab 6. Jahr				34	36	8	9	0,6	0,4	6	6	100
Tendenz					+					+	+	

* Er: Angestellter, 25 Jahre
Sie: Angestellte, 24 Jahre, Teilzeitkraft
ein Kind
** Geburt des zweiten Kindes
*** Gehaltserhöhung um 10.000 € und Umzug in eine größere Wohnung

Der Finanz-Proviant-Rechner von Familie Glück

Mit dem Finanz-Proviant-Rechner und seiner aufeinander abgestimmten Einnahmen-Ausgaben-Rechnung können Sie alles für sich persönlich durchkalkulieren. Die hier für Hansi und Dani Glück und ihre kleine Familie eingesetzten Zahlen sind rein beispielhafte Erfahrungswerte aus unseren Finanz-Workshops. Sie können individuell auf ganz andere Werte kommen. Wichtig ist nur, dass Ihre Rechung immer aufgeht und Sie alles auf einen Blick beisammenhaben.

Auf unserer Website www.rucksackstrategie.de können Sie sich Ihren Finanz-Proviant-Rechner auch herunterladen. Mit ihm bekommen Sie darüber hinaus ein gutes Händchen für die möglichen Veränderungen auf den nächsten Etappen Ihres Lebens und die finanziellen Auswirkungen. (Dann wissen Sie auch konkret, wie viel Sie von Ihrem Chef beim nächsten Gehaltsgespräch fordern sollten.)

Wie wir auf die oben genannte Zehn-Prozent-Dotierung für die Vermögensbildung in Tasche 8 kommen? Nun, nehmen wir einfach einmal an, Ernst Schlaumann verdient mit seinem Hauptjob etwa 24.000 Euro und nimmt deshalb 2.400 Euro pro Jahr für die Befüllung seiner Vermögenstasche (8). Sinnvollerweise wird er das Geld Monat für Monat gleich mit einem Dauerauftrag vom Konto abziehen und in die Vermögenstasche sparen. Dann erhält er je nach Rendite und Laufzeit nach x Jahren so und so viel Euro, wie die folgende Tabelle zeigt:

Betrag nach	Verzinsung / Rendite	
	5%	10%
5 Jahren	13.601	15.487
10 Jahren	31.056	40.969
15 Jahren	53.458	82.894
20 Jahren	82.207	151.874
25 Jahren	119.102	265.367
30 Jahren	166.452	452.098

Wichtig: Jeden Monat einen Teil des Arbeitseinkommens in die Vermögenstasche zu investieren, erfordert keinerlei Zeitaufwand. Sie legen so früh wie möglich das Fundament, um mit der Zeit auf die Hälfte Ihres bisherigen Arbeitseinkommens ohne Einschränkungen verzichten zu können. Das macht Vater Staat mit Herrn Schlaumanns Steuern und Sozialabgaben genauso: Die holt er sich auch sofort von seinem Gehalt und wartet nicht ab, bis ihm dieser freiwillig etwas zahlt. Im genannten Fall wären das bei 24.000 Euro Jahreseinkommen im Falle Schlaumann also 12.000 Euro. Wenn dieser Betrag (sprich: das halbe Einkommen) 15 Jahre lang (zum Beispiel im Alter als Zusatzeinnahme wie eine Rente) fließen soll, benötigt er dafür ein angespartes Vermögen von rund 170.000 Euro. (Laut der Tabelle oben müsste er also rund 22 Jahre in ein mit rund zehn Prozent rentierliches Investment sparen, also beispielsweise in einen Investmentsparplan mit Aktien). Wie er die andere Hälfte seines Arbeiteinkommens ersetzt? Im Ruhestand zum Beispiel durch die Rentenzahlungen aus der Rentenversicherung, Einnahmen aus einer betrieblichen Altersvorsorge oder die wegfallenden Darlehensraten seiner abbezahlten Immobilie.

Sie sehen selbst: Auch wenn Sie Schlaumann zunächst vielleicht für eher arm halten, hat er es doch ganz geschickt angestellt und muss vor einer Einkommenseinbuße von 50 Prozent keine große Angst haben. Und egal, wie Ihre Zahlen aussehen, Sie können das auch schaffen, wenn Sie sich um Ihre Finanzen und um Ihren Finanz-Rucksack kümmern.

Auch geringe Beträge anzusparen ist besser, als gar nichts zu tun, weil einem die zehn Prozent viel zu hoch erscheinen. Vor allem, wenn Sie schon in jungen Jahren mit kleinen Beträgen Ihren Finanz-Proviant in der Vermögenstasche anlegen, kommt ganz schön was zusammen. Schauen Sie selbst, was aus 100 Euro monatlicher Sparleistung werden kann, wenn Sie nur früh genug anfangen – zum Beispiel ab Ihrem Ausbildungsbeginn oder nach dem Studium ab dem ersten Gehalt. Wir haben hier einfach einmal unterstellt, dass Sie Ihre 100 Euro erst einmal mehrere Jahre in Aktienfonds anlegen (die in unserem Beispiel rund sieben Prozent Jahresertrag bringen – mehr zu dieser Anlagemöglichkeit auf den Seiten 184 bis 197), um fünf Jahre vor dem geplanten Ruhestand (oder einem geplanten Berufsausstieg) auf etwas sicherere Rentenfonds (mit einer Jahresrendite von beispielhaften vier Prozent) umzusteigen. Sie sehen an diesem einfachen Beispiel: Da kommt ganz ordentlich was zusammen, wie die folgende Abbildung zeigt:

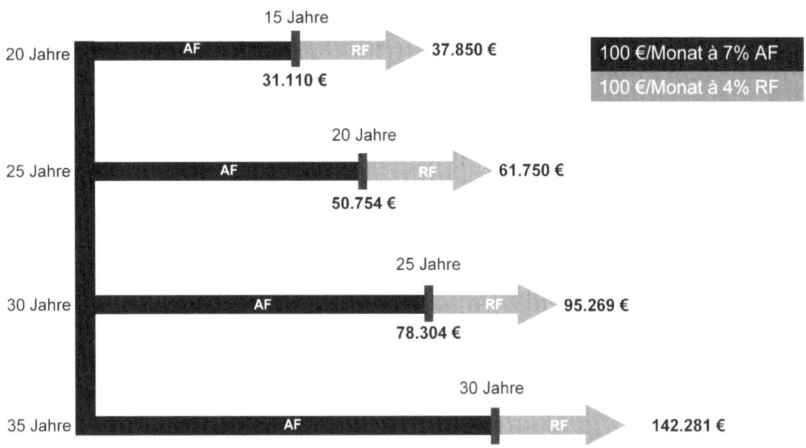

AF = Anlage in Aktienfonds
RF = Anlage in Rentenfonds

Gleichzeitig haben Sie den Geldwertverlust durch die jährliche Inflation beziehungsweise allgemeine Preissteigerung prima abgefangen, da über eine lange Anlagedauer Anlagen in Realwerte (in einem gut gemischten Aktienfonds oder in einem Index) allgemeine Preisniveauanstiege erfahrungsgemäß am besten abfangen (da ihre Preise mit der Inflation mit ansteigen). Und dass die Inflation trotz einer geldwertsichernden Europäischen Zentralbank nicht zu vernachlässigen ist, zeigt Ihnen die folgende Abbildung.

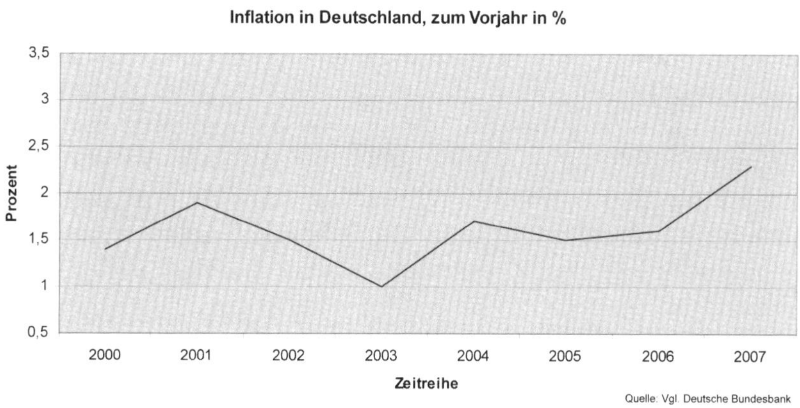

Inflation in Deutschland von 2000 bis 2007

Interessant ist natürlich auch die Höhe der jährlichen Zahlungen, die Sie einmal in Zukunft aus den angesparten Beträgen bekommen können (und damit das angesparte Kapitel dann in Ihrem Ruhestand vollständig verbrauchen), wie die folgende Tabelle zeigt

Kapital (in Euro)	**... daraus für 25 Jahre resultierende »Zusatz«einnahmen**	
	monatlich	pro Jahr
37.850	198	2.389
61.750	324	3.882
95.269	499	5.989
142.281	745	8.945

Im Fall von Familie Glück wären das bei 35 Jahren Sparleistung immerhin schon rund 20 Prozent ihrer jährlichen Einnahmen. Wenn Sie jetzt auch noch davon ausgehen, dass die Glücks mit ihrer Wohntasche eine eigene Wohnung finanziert und bis zum Ruhestand abbezahlt haben, dann haben sie schon die Hälfte ihres heutigen Arbeitseinkommens durch kluge Finanzplanung »ersetzt« beziehungsweise in den späteren Etappen zum Leben verfügbar.

Und jetzt starten Sie einmal ganz konkret mit Ihrer Finanzplanung für sich und Ihre Familie (oder Freunde):

Ihr persönlicher Finanz-Rucksack								
Jahr	1	2	3	4	5	6	....	in % ca.
Einkünfte (netto)								
Zusatzeinkünfte								
zusätzliche Zahlungen im Alter								
1 Konsumtasche								
2 Wohntasche								
3 Versicherungs-tasche								
4 Freizeittasche								
5 Gesundheits-tasche								
6 Bildungstasche								
7 Finanzhilfe-tasche								
8 Vermögens-tasche								
SUMME Ausgaben								
SUMME Einnahmen								
DIFFERENZ								

Mein Finanz-Rucksack im Überblick

Und vergessen Sie bitte nicht die Inflation: Je weiter Sie in die Zukunft planen, desto stärker können Kaufkraftverluste eine »Illusion der großen Zahl« verursachen. Das wirkt sich besonders kritisch in Zeiträumen aus, die zehn und mehr Jahre in der Zukunft liegen. Um die Kaufkraft beziehungsweise den realen Wert eines Geldbetrags in zehn, 15 oder noch mehr Jahren zu erfahren, teilen Sie einfach einen in Zukunft zu erwartenden Geldbetrag durch die »Kaufkraftschmelzwerte« aus der folgenden Tabelle:

Bei 2 oder 3 % Inflation teilen Sie einen Geldbetrag in ... Jahren durch

	2%	**3%**
10 Jahren	1,219	1,344
15 Jahren	1,346	1,558
20 Jahren	1,486	1,806
25 Jahren	1,641	2,094
30 Jahren	1,811	2,427

So werden beispielsweise aus 2.000 Euro in 25 Jahren bei erwarteten zwei Prozent Inflation 2.000 : 1,641 = 1.219 Euro.

Oder andersherum gedacht: Um sich die Kaufkraft von 2.000 Euro auch für die Zukunft zu sichern, sollten Sie in 25 Jahren 2.000 Euro x 1,641 = 3.282 Euro im Finanz-Rucksack haben.

1.3 Der Lebensstandard Ihrer Familie und Partner – wenn Sie andere auf ihrem Lebensweg unterstützen

Ihr Finanz-Rucksack sollte nicht nur für Sie selbst ausreichend gefüllt sein. Sie können ganz schnell im Leben vor die Situation gestellt sein, mit anderen Ihren Finanz-Proviant teilen zu müssen, beispielsweise wenn ...

- ... Ihre Eltern bedürftig sind oder werden (auch wenn diese Teile ihres Vermögens an Dritte verschenkt haben),
- ... Ihr geschiedener Ehepartner nicht selbst für seinen Unterhalt sorgen kann,
- ... Ihr volljähriges Kind keine Ausbildungsstelle bekommt oder zu studieren anfängt (und Sie vielleicht schon in Rente sind und kein Arbeitseinkommen mehr beziehen).

Sie merken: Das Wetter kann sich auf Ihrer Tour ganz schnell ändern, und dann sind Sie froh, wenn Sie ein wenig mehr eingepackt haben. Aber jetzt alles mal der Reihe nach.

Es gilt: Eltern haften für ihre Kinder

Eltern schulden nach § 1610 BGB ihrem Kind einen angemessenen Unterhalt, der die Unterkunfts- und Verpflegungskosten, die Kosten für die Ferien, die Ausgaben für Krankenfürsorge und eine angemessene Berufsausbildung mit einschließt. Grundsätzlich leisten Sie das durch sogenannte Naturalleistungen (die erhöhen dann Ihre Ausgaben in Tasche 1 und 2). Nur wenn Sie vom anderen Elternteil getrennt leben, müssen Sie die aus den sogenannten Düsseldorfer oder Berliner Tabellen entnehmbaren Beträge (siehe hierzu www.olg-duesseldorf.nrw.de) je nach Höhe Ihres Einkommens aufwenden. Hierzu zählen alle Geldeinkünfte inklusive Kapitaleinkünfte, Einkünfte aus Vermietung und Verpachtung oder Unfall- und Versorgungsrenten, die Sie ja in Schritt 1 bereits ermittelt haben, abzüglich eines »Selbstbehalts« von 890 Euro für Erwerbstätige und 770 Euro für Nicht-Erwerbstätige. Selbst wenn Sie schon aufgehört haben zu arbeiten, kann Sie Ihre Elternpflicht gemäß § 1603 Abs. 2 BGB zwingen, damit wieder anzufangen, um eine Versorgung Ihres Kindes zu sichern. In diesem Fall müssten Sie als Rentner noch so viel hinzuverdienen, dass Ihre Gesamteinkünfte den Stand vor der Verrentung erreichen. Sie sehen, es lohnt sich, immer schön mitzurechnen und den Finanz-Rucksack im Auge zu behalten, um genau zu wissen, wie frei man ist, bestimmte Dinge zu tun oder zu lassen!

Liebe vergeht – Verpflichtung besteht!

Jede zweite Ehe wird zurzeit in Deutschland auf der Tour durchs Leben geschieden. In dieser Situation sind viele in Anbetracht der persönlichen Enttäuschung verständlicherweise nicht mehr bereit, dem ehemaligen Lebensgefährten irgendwelche Zugeständnisse bei der Versorgung aus ihrem mühsam aufgefüllten Finanz-Rucksack zu machen. Aber ob Sie wollen oder nicht – Sie müssen weiter den Rucksack öffnen und zahlen:

1. den Trennungsunterhalt: Wenn Sie weitgehend sämtliche Lebensbereiche voneinander trennen und zumindest einer von Ihnen den Trennungswillen ausdrücklich kundtut, hat der wirtschaftlich schwächere von beiden weiterhin einen Anspruch auf die ehelichen Lebensverhältnisse und profitiert von der nachwirkenden Mitverantwortung. Bei der Berechnung werden die Gesamteinkünfte der beiden Noch-Ehepartner addiert, und der Schwächere erhält einen finanziellen Versorgungsausgleich für die Differenz (hierbei können sogar in Zukunft zu erwartende Renten miteinbezogen werden).

2. den Nachscheidungsunterhalt: Wenn ein Partner nach der Scheidung wegen Kinderbetreuung, Krankheit, Arbeitslosigkeit, Ausbildung, Alter oder eines besonders schwierigen Umstands nicht in der Lage ist, ausreichend für seinen Lebensunterhalt selbst zu sorgen (zum Beispiel wenn einer von beiden lange Zeit den kinderreichen Haushalt geführt hat, während der andere eine gut dotierte

Karriere machen konnte), hat er einen Unterhaltsanspruch, den das Familiengericht prüft (siehe hierzu die §§ 1569 ff. BGB). In der Rangfolge der Unterhaltsberechtigten kommen nach dem neuen Unterhaltsrecht die Kinder vor den kinderbetreuenden Elternteilen und ehemaligen Ehepartnern, die sich schnell auf dem dritten Rang wiederfinden. Davon profitieren die besser verdienenden Väter, die ihren früheren Frauen voraussichtlich keinen Unterhalt mehr zahlen müssen, wenn die gemeinsamen Kinder nicht krank und älter als drei Jahre sind und sich eine Betreuung findet.

Die Folge: Die Eigenverantwortung der Unterhaltsberechtigten wird dadurch deutlich stärker gefordert – und nicht selten auch überfordert. Wer künftig als Mutter und Hausfrau leben möchte, geht ein großes finanzielles Wagnis ein. Denn ein ganzer Kranz von Beurteilungskriterien gibt den Gerichten künftig viel mehr Möglichkeiten, den nachehelichen Unterhalt zeitlich oder in der Höhe zu limitieren. Damit haben beispielsweise geschiedene Frauen in Zukunft keine Garantie mehr, dass ihr Lebensstandard zu Zeiten der Ehe durch die nacheheliche Unterstützung aufrechterhalten wird – das bedeutet das Ende von »einmal Chefarztgattin – immer Chefarztgattin«. Vielmehr wird für die Berechnung der Ansprüche berücksichtigt, welchen Lebensstandard ein wirtschaftlich schwächerer Partner ohne die Ehe erreicht hätte. Damit soll dem nachehelichen Verteilungskampf im »Rosenkrieg« ein Ende gemacht werden – Männer plündern hier gerne Konten, verstecken Wertsachen und überlassen das neue Wohneigentum der neuen Partnerin; Frauen frisieren ihre Lebensläufe, drohen mit Verrat von Geheimwissen und Entzug der Kinder oder erhöhen die Kosten für Reisen, Schönheit, Auto und Wohnung auf mehrere tausend Euro Unterhalt im Monat.

Während früher beim Unterhaltsrecht so getan wurde, als ob die Ehe nie geschieden worden wäre, tut man künftig so, als ob sie nie geschlossen worden wäre. Deshalb ist es für beide Partner ratsam, bereits in Phasen des Glücks und der Harmonie gemeinsam verbindliche Regelungen in einem Ehevertrag für eine später mögliche Trennung zu treffen. Insbesondere die Partner, die sich auf die Erziehung der Kinder konzentrieren möchten, müssen sich bei der Eheschließung vertraglich absichern, um im Falle der Scheidung über das dritte Lebensjahr des Kindes hinaus Anspruch auf Unterhalt zu haben. Denn im Falle einer späteren juristischen Auseinandersetzung geht's mit aller Macht ohne Rücksicht auf Gefühle um »the best of the rest« – das Geld in Ihrem Finanz-Rucksack: »Auf Fairness pfeife ich. Lügen sind erlaubt. Es geht nur darum, unsere Geschütze optimal in Stellung zu bringen«, droht der Staranwalt in Dietmar Wedels Scheidungsfilm »Papa und Mama« – Sie sollten die Drohung ernst nehmen!

Es gilt aber auch: Kinder haften für ihre Eltern!

Aus der Unterhaltsverpflichtung der Verwandten in gerader Linie (§ 1601 BGB) resultiert auch für Kinder eine lebenslange Haftung für den Unterhalt ihrer Eltern. Diese möglichen Ausgaben sollten Sie bei der erhöhten Lebenserwartung der Menschen sowie den hohen Heim- und Pflegekosten immer stärker bei Ihren Planungen berücksichtigen. Das einspringende Sozialamt versucht in diesen Problemfällen, die Unterhaltsansprüche der Eltern gegen ihre Kinder aus sogenanntem übergegangenem Recht gem. § 94 Abs. 1 S. 1 SGB XII im Regress geltend zu machen (siehe hierzu auch www.sozialgesetzbuch.de). Dann müssen Sie – und gegebenenfalls Ihre Geschwister – Auskünfte über Ihre Einkommens- und Vermögenslage erteilen und – anteilig nach Ihrer wirtschaftlichen Stärke – Elternunterhalt für ungedeckte Heimkostenanteile, Medikamentenzuzahlungen, Getränke, ein angemessenes Taschengeld etc. leisten.

Wie viel Altersversorgung steht Ihren Eltern nun zu? Der Bundesgerichtshof hat immerhin nur einen Abzug von 25 Prozent vom Bruttoeinkommen vorgenommen und damit eine Rente ermittelt, die erheblich über dem derzeitigen Wert der gesetzlichen Rentenversicherung liegt. Auch wenn Sie aus Ihren Arbeitseinkommen nicht ausreichend leistungsfähig sind, können andere Vermögensteile herangezogen und verwertet werden. Ihr selbst genutztes Eigenheim, den Sparplan, von dem Sie leben, Ihr Betriebsvermögen oder dringende Rücklagen für unvorhersehbare Notlagen (üblich sind Beträge zwischen 10.000 und 70.000 Euro) müssen Sie aber nicht liquidieren (siehe auch FamRZ 2002, 1698).

Aufgepasst: Auch als Schwiegerkind müssen Sie bei der Überprüfung Ihres Ehepartners, der von seinen Eltern in Anspruch genommen wird, Ihre Einkommens- und Vermögensverhältnisse offenlegen. Sie sehen, der Kreis der Interessenten an Ihrem Finanz-Rucksack kann oftmals sprunghaft größer werden!

1.4 Wie Sie für Berufsunfähigkeit und Krankheit vorsorgen

Was ist eigentlich, wenn Sie nicht mehr voll arbeiten können oder länger krank sind?

Als Arbeitnehmer erhalten Sie im Krankheitsfall sechs Wochen lang eine Lohnfortzahlung durch Ihren Arbeitgeber. Danach zahlt die gesetzliche Krankenversicherung ein Krankengeld – bis zu 78 Wochen lang. Bei noch längerer Krankheit zahlt nur noch eine private Zusatzversicherung weiter, oder Sie erhalten nur noch Hartz-IV-Unterstützung. Sie merken: Eigenes Handeln hilft bei Schwierigkeiten – auch in unsicheren Zeiten.

Beginn der Krankheit	**ab 7. Woche**	**ab 78. Woche**
Volle Lohnfortzahlung vom Arbeitgeber = 100 %	Krankengeld von der gesetzlichen Krankenkasse = rd. 60–70 %	Ende des Anspruchs auf Krankengeld vom Nettoeinkommen bei Versicherungspflichtigen

Selbstständige müssen sich ohnehin privat gegen Krankheitsrisiken absichern – sofern sie nicht freiwillig gesetzlich versichert sind.

Und was ist, wenn Sie Ihren Beruf gar nicht mehr ausüben können?

Für Arbeitnehmer gibt es die gesetzliche Pflegeversicherung zur Alters-, Hinterbliebenen- und Erwerbsunfähigkeitsversorgung. Doch die gesetzlichen Leistungen bei Erwerbsunfähigkeit bieten in der Regel keine ausreichende Versorgung, so dass auch bei diesem Risiko nur eine private Zusatzpolice die Lücke zwischen den Leistungen der Sozialversicherung und Ihren persönlichen Ansprüchen schließen kann.

In der gesetzlichen Rentenversicherung gelten Sie erst als berufsunfähig, wenn Ihre Erwerbsfähigkeit in einem Ihnen zumutbaren Beruf im Vergleich zur Erwerbsfähigkeit eines gesunden Versicherten auf weniger als sechs Stunden pro Tag gesunken ist. Nur wer vor 1961 geboren ist, kann in diesem Sinne eine halbe Rente (entspricht rund 17 Prozent des Bruttoeinkommens) wegen teilweiser Erwerbsminderung bei Berufsunfähigkeit erhalten. Jüngere Versicherte haben diesen Berufsschutz nicht mehr. Für sie gilt: Halbe Rente gibt es nur, wenn sie in jedem üblichen Beruf auf dem allgemeinen Arbeitsmarkt weniger als sechs Stunden pro Arbeitstag arbeiten können. Volle Rente setzt ein Restleistungsvermögen unter drei Stunden pro Tag auf dem allgemeinen Arbeitsmarkt voraus. Ist der Arbeitsmarkt bei Arbeitslosigkeit verschlossen, genügt ein Restleistungsvermögen von drei bis unter sechs Stunden für die volle Rente.

Achtung: Die staatliche Erwerbsminderungsrente erhält nur, wer die allgemeine Wartezeit von fünf Jahren erfüllt hat. Berufsstarter und Selbstständige müssen sich also privat absichern.

Eine Berufsunfähigkeitsversicherung springt in der Regel erst ein, wenn der Erkrankte seinen Beruf dauerhaft zu mindestens 50 Prozent nicht mehr ausüben kann. Die Versicherung zahlt dann eine monatliche Rente. Notwendig ist also auch eine Vorsorge gegen schwere Krankheiten (in Deutschland sind pro Jahr immerhin rund eine Million Menschen von Herzinfarkten, Schlaganfällen und Krebsleiden betroffen, und rund ein Drittel der heute 25- bis 45-jährigen Männer beziehungsweise rund ein Viertel der gleichaltrigen Frauen werden später einmal schwer erkranken), die fast immer große finanzielle Lasten für Behandlungen, Rehabilitation, Pflegebetreuung, Haushaltshilfen oder notwendig werdende Umbauten zur Folge haben. Tun Sie also auch in diesem Punkt etwas, und investieren Sie in Finanz-Rucksacktasche 3.

1.5 Der Pflegefall – was Sie schon heute tun müssen

Noch vor 100 Jahren war das Mit- und Füreinander der Generationen selbstverständlich: Ältere und pflegebedürftige Menschen wurden fast immer in ihren Familien versorgt und gepflegt. Heute liegt in den Großstädten der Singleanteil bereits bei über 50 Prozent. Und schon morgen müssen sich viele Menschen ohne Geschwister darüber klar sein, dass sie, wenn ihre Eltern (wenn ebenfalls ohne Geschwister aufgewachsen) einmal nicht mehr leben, keine Familie mehr haben werden. Viele benötigen dann ein neues und haltbares soziales Netz für die Wechselfälle des Lebens, und nicht wenige werden gerade im Alter unter Einsamkeit und fehlender Unterstützung leiden.

Hinzu kommt, dass es immer weniger junge Menschen gibt und diese kommenden »Mini-Generationen« sich künftig um immer mehr Alte kümmern müssen (in 40 Jahren wird Deutschland rund fünf Millionen Pflegebedürftige haben – mehr als doppelt so viele wie heute). Sie sollten also etwas tun für Ihre Vorsorge im Pflegefall. Aber was heißt das eigentlich: sich Kümmern fürs Alter? Worum muss man sich kümmern? Welche Vorbereitungen sind in Ihrem Finanz-Rucksack in Tasche 3 zu treffen?

Die Herausforderung: Der Spagat zwischen Beruf und der Pflege kranker Angehöriger

Immerhin mussten 2007 bereits 270.000 Beschäftigte laut dem Deutschen Industrie- und Handelskammertag wegen eines Pflegefalls ihre Arbeit aufgeben oder einschränken – das sind mehr als die rund 250.000 Arbeitnehmer, die sich in *Elternzeit* befinden. Und spätestens wenn am 1. Juli 2008 die geplante halbjährige Pflegezeit mit Arbeitsplatzgarantie kommt, werden noch mehr mit diesem Tabuthema konfrontiert. Zumal der Kreis der Angehörigen, die gepflegt werden dürfen, nicht gerade klein ist: Ehe- und Lebenspartner, Partner in eheähnlichen Gemeinschaften, Eltern, Großeltern, Geschwister, Kinder, Schwiegereltern, Schwiegerkinder und Enkel. Eine Pflege ist für alle Beteiligten nur schwer planbar, denn anders als eine Geburt kündigt sich ein Schlaganfall eben nicht neun Monate vorher an. Laut Gesetzesentwurf ist der Anspruch auf *Pflegezeit* – er gilt für Mitarbeiter in Betrieben mit mehr als 15 Beschäftigten – lediglich zehn Tage im Voraus anzumelden. Und in akuten Fällen können Sie zudem zehn Tage unbezahlten Sonderurlaub nehmen, egal, wie groß der Betrieb ist, in dem Sie beschäftigt sind. Hinzu kommt: Während Sonderurlaub und Pflegezeit stehen die betroffenen Mitarbeiter unter besonderem Kündigungsschutz, ähnlich wie in der Elternzeit.

Die Folge: Die Karrierechancen von Frauen, die durch die Mutterschaft faktisch ohnehin oft Nachteile im Job haben, dürften damit weiter sinken (dies erwarten nach einer aktuellen Umfrage von *Handelsblatt* und *Randstad* rund 38 Prozent aller Personalleiter). Denn die Last der Pflege schultern – zumindest bis heute – fast ausschließlich Frauen.

Viele Arbeitgeber nehmen das Thema bereits heute sehr ernst und bieten ihren Arbeitnehmern flexible Pflegemodelle an. So steigt nicht nur die Zufriedenheit ihrer Mitarbeiter, sie werden damit auch der Erfahrung gerecht, dass die gesetzlich geplanten sechs Monate Pflegezeit in der Regel viel zu kurz greifen. So bieten heute schon manche Arbeitgeber vier bis 36 Monate unbezahlten Pflegeurlaub und Freistellung und im Extremfall danach noch weitere 36 Monate Pflegepause mit einem garantierten Wiedereintritt ins Unternehmen. Es ist ferner zu erwarten, dass die meisten Pflegenden in Teilzeit gehen werden,[1] weil es sonst finanziell ganz schnell recht eng werden kann.[2]

---

1 Der Gesetzesentwurf ermöglicht eine teilweise Freistellung mit strengen Vorgaben für den Arbeitgeber. Reichen beim Teilzeitgesetz betriebliche Gründe für eine Ablehnung aus, so stehen einem Wunsch nach Pflegezeit nur dringende betriebliche Gründe entgegen.

2 Wer einen Angehörigen mindestens 14 Stunden pro Woche in seinem Zuhause pflegt, kann unter bestimmten Voraussetzungen des geprüften Einzelfalls Pflichtbeiträge für die Rentenversicherung von der Pflegekasse erhalten. Der Vorteil: Diese Rentenbeiträge sind Pflichtbeiträge und werden auf alle Mindestversicherungszeiten (zum Beispiel für die eigene Rente) angerechnet.

Bezogen auf die Planung Ihres Finanz-Rucksacks müssen Sie entweder mit …

1. … Einbußen auf der Einnahmenseite Ihrer Finanzplanung als Folge von Gehaltseinbußen oder einem Wechsel auf eine weniger gut bezahlte Stelle rechnen oder mit …

2. … erhöhten Ausgaben in Rucksack-Tasche 7 für eine Unterbringung im Pflegeheim oder Unterstützung durch eine ambulante Tagespflege. Für ein gutes Heim müssen Sie heute mit einer Bandbreite von 50 bis 100 Euro täglich in der Pflegestufe 0 (für Menschen, die alt und noch selbstständig sind) und über 100 Euro in der Pflegestufe 3 einplanen (für diejenigen, die so gut wie nichts mehr allein machen können). Was Sie hierfür erhalten? Das Spektrum reicht von der berüchtigten »SSS-Pflege« (»satt, sauber und sediert« oder, mit anderen Worten: Verpflegung, frische Windeln und eine großzügige Portion Beruhigungsmittel) bis hin zum Einzelzimmer mit eigenem Bad und qualifizierten Pflegern, die auch Zeit für die zu Pflegenden haben. Diese Zeit und Hinwendung können Sie von einer ambulanten Tagespflege zu Hause erwarten, für die Sie mit monatlichen Ausgaben in Höhe von 3.000 bis 4.000 Euro rechnen müssen.[3] Das ist unbezahlbar für viele, weshalb immer mehr Menschen aus Mittel- und Osteuropa für diese Dienste gesucht und gefunden werden.[4]

---

3 Professionelle häusliche Pflege wird von Sozialstationen und privaten ambulanten Diensten angeboten. Adresslisten bekommen Sie bei den Verbraucherzentralen und Sozialämtern. Rufen Sie unbedingt mehrere Dienste an, vergleichen Sie Preise und Leistungen (Nacht- und Wochenendeinsätze, Qualifikationen und Fortbildung etc.) und lassen Sie sich Referenzen nennen. Auf der Internetseite www.hilfe-und-pflege-im-alter.de finden Sie viele nützliche Informationen.

4 Es gibt drei Wege, an eine solche Pflegekraft zu kommen (rechtlich problematisch ist im Grunde jeder):
Staatliche Vermittlung: Die Zentrale Auslands- und Fachvermittlung (ZA der Bundesagentur für Arbeit) vermittelt legal osteuropäische Haushaltshilfen. Diese dürfen allerdings keine pflegerischen Arbeiten übernehmen (schon die Verabreichung einer Tablette ist unzulässig). Die Bezahlung richtet sich nach Tarifverträgen: Der monatliche Bruttolohn liegt derzeit zwischen 1.029 Euro in Bremen und 1.241 Euro in Baden-Württemberg. Für Kost und Logis können rund 370 Euro abgezogen

Achtung: Durch die Einstufung der alten Menschen in unterschiedliche Pflegeklassen und die davon abhängige Finanzunterstützung durch die Pflegekasse werden viele Gepflegte regelrecht »in die Betten gepflegt«, weil sie so mehr Geld bringen.

Sie merken: Die Herausforderung »Versorgung im dritten Lebensabschnitt« kann Sie schon in Ihrem zweiten Lebensabschnitt vor große persönliche und finanzielle Kraftproben stellen. Die derzeit um dieses Tabuthema geführte Debatte ist meist scheinheilig und hilft Ihnen wenig weiter bei Ihren anstehenden Herausforderungen. Von der vom damaligen Arbeitsminister *Norbert Blüm* 1995 ins Leben gerufenen Pflegeversicherung können Sie heute noch je nach Pflegestufe zwischen circa 200 und 1.500 Euro erwarten.[5] Da diese öffentliche Pflegekasse wie die staatliche Rentenversicherung auf dem althergebrachten Umlage-verfahren basiert – also immer die laufenden Beitragseinnahmen an die zu Pflegenden auszahlt –, werden als Folge der demografischen Veränderungen auch hier die Beitragslasten in Zukunft explodieren oder die Leistungen für die zu erwartende große Zahl an Empfängern gravierend zusammengestrichen.

---

werden. Die Sozialabgaben teilen sich der Arbeitnehmer und Sie als Arbeitgeber. Die Haushaltshilfen arbeiten in der Regelarbeitszeit maximal 38,5 Wochenstunden und haben Anspruch auf 29 Urlaubstage.

Private Vermittlung: Viele Agenturen vermitteln Haushaltshilfen über Internet oder Kleinanzeigen in der Tageszeitung. Sie werben mit Rund-um-die-Uhr-Betreuung für 1.200 bis 2.000 Euro monatlich. Die Frauen sind in der Regel bei sogenannten Partnerunternehmen in ihrem Herkunftsland angestellt, die Agenturen vermitteln sie auf Provisionsbasis. Alle Aufgaben müssen vorher genau in dem Vertrag mit dem osteuropäischen Unternehmen fixiert werden. Medizinische Aufgaben dürfen diese Hilfskräfte nicht übernehmen.

Schwarzarbeiter: Die Telefonnummern kursieren unter den Betroffenen wie Geheimformeln. Die zumeist weiblichen Hilfskräfte arbeiten oft für weniger als 1.000 Euro monatlich und leben im Haushalt der älteren Menschen. Wer erwischt wird, muss mit einer Strafverfolgung wegen Steuerhinterziehung, Betrugs und Vorenthaltens von Sozialversicherungsbeiträgen rechnen.

5 Kinderlose Mitglieder in der Pflegeversicherung zahlen zum Beitrag in Höhe von 1,7 Prozent einen Beitragszuschlag von 0,25 Prozent. Mitglieder mit Kindern hingegen nicht. Ausnahme: kinderlose Ehepaare, die vor dem 1.1.1940 geboren sind.

Deshalb gilt auch hier: Bilden Sie neben der oben genannten Empfehlung »Zehn Prozent heute schon sparen für morgen mit nur noch 50 Prozent Einkommen« weitere »Fünf Prozent Sparen für die wahrscheinliche Pflege Angehöriger«. Oder machen Sie sich zumindest einmal darüber ernsthaft Gedanken, wie Sie einen Teil Ihres Einkommens ersetzen können, der Ihnen wegfällt, für den Fall, dass Sie die Pflege Ihrer Angehörigen selber schultern wollen (oder müssen).

Die große Unbekannte: Und wer pflegt einmal Sie?

»Wer zahlt eigentlich für mich, wenn ich mal nicht mehr kann?«, ist in Anbetracht der oben skizzierten Entwicklungstendenzen eine berechtigte Frage, die Sie sich natürlich heute schon stellen sollten. Der Finanzwissenschaftler *Professor Raffelhüschen* von der *Uni Freiburg* prognostiziert, dass schon in 20 Jahren nicht mehr 50 Millionen Erwerbstätige, sondern nur noch 40 Millionen Beitragspflichtige in die Pflegeversicherung einzahlen und gleichzeitig die Zahl der Bedürftigen rund dreimal so hoch sein wird wie heute.

Von einer kleinen Rente allein werden sich dann viele die nicht vom Staat übernommenen Zusatzkosten rund um Pflege und Betreuung im Alter nicht leisten können. Gemeinsam mit einem Lebenspartner müssen Sie schon mit 6.000 bis 8.000 Euro monatlichen Ausgaben in der höchsten Pflegestufe rechnen. Gut die Hälfte könnte die Pflegekasse übernehmen, für den Rest müssen Ihre Rücklagen aus Tasche 8 und die zu erwartenden Erlöse aus dem möglichen Verkauf einer Immobilie herhalten (sofern Sie eine haben und die dann gut verkäuflich ist).

Banken und Versicherungen werben in Anbetracht dieser Finanzierungsbedarfe eifrig für private Pflegeversicherungen. Es gibt sie als Pflegerenten-, Pflegekosten- oder Pflegetagegeldversicherung. Am ehesten rechnen sich die Tagesgeldversicherungen, die ab dem ersten Tag der Bedürftigkeit (stationär oder zu Hause) einen festen Betrag ausbezahlen. Sie können für den eigenen Pflegefall aber auch mit einem Sparvertrag (ohne Versicherungsschutz und entsprechende Prämienkosten) vorsorgen. Ihr Vorteil: Wenn Sie nicht pflegebedürftig werden, ist das Ersparte – anders als die über Jahre gezahlten Versicherungsprämien – nicht verloren. Das heißt für Sie konkret, wenn Sie 40 Jahre alt sind und sich auf einen möglichen Pflegefall mit 75 Jahren vorbereiten wollen:

	Sparbuch	**Pflegetagegeldversicherung**
Ausgaben	35 Jahre lang 55 Euro monatlich (bei 4 % Verzinsung)	35 Jahre zwischen 35 und 60 Euro monatliche Prämie
Leistung	rd. 2.000 Euro monatlich für ca. 2 Jahre	im Pflegefall zwischen 450 und 1.800 Euro monatlich (als Tagegeld zeitlich unbegrenzt)

Sie sehen schnell: Das klassische Sparbuch kann schon etwas leisten – in manchen (schwierigen) Lagen aber eindeutig zu wenig. Da sind Sie mit einer Pflegeversicherung besser dran.

Natürlich können Sie schon in Ihren Fünfzigern beginnen, eine Hausgemeinschaft mit Gleichgesinnten als »Ersatz« für die traditionelle Familie zu bilden, denn diese Gemeinschaften für gemeinsames Wohnen und Leben im Alter wollen in der Regel niemanden mehr aufnehmen, wenn er bereits ein Pflegefall ist. Dabei hoffen alle Mitglieder, im Alter von den anderen (alten Mitbewohnern) unterstützt zu werden.[6] Ohne

6 Denken Sie bitte in all den geschilderten Fällen auch an eine Patientenverfügung, die den behandelnden Ärzten in einer konkreten Behandlungssituation hilft, in der man selbst seine Behandlungswünsche nicht mehr äußern kann, eine Entscheidung in Ihrem Sinne zu treffen. Mit einer Betreuungsverfügung können Sie für den Fall der Hilfsbedürftigkeit oder der fehlenden Geschäftsfähigkeit dem Vormundschaftsgericht frühzeitig eine Person vorschlagen, die als Betreuer eingesetzt werden soll. Man kann darin auch Wünsche äußern, an denen sich das Gericht und der Betreuer bei anstehenden Entscheidungen später dann orientieren sollen. Mit einer entsprechenden Vorsorgevollmacht kann ein persönlich Vertrauter als Ihr Stellvertreter in klar definierten Fällen stellvertretend handeln.

eine Einbindung der Leistungen von ambulanten Pflegediensten oder anderen entsprechenden Fachkräften für die besonderen Herausforderungen der Pflege im Alter (wie Verbände wechseln, Tabletten geben, Haar- und Körperpflege) und die damit verbundenen Kosten wird diese Kommunenromantik der Alt-Achtundsechziger jedoch scheitern, da viele trotz großen Engagements mit der Pflege von über 80-Jährigen schlicht überfordert sind.

Deshalb ist es bei all den Herausforderungen, die das Leben an Sie stellen wird, entscheidend, dass Sie lernen, über Ihren üblichen Bezugsrahmen hinaus zu denken. Lassen Sie Ihr Denken nicht von dem beschränken, was andere als möglich, wahrscheinlich oder gar als unmöglich bezeichnen. Fangen Sie so früh wie möglich an, die potenziellen Stationen Ihres Lebens in den verschiedensten finanziellen Auswirkungen zu überblicken. Lernen Sie, frühzeitig im Gesamtsystem Ihres Finanz-Rucksacks zu denken. Denken Sie nicht nur darüber nach: »Was soll ich in einer bestimmten Lebenssituation tun?«, sondern denken Sie einen Schritt weiter: »Wie kann ich mein eigenes System aufbauen und meinen Finanz-Rucksack weiterentwickeln, dass bestimmte Risiken begrenzt werden und ich bestimmte Erträge habe, die ich im Leben (für mich und eventuell noch andere) brauchen werde?« Mit einem durchdacht gepackten Finanz-Rucksack und einem guten Einblick in Ihre Finanzen und das, was Sie brauchen, können Sie dann auf alles gelassen reagieren. Auch größte Hürden und Herausforderungen werden Sie dann nicht umwerfen, weil Sie gelernt haben, umzuschichten, rechtzeitig aufzufüllen oder eben auch mal etwas einzusparen. Sie können Ihre Lage immer klar einschätzen und müssen sich auf keine Abenteuer einlassen.

2. Machen Sie Träume und Wünsche auf Ihrem Lebensweg wahr – und finanziell sicher

In diesem Kapitel …

- … erkennen Sie, dass das Sparen für die eigenen vier Wände viel Sicherheit in unsicheren Zeiten geben kann.
- … bekommen Sie viele wertvolle Tipps, wie Sie sich diese Sicherheit erhalten und ausbauen können (damit Träume wahr und nicht zu Alpträumen werden).
- … können Sie diesen und andere Träume für Ihre Tour durchs Leben sofort anpacken.
- … wird Ihnen eines klar: Nur wer bedacht handelt, macht Träume wahr!

2.1 Sie haben nur ein Leben – und da gehören Wünsche und Träume mit auf die Rechnung

Es war ein wunderschöner verschneiter Wintertag, irgendwo in den Wäldern um Stuttgart, als Erwin und Helga bei ihrem sonntäglichen Spaziergang auf einer Waldlichtung der kleinen Waldfee begegneten. Erschrocken blieben sie stehen und wagten sich kaum zu rühren. Die kleine Waldfee aber lächelte beide an und sprach: »Ihr lieben Leut', Ihr braucht euch nicht vor mir zu fürchten. Ich erfülle euch einen Wunsch, einen wahren Glücksmoment, wenn ihr mir berichten könnt, was ihr aus eurem Leben bislang gemacht habt. Nun, was habt ihr zu berichten?«

Erwin ergriff als Erster die Initiative: »Ich habe mein ganzes Leben lang fleißig gearbeitet und meine Steuern und Rechnungen immer pünktlich bezahlt. Ich habe einen freien Wunsch und eine Belohnung wirklich verdient.«

»Und ich«, meldete sich Helga neben ihm mit ihren schmalen Lippen und ihrer spitzen Nase zu Wort, »ich habe mir mein Leben lang nichts gegönnt und immer enthaltsam gelebt. Ich möchte mich keinesfalls in den Vordergrund spielen, aber einen Glücksmoment hätte ich jetzt wirklich verdient.«

Und so ging es in einem fort. Die gute Fee aber war ganz entsetzt und gar nicht zufrieden mit dem Gehörten. »Arbeitseifer, Zahlungsmoral und Entsagung – soll das alles gewesen sein in eurem Leben? Wo blieb das Glück? Und wo die Liebe? Wozu habt ihr denn gelebt? Damit ihr nur schuftet und die Zeit nur abarbeitet, statt sie zu nutzen und euch über etwas zu freuen?«

»Mehr war eben nicht drin«, maulte Erwin. »Außerdem«, assistierte ihm Helga, »seit wann lebt man denn zu seinem Vergnügen?«

Die kleine Fee war ganz niedergeschlagen und runzelte ihre Stirn: »Was soll ich nur mit euch machen?« Aber dann hellte sich ihre Miene schlagartig auf: »Ich hab's. Ich werde euch eine Aufgabe stellen. Wenn ihr die schafft, sollt ihr eine neue Chance bekommen.«

»Eine Aufgabe?« – »Haben wir denn nicht schon genug geleistet im Leben? Was denn jetzt noch?«

»Ich möchte, dass jeder von euch beiden einen Freudensprung macht. Ich möchte, dass ihr fünf Meter hoch springt!«

Jetzt schlug die Aufregung Erwins in Empörung um: »Fünf Meter? Unmöglich. Nicht in unserem Alter!«

Doch Helga kniff ihre schmalen Lippen noch mehr zusammen als sonst und wandte ein: »Doch, das schaffen wir. Wir klettern auf die beiden Tannen da neben uns und binden oben die beiden Spitzen mit unseren Jacken zusammen. Und dann lassen wir uns wie von einem Bogen nach oben schnellen in den tiefen Schnee.«

Es dauerte keine fünf Minuten, da hüpften beide von den höchsten Ästen und schnellten laut jauchzend empor. Und es schien, als wär nur der Himmel ihre Grenze.

»Na also«, sprach die kleine Waldfee, »endlich habt ihr's kapiert. Geht nicht gibt's nicht! Und jetzt dürft ihr euch zur Belohnung was wünschen. Und fangt endlich an zu leben – mit mehr Lust und Lebensfreude, wenn ich bitten darf.«

Lust und Lebensfreude sind ohne Zweifel eine Frage des persönlichen Lebensstils – für den einen gehört dazu der Genuss angenehmer Dinge und Konsum (hedonistischer Lebensstil), für den anderen die Erfüllung erstrebenswerter Tugenden und Charakterstärken (sinnerfüllter Lebensstil) und für den Dritten beispielsweise die Vervollkommnung eigener Fähigkeiten und Interessen (aktiver Lebensstil). Alle drei sind angetrieben vom individuellen Wunsch nach schönen Momenten und persönlicher Freude. Diese *magic moments* sollten Sie nicht alle ins letzte Drittel Ihres Lebens aufschieben. Sie sollten sich dieser Glücksmomente und Wünsche viel früher bewusst werden und sie dann frühzeitig und zielstrebig verwirklichen. Und Ihr Finanz-Rucksack soll Ihnen auch dabei ein guter Helfer sein!

2.2 Ihre eigenen vier Wände – My Home is my Castle

Die eigenen vier Wände sind für viele Menschen solch ein Stück Lebensfreude. Auf den nächsten Seiten wollen wir Ihnen verdeutlichen, wie und warum Wohn- und Hauseigentum Ihnen neben der Lebensfreude am schönen Wohnen auch die in unsicheren Zeiten wichtige Sicherheit geben kann. Und wie Sie Ihre Baufinanzierung abbezahlen, damit Sie möglichst früh ein schuldenfreies Leben führen können, bevor Sie zu alt dafür sind.

Warum Ihr Zuhause Ihnen frühzeitig gehören sollte? Nun, als Mieter können Sie nicht reich werden. Reich wird da nur Ihr Vermieter. Rechnen Sie doch einmal mit: Wenn Sie 30 Jahre lang 1.000 Euro pro Monat Miete zahlen, kommen Sie auf eine Mietsumme von 360.000 Euro. Und wenn Sie jetzt noch eine jährliche Mietsteigerung von drei Prozent hinzunehmen (oder den Zins und Zinseszins, den Ihr Vermieter auf Ihre Mietzahlungen bei seiner Bank scheffeln kann), kommen Sie schon auf

570.905 Euro – und stehen am Ende genau da, wo Sie angefangen haben: mit leeren Händen ohne Eigentum.

Die Alternative: Sie kaufen sich eine Wohnung oder ein Haus und geben dasselbe Geld für die Rückzahlung einer Baufinanzierung aus. Dann stehen Sie am Ende als Eigentümer Ihres eigenen Heims da – schuldenfrei und unbelastet.

Das vermittelt Ihnen nicht nur das sichere Gefühl der eigenen vier Wände, nicht mehr auf Gedeih und Verderb einem Vermieter ausgeliefert zu sein (der Ihre Miete erhöhen, Sie auf die Straße setzen oder auch »nur« ziemlich nerven kann). Sondern auch den Stolz auf die besondere Leistung, dieses »Zwangssparprogramm« über die vielen Höhen und Tiefen Ihrer Tour durchs Leben hinweg erfolgreich bewältigt zu haben, um Ihr Haus oder Ihre Wohnung zu behalten (deshalb verlieren ja auch weniger als ein Promille aller Menschen ihr Wohneigentum durch Zwangsvollstreckung).

Darüber hinaus nutzen Sie einen Effekt, den sonst nur Großkapitalisten, Finanzhaie und Investorenheuschrecken nutzen: den sogenannten *Leverage-Effekt*, auch Schuldenhebel genannt. Was besagt dieser Effekt? Sie können Ihren persönlichen Gewinn mit fremdem geliehenem Geld vervielfachen. Wenn Sie beispielsweise eine Wohnung für 150.000 Euro bei einer Anzahlung von 20 Prozent beziehungsweise 30.000 Euro Eigenkapital über eine Bank oder Sparkasse kreditfinanzieren (sich also die restlichen 120.000 Euro zum Kreditzins leihen) und der Wert Ihrer Eigentumswohnung steigt in 20 Jahren auf 250.000 Euro, dann haben Sie einen Wertzuwachs von 100.000 Euro mit nur 30.000 Euro Einsatz »gehebelt«.

Voraussetzung dafür ist, …

1. … dass Ihr Wertzuwachs (und die ersparten Mietkosten, wenn Sie die Immobilie selbst bewohnen) in der Summe größer sind als die aufgewendeten Bankzinsen – abgesehen von dem durchaus angenehmen (geldwerten) Gefühl, in den eigenen vier Wänden zu leben.

2. … dass Lage und Qualität der Immobilie und ihres Wohnumfelds diese Erwartungen auch eintreten lassen: Sie können viel verändern, aber nicht die Lage!

2.3 Mieten oder Kaufen – rechnen lohnt sich

Kann ich mir trotzdem nicht leisten, werden Sie sich vielleicht noch sagen (Achtung: Sie denken wie ein Pessimist, der bei jeder Gelegenheit nur die Schwierigkeiten sieht): »Die Belastung für so ein Wohnbaudarlehen ist doch viel zu hoch für mich.« Jetzt heißt es als Vorsorge-Optimist wieder genau hinschauen, auch bei Schwierigkeiten die sich bietenden Gelegenheiten erkennen und genau mitrechnen. Die erste Was-kann-ich-mir-leisten-Formel lautet:

$$\frac{\text{Bisherige Monatsmiete (kalt)} \times 1.200}{\text{Alpha}^{7}} = \text{Richtwert für Ihre Kredithöhe in Euro}$$

Im oben genannten Beispiel der 1.000-Euro-Monatsmiete (beziehungsweise 12.000 Euro Jahresmiete) beträgt der Richtwert für Ihre mögliche Kredithöhe:

$$\frac{1.000 \text{ Euro} \times 1.200}{\text{Alphawert } 7} = \text{rund } 171.429 \text{ Euro Kredithöhe}$$

Sie können also rund 170.000 Euro in Ihr Wohneigentum investieren, anstatt Jahr für Jahr 12.000 Euro an einen meist wildfremden Vermieter zu zahlen.

---

7 Die Zahl »Alpha« ermitteln Sie, indem Sie den Zinssatz für Baufinanzierungen und den Tilgungssatz für Ihr geplantes Baudarlehen addieren. Zum Beispiel fünf Prozent Zins plus zwei Prozent Tilgung ergibt einen Alphawert für die Formel von sieben.

Als Faustregel kann man sagen, dass es den meisten möglich ist, mindestens 30 Prozent ihres jährlichen Nettoeinkommens für die Finanz-Rucksacktasche 2 (die Wohntasche) auszugeben (wenn sie sonst keine Schulden haben). Die zweite Was-kann-ich-mir-leisten-Formel ergibt dann den folgenden »Kreditfreiraum«:

Jährliches Netto-einkommen (in Euro)	**Monatliches Netto-einkommen (in Euro)**	**30%**	**Jährlicher Freiraum für Kredit**
30.000	2.500	750	9.000
40.000	3.333	1.000	12.000
50.000	4.167	1.250	15.000
60.000	5.000	1.500	18.000
70.000	5.833	1.750	21.000

Wie die Tabelle zeigt, haben Sie bei einem Nettoeinkommen von 40.000 Euro im Jahr nach dieser Überlegung so viel finanziellen Spielraum, dass Sie immerhin 12.000 Euro pro Jahr in die Finanz-Rucksacktasche »Wohnen« stecken können – ob als Miete an jemand anderen oder als Baudarlehen für sich selbst.

Prüfen Sie in der folgenden Tabelle noch einmal unter dem Blickwinkel, dass Wohneigentum besser ist als eine leihweise Überlassung des Geldes als Mieter.

Jährliche Belastung (Zins und Tilgung) für eine in rund 30 Jahren zurückzuzahlende Baufinanzierung:

Höhe der Baufinanzierung (in Euro)	6 % + x Euro[8]	7 % + x Euro
100.000	7.000	8.000
150.000	10.500	12.000
200.000	14.000	16.000

Sie sehen an den hohen Bandbreiten, die bei einem Prozent hin oder her entstehen können, dass es ratsam ist, bei der Baufinanzierung langfristige Vereinbarungen für die mit der Bank vereinbarte Zinsbindungsfrist zu treffen und Preisvergleiche vorzunehmen. Nur dann haben Sie über viele Jahre eine sichere und kalkulierbare Basis für Ihre persönliche Belastungsgrenze. Das haben viele Immobilienfinanzierer in den USA in den vergangenen Jahren sträflich vernachlässigt. Sie haben mit wenig oder gar keinem Eigenkapital und mit kurzen Zinsbindungsfristen (oder zu variablen Kreditzinsen) in Zeiten niedriger Zinsen ihre Kreditverträge abgeschlossen.

Als dann die Kreditzinsen nach oben gingen und die nun auf einmal deutlich höheren Zins- und Tilgungszahlungen an die Bank die persönlichen Belastungsgrenzen vieler Schuldner überstiegen, konnten diese ihre Kredite nicht mehr bezahlen. Das sich anschließende Fiasko hatte nur Verlierer: viele Schuldner, die ihre Häuser und ihre finanzielle Existenz auf Jahre verloren, sowie viele Banken und Investmentfonds, die für die kreditfinanzierten Immobilien nicht mehr das erlösen konnten, was sie einmal wert waren (denn die kamen jetzt in Massen zum Verkauf oder zur Versteigerung auf den Markt, was die Preise gnadenlos nach unten drückte).

---

8 Für den Wert x haben wir hier der Einfachheit halber einen Tilgungsanteil von einem Prozent zu den jährlichen Kreditzinskosten hinzuaddiert. Dieser Tilgungsanteil wird mit der Zeit immer größer, weil Sie Ihren Kredit ja laufend zurückzahlen, also sich Ihre Schulden und damit auch der Zinsanteil an der Jahresrate vermindern. Der Tilgungsanteil erhöht sich entsprechend.

2.4 Preis und Finanzierung müssen passen

Deshalb gilt: mit spitzem Bleistift vorher alles konkret durchrechnen und die verschiedenen Angebote der Banken und Sparkassen vergleichen. Rechnen lohnt sich, denn ...

- ... bei einem Prozent Tilgung und einem Zinssatz von sieben Prozent müssen Sie bei einem Kreditbetrag von 200.000 Euro in 30 Jahren in jedem Jahr 15.960 Euro an Ihre Bank bezahlen.

  Über den gesamten Zeitraum überweisen Sie 480.000 Euro an die Bank. Ziehen Sie einmal den Kreditbetrag von der gesamten Rückzahlungssumme ab, so zahlen Sie mehr als die Hälfte allein für die Zinsen auf das geliehene Geld: 280.000 Euro.

- ... es geht auch anders: Bei einer Verdoppelung der Tilgung auf zwei Prozent und dem Zinssatz von sieben Prozent verkürzt sich Ihre Darlehenslaufzeit auf 22 Jahre – aber Ihre Jahresrate erhöht sich auf stolze 18.000 Euro.

  Sie sind jetzt nicht nur schneller, sie bezahlen in diesem Fall auch nur noch 390.000 Euro an die Bank und haben sich fast 90.000 Euro an Zinskosten erspart. Sie sollten bei diesem hohen Kapitaldienst aber schon 60.000 bis 70.000 Euro netto im Jahr verdienen!

Sie merken: Nutzen Sie Zeiten niedriger Baufinanzierungszinsen, um Ihren Tilgungsanteil höher als ein Prozent anzusetzen. Sie sparen sich Zeit und Geld (kürzere Darlehenslaufzeit – weniger Zinskosten).

Preisvergleiche sind bei diesen hohen Summen in der Baufinanzierung also unbedingt wichtig und lohnend. Und vergleichen Sie auf alle Fälle immer den Effektivzinssatz – alles andere ist Augenwischerei! Nutzen Sie dafür die folgende Tabelle:

Vergleich der Baufinanzierungen für x Jahre Zinsbindungsfrist

Nominalschuld (Gesamtkreditbetrag)	___________
Auszahlungsbetrag	___________
Disagio (in Euro)	___________
Nominalzins (in %)	___________
Anfangstilgung (in Prozent)	___________
Monatsrate (in Euro)	___________
Restschuld zum Ablauf der Zinsbindung (in Euro)	___________
Effektivzins (in %)	___________
Gesamtkosten aus Disagio und allen Raten (in Euro)	___________
Zusatzkosten (z. B. für Wertschätzungen) (in Euro)	___________
Gesamtkosten für den Kredit und die Zusatzkosten (in Euro)	___________

Achtung: Sie können Ihren aufzubringenden Finanz-Proviant durch zinsgünstige Förderkreditprogramme schonen. So bieten beispielsweise die staatliche KfW-Bank oder landeseigene Fördertöpfe interessante Kreditprogramme mit tilgungsfreien Anfangsjahren, langen Zinsbindungsfristen und Sondertilgungsmöglichkeiten, wenn Sie zum Beispiel unerwartete Geldeingänge oder drohende Zinsanstiege dazu nutzen wollen, Ihr Darlehen schneller als geplant (und dann kostenfrei) zurückzuzahlen. Finanziert werden in der Regel bis zu 30 Prozent der Gesamtkosten, maximal 100.000 Euro.

Also fragen Sie bei Ihren Bankgesprächen immer nach den Einsatzmöglichkeiten und Bedingungen von KfW- oder Länderförderkreditprogrammen oder informieren Sie sich im Internet unter www.kfw.de beziehungsweise bei den für Sie zuständigen Landrats- und Bürgermeisterämtern. Denn fast immer müssen die Fördermittel schon vor Beginn des Bauvorhabens beziehungsweise unmittelbar nach Abschluss eines notariellen Kaufvertrags beantragt werden (unmittelbar heißt zum Beispiel bei der KfW in maximal fünf Bankarbeitstagen).

Mit den Finanzierungskosten allein ist es nicht getan. Mit den folgenden Kosten sollten Sie auch noch rechnen (und sie beim Kauf nach Möglichkeit von Ihrem Ersparten in »Vermögenstasche 8« bezahlen können):

1. Die Maklercourtage: In der Regel beträgt sie drei Prozent des Kaufpreises plus Mehrwertsteuer – immerhin 4.500 Euro plus 855 Euro Mehrwertsteuer bei einem Kaufpreis von 150.000 Euro. Versuchen Sie deshalb, die Provision zwischen Käufer und Verkäufer aufzuteilen, und versuchen Sie, auch bei diesem Posten zu handeln. Und Vorsicht: Viele Makler geben vor, »provisionsfrei« zu arbeiten – dann ist diese Provision entweder vom Makler oder vom Verkäufer schon in den Immobilienpreis eingerechnet.

2. Die Notargebühren: Ohne Notar geht's nicht. Er beurkundet den Kauf, nimmt diverse Grundbucheintragungen vor und kümmert sich um die rechtlichen Themen rund um die Grundschuld, die als Beweis für die Kreditbelastung der Immobilie im Grundbuch eingetragen ist. (Die meisten lassen diese Eintragung im Grundbuch auch nach Rückzahlung des Baudarlehns stehen – man weiß ja nie, wofür man die noch brauchen kann. Diese Grundschuld kann man auch für andere Kredite verwenden oder bei einem späteren Verkauf der Immobilie an den nächsten Eigentümer weitergeben.) Rechnen Sie ruhig mit 1,5 Prozent vom Kaufpreis.

3. Die Finanzierungsnebenkosten: Wenn die Bank den Beleihungswert Ihres Kaufs schätzen will, um das Verhältnis Ihres Kredits zur Immobilie zu ermitteln, schickt sie gerne einen Gutachter los. Versuchen Sie diese Kosten auf die Bank überzuwälzen – schließlich hat die in erster Linie was davon. Darüber hinaus haben Banken auch

oft einen eigenen Gutachter oder Sonderkonditionen bei fremden Gutachtern.

4. Grunderwerbsteuer und weitere Kosten beim Kauf: Erst wenn die Grunderwerbsteuer in Höhe von 3,5 Prozent des Kaufpreises ans Finanzamt bezahlt ist, erfolgt Ihre Eintragung als neuer Eigentümer durch den Notar im Grundbuch; den Steuerbescheid erhalten Sie automatisch nach dem oben genannten Notartermin. Darüber hinaus will das Grundbuchamt noch rund ein halbes Prozent vom Immobilienwert für die Eintragung im Grundbuch. Und das Vermessungsamt will bei Neubauten noch um die 100 Euro für die Eintragung in die amtlichen Flurkarten.

Mit maximal zehn Prozent an Zusatzkosten beim Kauf sollten Sie auf der sicheren Seite liegen.

Achtung: Sparen Sie nicht an der Eintragung einer Auflassungsvormerkung zu Ihren Gunsten. Denn nur sie schützt Sie davor, dass der Verkäufer die Immobilie an einen noch mehr bietenden Käufer verkauft, solange Sie nicht endgültig im Grundbuch als neuer Eigentümer eingetragen sind.

Zusätzlich zu Ihrem monatlichen Kapitaldienst an die Bank oder Sparkasse, also Ihren Zins- und Tilgungsleistungen, müssen Sie noch die monatlichen Betriebskosten einer Immobilie bei Ihren Ausgaben in Tasche 2 berücksichtigen. Zu den Betriebskosten zählen üblicherweise:

- Gebäudeversicherungen (Feuer/Sturm/Glasbruch, Leitungswasser),
- Haftpflichtversicherung,
- Grundsteuer,
- Heizung/Brennstoff und Heizungswartung,
- Schornsteinfeger,
- kommunale Müllgebühren,
- Stromversorgung,
- Wasser- und Abwassergebühren,

- Feuerlöscher- und Fahrstuhlwartung,
- Hausmeister-, Gartenpflege-, Reinigungs- und Winterdienste,
- Verwaltungskosten je Wohneinheit und
- Reparatur- und Instandhaltungskosten (beziehungsweise Einzahlung in die Instandhaltungsrücklagen).

Die Höhe dieses Kostenbergs hängt von vielen Faktoren ab: von der Monopolmacht der jeweiligen Ver- und Entsorgungsbetriebe, der Bau- und Nutzungsweise (Ein- oder Mehrfamilienhaus) und vom Verhandlungsgeschick mit und von Hausverwaltungsfirmen (zum Beispiel beim Brennstoffkauf) oder den Wartungs- und Reparaturkosten. Erkundigen Sie sich ruhig mal im Vorfeld des Kaufs bei Nachbarn, schauen Sie in die Protokolle der Eigentümerversammlungen, und nehmen Sie einen Experten zur Besichtigung mit. Nicht selten reißen Instandhaltungs- und Reparaturkosten für Feuchtigkeitsschäden, bei minderwertigen Materialien und Handwerkerpfusch am Bau größere Ausgabelöcher in Ihre Finanz-Rucksacktaschen.

2.5 Ihr erster Vorteil: schuldenfrei wohnen im Alter

Wenn Sie davon ausgehen, dass Sie im Alter einiges einsparen können, weil Sie deutlich weniger Geld für Berufskleidung, Autofahrten, Fort- und Weiterbildung oder für die Steuern an Vater Staat benötigen, so bringt Ihnen auch der Wegfall der monatlichen Zins- und Tilgungsleistungen für Ihre Immobilie eine große Entlastung für die Befüllung Ihres Rucksacks. Dieses »gesparte« Geld können Sie dann gut für andere Verwendungszwecke, zum Beispiel für Reisen, für Ihre Hobbys oder Ihre Familie, verwenden. Vergessen Sie aber nicht: Auch Ihre Immobilie will gepflegt sein. Und auch dafür sollten Sie vorsorgen!

Deshalb unsere Praxis-Tipps:

Versuchen Sie, in den rund 30 Jahren Ihrer Baufinanzierungstilgung ein Mal im Jahr eine kräftige Sondertilgung zu leisten (dieses Recht müssen Sie im Darlehensvertrag schriftlich festhalten), zum Beispiel bei Steuererstattungen, bei Gratifikationen und Bonuszahlungen oder bei Geldgeschenken. Je nach Zinssatz werden Sie Ihr Darlehen auf diese Weise fünf bis zehn Jahre früher zurückgezahlt haben. Mit jeder Sondertilgung mindern Sie den Zinsanteil Ihrer Raten und erhöhen den Tilgungsanteil entsprechend!

Dann können Sie sich von Ihrer »Erst«immobilie sogar eines fernen Tages trennen und sich vom Erlös eine speziell auf das dritte Drittel Ihrer Tour durchs Leben ausgerichtete weitere Immobilie kaufen. Oder die erste Immobilie vermieten und die Mieterlöse für die Darlehenstilgung der zweiten nutzen. Wie Sie es auch anstellen, diese beschleunigte Darlehensrückzahlung macht Sie deutlich früher finanziell frei: *schuldenfrei* mit eigenem Immobilienbesitz und weiteren Ersparnissen im Finanz-Rucksack!

2.6 Ihr zweiter Vorteil: eine Zusatzrente im Alter

Wer eine eigene Immobilie besitzt und die zum Teil hohen Werterhaltungsmaßnahmen wie beispielsweise Reparaturen und Renovierungsarbeiten nicht mehr leisten kann oder im Alter seinen Lebensstandard aufbessern möchte, kann seine Immobilie auf zwei Arten in eine Zusatzrente bis zum Lebensende umwandeln:

- als Zustifterrente: Nach dem klassischen Leibrentenmodell verkaufen Sie Ihre Immobilie beispielsweise an eine Stiftung und erhalten dafür neben dem weiterbestehenden Wohnrecht in Ihren (nicht mehr eigenen) vier Wänden eine lebenslange (Leib-)Rente in Geld.

- als inverse Hypothek (engl.: *reverse mortgage*): Eigenheimbesitzer können das in einer eigengenutzten Immobilie gebundene Vermögen in ausgezahltes Geldvermögen umwandeln, indem sie auf ihre Immobilie einen Kredit aufnehmen, der bei ihrem Ableben mit der Immobilie getilgt wird.

Bei beiden Varianten erhalten Sie den aktuellen Verkaufswert ausbezahlt (beziehungsweise bis zu Ihrem Lebensende in Raten als Rente). Ihr Finanzpartner erfasst dabei in einem ersten Schritt Ihre persönlichen Daten und die Angaben zu Ihrer Immobilie, um daraus eine Prognose für Ihre Lebenserwartung und die Verkaufswertermittlung Ihrer Immobilie zu berechnen. Auf diesen Werten wird dann aus dem zu erwartenden Marktwert Ihrer Immobilie (im Zeitpunkt Ihrer voraussichtlichen Lebenserwartung) ein auf den heutigen Tag bezogener Tages- beziehungsweise Barwert errechnet (zum Beispiel indem der Zukunftswert in x Jahren mit einem Risikoabschlag abgewertet und dann mit einem Kalkulationszins auf den aktuellen Zeitpunkt abgezinst wird – klingt kompliziert, ist es in der Praxis aber gar nicht). Bei aller Rechnerei gleicht die Wertermittlung natürlich immer noch dem Kaffeesatzlesen, denn wer weiß schon wirklich, wie alt Sie persönlich werden und welchen Wert Ihre Immobilie eines Tages haben wird.

Aus der folgenden Übersicht können Sie einen ersten Anhaltspunkt gewinnen, wie viel Sie als monatliche Leibrente aus dem jeweiligen Tageswert einer Immobilie erwarten können:

Tageswert	**Zu erwartende Leibrente**[9]			
	Frau 60	Frau 65	Mann 65	Ehepaar (60 + 65)
100.000	693	786	924	638
150.000	1.039	1.179	1.386	956
200.000	1.385	1.572	1.848	1.275
250.000	1.731	1.965	2.310	1.594

9 Die Lebenserwartung für die Beispiele wurden mit Verrentungsregeln nach amtlichen Sterbetafeln für die jeweilige Lebenssituation beziehungsweise das jeweilige Lebensalter ermittelt.

Was der Verkauf einer Immobilie (mit oder ohne weiteres Wohnrecht) einbringt, entscheiden der geschätzte Tageswert der Immobilie und die durchschnittliche Lebenserwartung nach den amtlichen Sterbetafeln: Je höher der Tageswert Ihres Objekts und je älter Sie sind, desto mehr Leibrente zahlt Ihnen ein Käufer. Er trägt insofern das Risiko, dass Sie länger leben als erwartet und dass sich der Wert Ihrer Immobilie nicht so positiv entwickelt wie geschätzt. Bei einer Immobilie mit einem prognostizierten Zukunftswert von 150.000 Euro und einem Sicherheitsabschlag von 30 Prozent ist der »zu erwartende« Zukunftswert von 100.000 Euro bei einer angenommenen Verzinsung von sieben Prozent in der Regel schon in 20 Jahren auf einen Barwert von einem Euro geschmolzen.

Die Langlebigkeit vieler Immobilienbesitzer wird somit zum Renditerisiko, und der viel gepriesene Zinseszins zernagt den Wert manches Eigenheims gnadenlos.[10] Auch die vielerorts schlechten Verkaufsaussichten machen eine Verrentung von Immobilien für viele Banken und Finanzinvestoren eher unattraktiv, weshalb dieses Geschäftsfeld in Deutschland (noch) keine große Bedeutung hat. Hier gilt die gemeinnützige *Stiftung Liebenau* zusammen mit einigen Bankpartnern als Vorreiter des oben dargestellten Leibrentenmodells, bei dem der Ertrag des Geschäfts aus dem reduzierten Preis für den Alteigentümer und Bewohner der Immobilie gemeinnützigen Zwecken zu Gute kommt – ein neben der gewonnenen Zusatzrente fürs Alter wichtiges Motiv für die Immobilienrentner.[11]

---

10 In den Vereinigten Staaten greift der Staat unter bestimmten Bedingungen (Alter des Kunden mindestens 62 Jahre und Kreditsumme der inversen Hypothek maximal 363.000 US-Dollar) mit seinem *Home-Equity-Conversion-Mortgages (HECM)-Programm* in den Fällen, in denen die an den Eigenheimbewohner (Ex-Eigentümer) gezahlten Renten den Wert der Immobilie übersteigen, mit einer Staatsbürgschaft zugunsten des Finanzinstituts ein – er übernimmt also die Lebensdauer-, Wertentwicklungs- und Zinsrisiken der Banken. Dadurch kommen amerikanische Rentner zu deutlich höheren Renten!

11 Siehe hierzu auch die weitergehenden Informationen unter www.zustifterrente.de; www.handelsblatt.de; www.capital.de; www.stiftung-liebenau.de und www.immobilienverzehr.de

Natürlich können Sie Ihr Haus oder Ihre Wohnung auch an Familienangehörige oder private Dritte komplett verkaufen und den erzielten Verkaufspreis in eine passende Kapitalanlage anlegen, aus deren Ertrag Sie dann eine laufende Zusatzrente erhalten. Wollen Sie zusätzlich noch ein Wohnrecht für sich im Grundbuch eintragen lassen, müssen Sie selbstverständlich einen Wertabschlag auf den möglichen Kaufpreis einkalkulieren. Sie merken schon, aus einer Immobilie kann man allerlei Sicherheit machen. Und der Verkäufer hat bestens (grundbuchrechtlich) gesicherte Forderungen (auf die Zusatzrente und das Wohnrecht). Der Käufer kann ohne viel Eigenkapital eine interessante Immobilie – quasi auf Vorrat – erwerben, die er dann eines Tages selbst nutzt oder wiederum vermietet. Noch wird erst jede hundertste Immobilie nach diesem Muster in Geld verwandelt, doch je mehr kinderlose Paare und Singles es gibt und je mehr Flächenbedarf in interessanten Lagen für Kommunen und private Käufer entsteht, desto stärker wird dieser Weg zu sicheren Einnahmen begangen.

2.7 Achtung: Und plötzlich ist das Haus weg

Trau, schau, wem. Diese Lebensweisheit gilt auch im Umgang mit Banken und Sparkassen. Da viele von ihnen in den zurückliegenden Jahren durch den harten Wettbewerb immer weniger verdienen und zusätzlich immer häufiger von Konjunktur- und Finanzmarktkrisen gebeutelt werden, ist auch ihr Umgang mit ihren Bankkunden nicht mehr so verlässlich wie einst. Heute genügen mancherorts schon kleinste Leistungsstörungen und Zahlungsrückstände als Begründung für »härtere Bandagen« für die Kreditschuldner.

Wo früher vielfach Verständnis für persönliche Schicksalsschläge und Unterstützung (zum Beispiel durch Tilgungsänderungen oder Stundungsvereinbarungen für die ausstehenden Zinsen) Realität waren, regiert heute nicht selten ein barscher und unfreundlicher Ton. Manche Banken und Sparkassen trennen sich sogar von ihren Baukreditkunden »heimlich, still und leise«, indem sie die ausstehende Darlehensforderung mit der dazugehörigen Grundschuld paketweise und ohne Zustimmung der Kreditnehmer an sogenannte Finanzheuschrecken verkaufen, die dann das restliche Geld bei erster Gelegenheit rücksichtslos eintreiben oder Ihre sicher geglaubte Immobilie verpfänden und verkaufen.

Ein »Verkauf eines Kunden« beziehungsweise seines Wohnbaudarlehns sollte eigentlich nur dann vorkommen, wenn Kunden

1. dauerhaft und nachhaltig gegen ihre vertraglichen Verpflichtungen gegenüber der Bank verstoßen,
2. eine Einigung über die Rückzahlung ihres Kredits im persönlichen Gespräch nicht erzielt werden konnte,
3. eine Rückzahlung der Forderung gar nicht mehr zu erwarten ist oder
4. die betroffenen Kunden einem solchen Verkauf auch ausdrücklich zugestimmt haben.

Einen Kreditverkauf an eine Ihnen gar nicht bekannte dritte Vertragspartei, die Sie dann mit Ihren Zins- und Tilgungsschulden unter Druck setzt, und eine vorzeitige Rückzahlung Ihres Kredits, eine Zwangsversteigerung Ihrer Immobilie oder für Sie ungünstigere Finanzierungskonditionen erzwingen will, können Sie von Anfang an verhindern. Wie?

1. Indem Sie nur so viele Schulden machen, wie Sie auch zurückzahlen können. Denn solange Sie sich an die Vereinbarungen des Kreditvertrages halten, kann Ihnen auch bei einem Forderungsverkauf zunächst nichts passieren. Auch ein Finanzinvestor kann dann den Vertrag nicht Mir-nichts-dir-nichts kündigen.
2. Indem Sie bei aufkommenden persönlichen oder beruflichen Problemen und absehbaren Zahlungsschwierigkeiten zügig das Gespräch mit Ihrer Bank suchen.
3. Indem Sie sich strikt an die in den Bankgesprächen ausgemachten Vereinbarungen halten.

4. Indem Sie von vornherein auch den Fall einer möglichen Arbeitslosigkeit mit einkalkulieren und gegebenenfalls diese Notlage mit einer Restkreditversicherung oder einer Unterstützung durch Freunde oder Familienangehörige abschirmen. Reden Sie schon in der Planungsphase eines Immobilienkaufs mit Ihren Vertrauten, und überfallen Sie sie nicht erst mit Ihrer Notlage, wenn es gar nicht mehr anders geht.

5. Indem Sie sich bei der Wahl Ihrer Bank oder Sparkasse nicht nur vom billigen Lock-Zins ködern lassen, sondern auch auf die Vertrauenswürdigkeit und persönliche Zuverlässigkeit Ihrer Geschäftspartner achten.

6. Vertrauen ist gut – Zusicherung ist besser: Lassen Sie sich von Ihrer Bank oder Sparkasse schriftlich zusichern, dass Ihr Kredit und die dazugehörige Grundschuld nicht an Dritte weiterverkauft werden (sogenannter Abtretungsverzicht – am besten im Grundbuch eintragen lassen). Auch bei bestehenden Verträgen kann nachträglich ein entsprechender Passus hinzugefügt werden. Wenn Sie den Passus nicht grundsätzlich bekommen, versuchen Sie, den Verzicht auf Verkauf durchzusetzen, solange der Kredit ordnungsgemäß abbezahlt wird.

Erfahren Sie davon, dass Ihr Kredit an Dritte weiterverkauft wurde, achten Sie unbedingt darauf, dass Sie Ihre Raten auch umgehend an das neue Finanzinstitut überweisen. Gehen die Raten an die alte Hausbank, kann dass ein Finanzinvestor (aus-)nutzen, um Ihren Kredit zu kündigen und den Rest der Forderung fällig zu stellen. Dann drohen Ihrem Finanz-Rucksack Vollstreckung und Zwangsversteigerung – und Sie verlieren Haus und Hof!

2.8 Ihre Hobbys und Liebhabereien – graue Haare, buntes Leben

Ist dafür wirklich noch genügend Geld vorhanden? Monat für Monat Kapitaldienst an die Bank für die eigenen vier Wände, steigende Beiträge zur Pflegeversicherung, teure zahnmedizinische Zusatzversicherung, die Beiträge zur gesetzlichen Sozialversicherung, die Kosten für Benzin, Heizöl und dergleichen mehr – alle Beträge steigen und belasten Ihre Budgets im Finanz-Rucksack mehr und mehr. Was bleibt da noch übrig für Ausflüge, Urlaub, Reisen, schicke Klamotten oder Kino-, Konzert- und Theaterbesuche? Gestern noch 200 Euro am Geldausgabeautomaten abgehoben und heute schon keinen Plan mehr, wo das Geld geblieben ist?

Selbst wenn Sie als Single nur Ihr eigenes Einkommen für Ihre persönlichen Wünsche und Träume ausgeben, lohnt es sich, diese Konsumgewohnheiten und den dafür notwendigen Finanz-Proviant zu kennen. Deshalb hier einmal ein kurzer Selbst-Test mit ein paar Fragen an Ihr Freizeit- und Konsumverhalten:

1. Sie treffen Freunde. Was machen Sie gemeinsam?
   1. Zusammensitzen und eine Runde reden über dies und jenes.
   2. Ins Café gehen auf einen Latte Macchiato und dann alles locker auf sich zukommen lassen.
   3. Wir verabreden uns auf einen schönen Abend mit allem Drum und Dran: Essen beim Italiener und dann auf einen Drink in die neue Kneipe oder die schicke Lounge.
2. Auf Ihrem Konto herrscht Ebbe, aber beim Bummeln entdecken Sie ein super Teil. Was nun?
   1. Ich ignoriere das Teil einfach – was gerade nicht geht, geht eben nicht.
   2. Ich warte auf die nächsten Einnahmen, und dann ist das gute Stück sicher auch noch zu haben.
   3. Ich überziehe einfach mein Konto – dafür hab' ich schließlich den Dispo.

3. Es ist Freitagabend und eigentlich nichts Konkretes geplant. Was tun Sie?
    1. Erst mal mit der Ruhe: die Wohnung aufräumen, was Leckeres kochen und sich's vor dem Fernseher gemütlich machen. Es war sowieso eine stressige Woche.
    2. Ich gehe ins Sportstudio zum Training.
    3. Erst mal in der City shoppen gehen, rundum telefonieren und später dann auf Tour gehen.

4. Der Kühlschrank ist wieder leer. Wie füllen Sie ihn?
    1. Ich mache eine Liste für die kommende Woche und kaufe dann, was noch fehlt.
    2. Ich kaufe im Supermarkt, was mich so anspricht. Das hat bisher immer gut funktioniert.
    3. Ich gehe durch die Schlemmermeile in der City und lass' mich mal inspirieren.

5. Wohin geht der nächste Urlaub?
    1. Ich spare mir die Kohle und mach Urlaub in Balkonien.
    2. Ich suche im Internet nach einem Schnäppchen.
    3. Urlaub ist die beste Zeit im Jahr – da gönne ich mir immer das Beste.

6. Sie erben einen kleineren Geldbetrag. Was jetzt?
    1. Ich vergleiche erst einmal die Angebote der Banken und Sparkassen und lege das Geld dann gut an.
    2. Von einem Teil des Geldes erfülle ich mir einen sehnlichen Wunsch, den anderen Teil lege ich gut an.
    3. Endlich mal wieder Konsumlust total – ich werde mich erst einmal diesem schönen Gefühl hingeben und das Einkaufen genießen.

Für die Auswertung zählen Sie bitte zusammen, wie oft Sie die Zahlen 1, 2, 3 angekreuzt hatten.

Haben Sie überwiegend 1. angekreuzt, sind Sie ein sogenannter *Proviant-Hamster*:
Weniger ausgeben heißt für Sie, mehr im Finanz-Rucksack haben. Weil man jeden Finanz-Proviant nur einmal verbrauchen kann, horten Sie ihn lieber – wer weiß, was noch so alles kommt. Denken Sie aber auch daran, Ihr Geld zu genießen und sich und anderen damit eine schöne Lebensqualität zu schaffen.

Haben Sie überwiegend 2. angekreuzt, sind Sie ein bewusster *Proviant-Planer*:
Sie wissen ganz genau über Ihre Verhältnisse Bescheid und entscheiden sich bewusst für (a) Proviant genießen oder (b) weitere Finanzvorräte zurücklegen. Sie haben deshalb auf jeder Tour genug – egal, was so passiert. Ihr Motto: Wer auch für Unvorhergesehenes immer genug dabei hat, ist in allen Lebenslagen optimal abgesichert.

Haben Sie überwiegend 3. angekreuzt, sind Sie ein *Proviant-Schlemmer*:
Sie denken ungern an notwendige Finanz-Reserven für Unvorhergesehenes. Sie wollen einfach jeden Augenblick richtig genießen – das hat dann eben seinen Preis. Sie leben mit Ihren Finanz-Vorräten beziehungsweise den Einnahmen, die dafür nötig sind, oft am Limit und brauchen in Notlagen schon mal etwas von anderen: von Freunden oder vom Dispo auf dem Konto.

Wichtig: Unsere Konsum- und Proviant-Verhaltensmuster ändern sich kaum im Verlauf eines Lebens. Und viele denken zu wenig darüber nach, wie lange und wofür ihnen das Geld reicht. Kommt es dann zu Gehaltseinbußen bei Krankheit, Arbeitslosigkeit, Trennung oder anderen plötzlichen Notsituationen, sind viele überrascht, wie wenig ihnen dann schon zur Monatsmitte nur noch übrig bleibt. Sie kommen einfach nicht mehr mit ihren Einnahmen und dem Finanz-Proviant über die Runden.

Das verändert sich bei vielen auch mit zunehmendem Alter nicht sehr: Nach Untersuchungen des Europäischen Statistischen Amtes *Eurostat* nimmt die Sparquote mit steigendem Alter sogar ab.

So geben heute beispielsweise die über 60-Jährigen mehr als doppelt so viel Geld für Gesundheit, Sport, Wellness und Körperpflege aus wie die Jungen im Alter zwischen 25 und 35 Jahren. Für schöneres Wohnen sind es immerhin 20 Prozent mehr und für alles rund um Kleidung, Reisen und Freizeitgestaltung immer noch gleich viel. Dieser Trend dürfte künftig sogar noch ansteigen, da die Vererbungsmentalität der Nachkriegsgeneration einer Lebensgenussmentalität gewichen ist. In den westlichen Ländern, in denen Mangel- oder Kriegserlebnisse noch länger zurückliegen als in Deutschland, ist dieses Verhalten heute schon Alltag – in den USA geben die über 65-Jährigen über 30 Prozent mehr aus als alle Altersgruppen darunter.

Zum Glück haben viele von ihnen im Alter eine fällige Lebensversicherung (aus Finanz-Rucksacktasche 8) oder eine Erbschaft zu erwarten, mit denen sie sich dann ihre vielfältigen Wünsche erfüllen. Sie können beispielsweise mit einer fälligen Lebensversicherungszahlung von 50.000 Euro und sofortiger Anlage in sichere Finanzprodukte (mehr dazu in Schritt 3) rund zehn Jahre lang monatlich rund 500 Euro bekommen – erst dann ist der gesamte Finanz-Proviant aus der Lebensversicherung völlig aufgebraucht (oder 20 Jahre lang monatlich rund 300 Euro).

Wenn Sie nur die Zinserträge aus der angelegten fälligen Lebensversicherung verbrauchen wollen (zum Beispiel, weil Sie den Gesamtbetrag für die Renovierung Ihres Hauses oder die Finanzierung des Studiums eines Kindes zurückhalten wollen), dann können Sie aus 50.000 Euro monatlich zwischen 150 und 200 Euro verbrauchen.

Wie lange ein bestimmter monatlicher Betrag aus einer geerbten oder ausbezahlten Summe für Sie ungefähr gezahlt werden kann, zeigen Ihnen die folgenden »Hausnummern« in der Übersicht:

Monatlich ungefähr verfügbarer Betrag[12] (bei völligem Kapitalverbrauch) für ...			
Auszahlungsbetrag (in Euro)	10 Jahre	15 Jahre	20 Jahre
50.000	500	400	300
100.000	1.000	800	600
200.000	2.000	1.500	1.000

Bietet man Ihnen in einem Auszahlungsplan monatlich deutlich mehr, schauen Sie dem Finanzberater und der dahinterstehenden Finanzadresse genau auf die Finger, denn mit mehr Ertrag ist eben in der Regel auch mehr Risiko verbunden.

Und denken Sie auch an die Steuer – nicht nur heute, auch im Alter! Wer im Jahr 2017 mit 65 Jahren in Ruhestand geht und ein Alterseinkommen über dem Grundfreibetrag von 7.664 Euro hat, der muss beispielsweise 74 Prozent seiner Rentenbezüge versteuern (dieser Satz richtet sich nach dem persönlichen Renteneintrittsjahr – mehr dazu auf den Seiten 149 ff.).

12 Bei einer angenommenen Verzinsung des Kapitals über die ganze Zeit hinweg zwischen fünf und sechs Prozent.

Das folgende vereinfachte Beispiel gibt Ihnen einen groben Einblick, wie es im Alter steuerlich laufen könnte (alle Werte in Euro):

Höhe des Alterseinkommens	36.000
davon steuerpflichtig (74 % bei Renteneintritt 2017)	26.640
abzüglich Werbungskostenpauschale	– 100
abzüglich Sonderausgabenpauschale	– 40
abzüglich Kranken- und Pflegeversicherung	– 3.240
= zu versteuerndes Einkommen	23.260
x persönlicher Steuersatz (z. B. 20 %) (wichtig: nur für den Betrag über dem Freibetrag von 7.664 Euro)	3.119

Sie merken gleich: Mit Ihrem Finanz-Rucksack marschieren Sie gut durchs ganze Leben. Denn Sie haben immer einen guten Überblick über Ihre Gesamteinnahmen und Ihre Entnahmen aus den diversen Taschen. Und wenn Sie im Alter eben kein Lohneinkommen mehr erhalten, sondern (hoffentlich) gesetzliche Rente, Ihre Betriebsrente und ein zusätzliches Alterseinkommen aus Ihren Finanzanlagen (die Sie als Finanz-Proviant in der Vermögenstasche 8 zurückgelegt haben), dann wissen Sie immer noch genau, was reinkommt und wie viel Sie wofür entnehmen können. Bevor wir dazu kommen, wie Sie Ihre Vermögenstasche mit Finanzanlagen für Ihr späteres Zusatzeinkommen befüllen können, sprechen wir noch ein paar wichtige vertragliche und erbrechtliche Vorsorgemaßnahmen für Ihre Tour durchs Leben an.

2.9 Enkel, Kind und Kegel – was Sie beachten und frühzeitig regeln sollten!

Eines sollten Sie noch klären, bevor Sie mit Ihrem gut gepackten Finanz-Rucksack losmarschieren:

1. Was soll geschehen, wenn Sie bedingt durch einen plötzlichen Unfall oder eine Krankheit nicht mehr alles selbstständig machen oder in die Wege leiten können? Denn selbst Ihre Lebenspartner oder besten Freunde, sogar Ihre Geschwister oder Eltern sind machtlos, wenn Volljährige durch derartige Schicksalsschläge nicht mehr selbst entscheiden können und keine klaren Vollmachten vorliegen. Und selbst die behandelnden Ärzte müssen nicht selten in solchen Fällen vor weit reichenden Eingriffen noch zusätzlich ein Gericht einschalten. Viel zu viel Unsicherheit in unsicheren Zeiten!

2. Wer soll was aus Ihrem Nachlass bekommen, wenn Sie sterben?

Vollmachten für schlechte Zeiten und gute Menschen

Vier Typen von Vollmachten sollten Sie an Ihnen vertraute Menschen zu Ihrer eigenen Sicherheit erteilen. Damit genau die folgenden Unsicherheiten für Sie abgesichert sind:

1. Eine Patientenverfügung klärt, was mit Ihnen medizinisch passiert und wann eine Behandlung abgebrochen werden soll.

2. Eine Vorsorgevollmacht klärt, wer für Sie in einem Unglücksfall in welchem Lebensbereich was entscheiden soll.

3. Eine Betreuungsverfügung klärt generell, wer Ihr bevollmächtigter Betreuer werden soll, wenn Sie nicht mehr für Ihre eigenen Angelegenheiten sorgen können.

4. Eine Bankvollmacht klärt, wer für Sie bei der oder den Banken entscheiden und über Ihre Konten verfügen kann.

Klingt alles ziemlich kompliziert. Nun, im Grunde natürlich schon. Auch Sie werden bei den damit verbundenen Antworten kaum um einen kundigen Anwalt oder Notar herumkommen, denn das, was wir im einen oder anderen Fall niederschreiben, ist zwar engagiert niedergeschrieben, aber nicht in der entsprechenden Qualität. Die kostet zwar etwas, spart Ihnen und Ihren Nächsten jedoch viel Kummer und nicht selten auch lange und zermürbende Streitigkeiten. Und jetzt zum kleinen Einmaleins der vier genannten Vollmachten:

In Ihrer Patientenverfügung halten Sie alle medizinischen Behandlungswünsche für die Fälle fest, in denen Sie sich wegen Bewusstlosigkeit oder Koma nicht mehr selbst äußern können. Ärzte und Pflegepersonal müssen sich an diese konkreten und möglichst detaillierten Anweisungen für die von Ihnen dargelegten Situationen halten. Achten Sie beim Verfassen auf Folgendes[13]:

- Besprechen Sie Ihre Verfügung mit einem Arzt Ihres Vertrauens, damit auch das angewiesen wird, was Sie wollen.
- Der Wunsch nach aktiver Sterbehilfe ist auch durch eine Patientenverfügung nicht realisierbar. Sie können höchstens die Fälle eines Behandlungsabbruchs oder einer lebensverkürzenden Schmerzlinderung anweisen.
- Die erhältlichen Musterformulierungen aus Ratgebern oder dem Internet sind sicher ganz hilfreich, sie können aber nur selten Ihre situations- und wertegerechten Vorstellungen klar zum Ausdruck bringen.
- Formulieren Sie Ihre Verfügung schriftlich (auch auf einem PC-Dokument zulässig), konkret, situationsgerecht und aktuell. Nur dann können sich die Behandelnden ein klares Bild von Ihrer Le-

13 Einzelheiten zu Inhalt und empfohlenen Musterformulierungen bekommen Sie im Ratgeber »Patientenverfügung, Vorsorgevollmacht und Betreuungsverfügung« bei den Verbraucherzentralen. Gute Anregungen liefern auch die Mustervollmachten des Justizministeriums Nordrhein-Westfalen unter www.justiz.nrw.de/IndexSeite/Service/formulare/index.html oder des Bundesministeriums für Justiz unter www.bmj.bund.de/media/archive/332.pdf.

benseinstellung, Ihrer religiösen Überzeugung und Ihrer Haltung zu Schmerzen oder schweren Schäden in der Ihnen verbleibenden Lebenszeit machen.

Mit einer Vorsorgevollmacht können Sie eine oder mehrere Vertrauenspersonen bevollmächtigen, für Sie im Falle Ihrer Hilfsbedürftigkeit oder fehlenden Geschäftsfähigkeit zu entscheiden oder zu handeln. Damit vermeiden Sie ein Betreuungsverfahren vor dem Vormundschaftsgericht, in dem eine Ihnen nicht bekannte Person zu Ihrem Betreuer ausgewählt (fachsprachlich: gerichtlich bestellt) wird. Beachten Sie dabei bitte Folgendes:

- Konkretisieren Sie unter Angabe Ihres Namens, Ihres Geburtsdatums, Ihrer Personalausweisnummer und Ihrer vollständigen Anschrift schriftlich und eindeutig, was der oder die Bevollmächtigten von welchem Zeitpunkt an dürfen – und was nicht. Diese werden in dem Dokument auch mit vollständigem Vor- und Zunamen sowie der Anschrift benannt – wenn möglich zusätzlich noch mit dem Geburtsdatum, um jede Verwechslung zu vermeiden.

- Eine notarielle Beurkundung ist für die Fälle ratsam, in denen unliebsame Dritte an Ihrer Vollmachtsentscheidung irgendwelche Zweifel äußern könnten, außerdem für die Fälle, in denen über umfangreiche Vermögen – insbesondere Immobilien – verfügt werden muss. Der beratende und beurkundende Notar ist hier ein Garant dafür, dass die gewollten Dinge auch so kommen, wie Sie es wünschen.

- Wenn Ihr Bevollmächtigter auch seinerseits Untervollmachten vergeben soll, zum Beispiel an Rechtsanwälte, die Ihre Interessen professionell vertreten, dann regeln Sie schon frühzeitig die Fälle und auch, ob und in welcher Höhe der Bevollmächtigte eine Vergütung für seine Aktivitäten bekommen soll.

- Falls Sie die Vorsorgevollmacht dem Bevollmächtigten nicht sofort übergeben wollen, weil Sie fürchten, er könnte Sie schon jetzt ausnützen, dann fragen Sie sich zunächst, ob er überhaupt Ihr Vertrauen wert ist. Und dann fragen Sie sich weiter, wie Sie sicherstellen können, dass er oder sie im Fall der Fälle von Ihrer Vollmacht erfährt.

- Besonders für Freiberufler und Selbstständige ist es sehr wichtig, dass Sie für Ihr Unternehmen gesonderte Vollmachten für Notfälle vergeben. Damit sichern Sie nicht nur sich ab, sondern vor allem auch die Existenz Ihres Unternehmens und seiner Beschäftigten!

- Notariell beurkundete oder beglaubigte Vorsorgevollmachten können durch Ihren Notar im elektronischen Register der Bundesnotarkammer gemeldet werden (www.vorsorgeregister.de). Auf dieses Register haben alle Vormundschaftsgerichte Zugriff.

- Ihre Vollmachtsurkunde können Sie natürlich immer zurückfordern. Und falls Sie sie nicht zurückbekommen, widerrufen Sie die erteilte Vollmacht schriftlich und konkret mit dem aktuellen Datum. Und informieren Sie den Ex-Bevollmächtigten – am besten zum Beweis mit Einschreiben plus Rückschein zur Bestätigung des Erhalts. Früher einmal notariell beurkundete Vollmachten machen natürlich wieder einen Gang zum Notar notwendig, um sie zu ändern!

Mit einer Betreuungsverfügung können Sie einem Vormundschaftsgericht für den Fall Ihrer Hilfsbedürftigkeit oder Geschäftsunfähigkeit einen oder mehrere vertraute Betreuer (plus mögliche »Ersatz«-betreuer, falls eine oder einer ausfällt) vorschlagen, die dann alle Ihre Angelegenheiten für Sie in die Hand nehmen. Sie können in der Verfügung natürlich auch festhalten, wer auf keinen Fall Ihr Betreuer werden soll (sonst wird der Bock zum Gärtner oder Ihr boshafter Verwandter zum Betreuer – eine unglückliche Lösung für unsichere Zeiten). Auch bei der Betreuungsverfügung gibt es ein paar wichtige Dinge zu beachten:

- Konkretisieren Sie alles Gewollte verständlich und so konkret wie möglich schriftlich (wie schon mehrfach angeraten).

- Wichtig: Wenn Sie in einem Heim oder in einer Einrichtung für Behinderte leben, dann dürfen weder der nette Heimleiter noch seine lieben Mitarbeiter zu Ihrem Betreuer »bestellt« werden.

- Überlassen Sie die Betreuungsverfügung frühzeitig dem oder den Bevollmächtigten, so dass er oder sie dann auch schnell helfen können, wenn Hilfe nötig wird. In manchen Bundesländern können Sie Ihre Betreuungsverfügung auch beim Amtsgericht hinterlegen. Eine *notarielle* Betreuungsverfügung können Sie durch den Notar im Register der Bundesnotarkammer hinterlegen.

Alle drei oben beschriebenen Vollmachten können Sie auch miteinander kombinieren. Damit können Sie dann Ihre Vertrauten sehr umfänglich für alle möglichen Notfälle in die Lage versetzen, sinnvolle Entscheidungen in Ihrem Sinne zu treffen. Was will man mehr? Ach richtig: eine Bankvollmacht!

Banken und Sparkassen akzeptieren in der Regel nur ihre eigenen Konto- und Verfügungsvollmachten. Damit Ihre Vertrauten auch in puncto Geld ohne unnötige Verzögerungen für Sie aktiv werden können, sollten Sie die passenden Vollmachten frühzeitig mit Ihrer Bank abklären und alles Notwendige dort dann direkt veranlassen.

Vorkehrungen für den schlimmsten Fall und gierige Menschen

Darüber nachzudenken, was wäre, wenn man durch Unfall oder Krankheit nicht mehr in der Lage wäre, selbst einfache Dinge selbst zu regeln, fällt den meisten schon schwer genug – doch der eigene Tod ist gerade in jüngeren Jahren für die meisten Menschen ein Tabu. Aber gerade die Vielzahl an tödlichen Verkehrs- und Berufsunfällen erfordert von jedem – ob verheiratet, als zusammenlebendes Paar oder als Single –, sichere und verlässliche Regelungen für unsichere Zeiten »danach« zu treffen. Haben Sie kein Testament verfasst oder keinen Erbvertrag geschlossen, dann bestimmt das Gesetz, wer etwas aus

Ihrem Nachlass bekommt und wer sicher nichts, auch wenn Ihnen diese Menschen im Leben viel näher standen als die vom Gesetz Begünstigten. Ihr letzter Wille zählt nur dann, wenn Sie ihn auch verbindlich zu Papier bringen.

Gesetzliche Erben kommen automatisch zuerst

Wenn Sie keinen Ehepartner (mehr) haben und Ihren letzten Willen nicht zu Papier gebracht haben (in einem Testament oder in einem Erbvertrag), dann geht Ihr ganzes Hab und Gut an Ihre nächsten Blutsverwandten:

Da sind zunächst die **Erben erster Ordnung**: Ihre Kinder und im »Ersatzfall« deren Kinder und Kindeskinder – die ehelichen wie die nichtehelichen und die adoptierten. Sprich, wenn Sie als Erblasser eine Tochter und einen Sohn hinterlassen, erben zunächst beide zu gleichen Teilen je die Hälfte. Wäre beispielsweise Ihre Tochter vor Ihnen verstorben, würden deren Kinder (also Ihre Enkel) an die Stelle der verstorbenen Mutter in der gesetzlichen Erbfolge »vorrücken« – und die Erbengemeinschaft würde neben Ihrem Sohn um Ihre zwei Enkel erweitert. Ihr Sohn würde dann die Hälfte des Nachlasses erben und die beiden Enkel je ein Viertel.

Hinterlassen Sie als Single weder Ehepartner noch Kinder, dann erben Ihre Eltern oder, wenn Ihre Eltern auch nicht mehr leben, deren Kinder (also Ihre Geschwister, Halbgeschwister oder deren Kinder) als **Erben zweiter Ordnung**. Ist auch in diesem Teil der Familie niemand mehr am Leben, so erben Ihre Großeltern und deren Kinder, also Ihre Onkel, Tanten und ersatzweise die Cousinen und Cousins.

Am besten dazu ein lebensnahes Beispiel: In einer Drei-Generationen-Familie stirbt der Großvater Dagobert. Sein Sohn Donald ist bereits verstorben und hat drei Söhne Tick, Trick und Track hinterlassen; die Tochter von Dagobert, Lucy, lebt noch. Das Erbe teilen sich nach dem Gesetz Lucy und die drei Enkel Tick, Trick und Track jeweils zur Hälfte.

Haben Sie weder Erbvertrag noch Testament hinterlassen, aber einen Ehepartner[14] und Kinder, so hängt der Erbteil

1. vom ehelichen Güterstand ab und
2. davon, welche Verwandten noch leben.

Bei einer *Zugewinngemeinschaft* erbt der überlebende Ehepartner die Hälfte, die andere Hälfte geht an die Kinder.

Bei einer *Gütergemeinschaft* erbt der Überlebende hingegen nur ein Viertel, da ihm ja ohnehin schon die andere Hälfte des gemeinsamen Vermögens verbleibt – das verbleibende Viertel teilen sich die überlebenden Kinder zu gleichen Teilen.

Bei einer *Gütertrennung* erben das überlebende Kind und die Witwe/der Witwer jeweils die Hälfte des Vermögens, bei zwei Kindern erbt jeder ein Drittel usw.

Ganz schön kompliziert und in den seltensten Fällen mit Ihren Wünschen übereinstimmend. Kompliziert auch deshalb, weil sich eine Erbengemeinschaft auch gegenseitig blockieren kann (zum Beispiel beim Verkauf oder bei der Vermietung einer Nachlassimmobilie) und eine besondere Bevorzugung einzelner Personen nicht möglich ist.

Der Streit kann nicht nur eine ärgerliche Verzögerung von wichtigen Entscheidungen zur Folge haben (zum Beispiel im Fall der notwendigen Renovierung einer Immobilie), sondern auch so weit führen, dass sich ein Erbe seinen Anteil zügig auszahlen lassen will. Dies kann die anderen Erben liquiditätsmäßig überfordern, das gebundene Vermögen muss liquidiert beziehungsweise verkauft werden, und vielleicht wird auf diese Weise ein alter Mensch »Opfer der Gier« und aus dem ge-

14 Voraussetzung ist immer eine rechtsgültige Ehe. Dem geschiedenen Ex-Partner steht kein gesetzliches Erbrecht mehr zu. Hierfür reichen auch schon ein bei Gericht eingereichter Scheidungsantrag oder die Zustimmung zu einem entsprechenden Antrag und das Vorliegen der Voraussetzungen für eine Scheidung aus.

wohnten Lebensumfeld hinausgedrängt. Besonders problematisch ist die Handlungsunfähigkeit einer Erbengemeinschaft bei Unternehmen, die bei entstehenden Streitigkeiten um das Erbe nicht mehr schnell und wirtschaftlich genug geführt werden können (so streiten sich viele egoistische Erben noch heute zum Schaden der betroffenen Unternehmen).

Wichtig:

In den folgenden Fällen sind ein klar formuliertes Testament und eine Beratung durch einen fachkundigen Anwalt für Erbrecht oder einen kundigen Notar sinnvoll:

- Sie möchten Vorsorge für einen besonderen Menschen, für Ihre Kinder oder eine besondere Organisation treffen.
- Sie möchten verhindern, dass Ihr Nachlass automatisch an bestimmte Familienmitglieder fällt.
- Bei gesetzlicher Erbfolge würde eine Erbengemeinschaft entstehen – mit all den damit einhergehenden Konfliktpotenzialen und Komplikationen.
- Zu Ihrem Vermögen gehören ein oder mehrere Unternehmen.

Gewollte Erben müssen genannt sein

Im einfachsten und schnellsten Fall schreiben Sie Ihr Testament leserlich handschriftlich (maschinengeschrieben mit PC oder Schreibmaschine ist nicht zulässig), versehen es mit Ort, Datum und vollständiger Unterschrift (mit Vor- und Nachnamen) und deponieren es an einem Ort, an dem es die richtige (zuverlässige) Person im Fall der Fälle auch findet. Sie merken schon: Ergebnis der schnellen Lösung – quick and dirty –, ohne rechtskundigen Rat, ob alles richtig formuliert ist, und auch nicht zu 100 Prozent sicher hinterlegt – das scheint nicht wirklich optimal.

Besser ist da ein ***notarielles Testament***, das Sie mit Beratung und Hilfe eines Notars schreiben und hinterlegen lassen. Ihr Vorteil: Sie werden fachlich einwandfrei beraten, nichts geht verloren oder kann (böswillig) unterschlagen werden. Zudem ist im Erbfall für Ihre Erben kein teurer und zeitraubender Erbschein nötig, der sie bei Dritten (zum Beispiel bei der Bank) als Erben ausweist.

Sie können aber auch einen ***Erbvertrag*** erstellen, der für die Erben eine höhere Verlässlichkeit hat als ein immer wieder änderbares Testament, weil die darin fixierten Verfügungen vertragsmäßig bindend sind; sie müssen deshalb im notariell gefertigten Schriftstück als vertragsmäßig bindende Verfügungen auch ausdrücklich so benannt werden. Mit einem *Vermächtnis im Erbvertrag* lassen Sie beispielsweise vertragsmäßig bindend einem Begünstigten etwas zukommen. Der oder die Erben müssen das Vermächtnis dann später einmal erfüllen und dem Begünstigten den vermachten Wert zukommen lassen. Achtung: Wenn Sie einem Begünstigten ein Wertpapierdepot oder ein Sparkonto mit einem Vermächtnis zukommen lassen, genügt eine Umschreibung der Konten bei der Bank. Vermachen Sie eine Immobilie, müssen Sie schon zu Lebzeiten eine beurkundungspflichtige Übereignung beim Notar und einen Eintrag im Grundbuch veranlassen. Ihr Vorteil: Sie können die Belastungen auf dem vermachten Gegenstand, wie zum Beispiel eingetragene Grundschulden oder Hypotheken, erlassen. Oder nur ein bestimmtes Nutzungsrecht an der Immobilie gezielt einräumen, zum Beispiel ein lebenslanges Wohnrecht[15]. Oder das Vermächtnis mit einer konkreten Auflage beziehungsweise einer vom Begünstigten zu erfüllenden Auflage kombinieren. (Das erinnert sehr an Winnetou und das Vermächtnis der Apachen, macht aber auch heute noch Sinn. Sie können mit einer Auflage beispielsweise Ihre Grabpflege sichern oder wer sich künftig um Ihren Hund kümmern soll – dann hat auch der Hund Sicherheit in unsicheren Zeiten!)

15 Sie sollten dabei festhalten, dass Sie den Teil des Hauses, den Sie durch ein Wohnrecht bewohnten, später auch vermieten dürfen. Wer das nicht tut, hat nach einem Umzug in ein Altenheim in der Regel keinen Nutzen mehr von seinem Wohnrecht.

Eines ist sicher: Erbschaften, Vermächtnisse und Auflagen sind der beste Humus für heftigen Familienstreit. (»Versteht ihr euch noch, oder habt ihr schon geerbt?«, sagt der Volksmund.) Deshalb: Setzen Sie einen neutralen und kompetenten Testamentsvollstrecker ein (und am besten auch gleich einen Ersatz-Testamentsvollstrecker – man weiß ja nie, vielleicht will einer das Ehrenamt nicht in Anbetracht der »netten Familie«), der für eine zügige und zuverlässige Verteilung Ihres Nachlasses und die korrekte Erfüllung Ihres Willens sorgt.

Die meisten Ehepartner wollen, dass nach dem Tod des einen dem Überlebenden das gemeinsame Eigentum in vollem Umfang zur Verfügung steht und erst nach dessen Tod die Kinder oder Dritte etwas erben – eine echte Sicherheit für unsichere Zeiten. Hierfür müssen beide zusammen ***ein gemeinschaftliches Ehegattentestament*** aufsetzen (und logischerweise beide unterschreiben!). Folgende Formen sind weit verbreitet:

1. Die Einsetzung des Partners als Alleinerben (»Berliner Testament«): Hier geht das Vermögen erst einmal uneingeschränkt an den überlebenden Ehepartner (die Kinder werden quasi in der ersten Runde »enterbt« – Achtung: Pflichtteilsansprüche könnten geltend gemacht werden, sie entsprechen dem halben gesetzlichen Erbteil). In einer sogenannten Schlusserbenregelung muss unbedingt auch festgelegt werden, wer nach dem Tod des zunächst Überlebenden erben soll (sonst gilt die gesetzliche Erbfolge), und in einer Pflichtteilsklausel, dass das Kind, das seinen Pflichtteil verlangt, auch für den späteren Tod des überlebenden Ehepartners enterbt wird (und dann auch wieder nur den Pflichtteil erhält).

2. Einsetzen des Ehepartners als »Vorerben«: Wenn Sie das Erbe für die Kinder (und Immobilien vor einem »Versilbern« durch den überlebenden Ehepartner) sichern wollen, können Sie den Ehepartner als (verfügungsbeschränkten) Vorerben und die Kinder als Nacherben einsetzen.

Beim Berliner Testament wie bei der Vorerbenregelung entstehen steuerliche Nachteile, da sowohl der begünstigte Ehepartner als auch später die erbenden Kinder Erbschaftsteuer auf den gesamten

Nachlass zahlen müssen. Der Nachlass wird dann zweimal besteuert – einmal beim Tod des ersten und dann beim Tod des zweiten Ehepartners.

Alternativ zur Alleinerbeneinsetzung des Ehepartners können auch die Kinder als Erben bestimmt werden und dem Ehepartner ein sicherndes Vermächtnis (zum Beispiel als Wohnrecht in einer Immobilie und als Geldvermächtnis) eingeräumt werden. Dann können die Kinder keine Pflichtteilsansprüche gegen den Überlebenden richten oder als Erbengemeinschaft Blockaden aufbauen.

Achtung: Ein gemeinschaftliches Testament können nur Ehepartner gemeinsam oder eingetragene gleichgeschlechtliche Partnerschaften errichten.

Auf ein Einzeltestament kann dann nur eingeschränkt gebaut werden, da es jederzeit geändert oder widerrufen werden kann (und das ohne Benachrichtigung des »ehemals« als Erben eingesetzten Partners). Das hat in der Lebenspraxis schon manche unangenehme Überraschung nach sich gezogen – sehr unsicher für unsichere Zeiten! Besser ist da ein Erbvertrag mit wechselseitiger Erbeinsetzung (die vom Fortbestand der Zusagen des Partners abhängt). Ein Rücktrittsrecht können Sie sich für den Fall einer möglichen Trennung ja trotzdem einräumen!

Unser Tipp: Sie sollten die Anordnungen für den Tod des einen wie für den Tod des anderen Lebenspartners unbedingt mit einem Fachanwalt für Erbrecht oder einem Notar klären. Sicher ist sicher!

Vater Staat kassiert immer mit

Das Beste an der Erbschaftsteuer gleich zu Anfang: die Freibeträge. Sie werden nie besteuert, nur das, was darüber hinausgeht. Sie wurden zum Beginn des Jahres kräftig erhöht: für Ehepartner um 63 Prozent auf 500.000 Euro, für Kinder um 95 Prozent auf 400.000 Euro. Im Ergebnis heißt das, dass viele Erben, die zuvor kräftig Steuer bezahlen mussten, künftig nichts mehr zahlen. So bleibt der Übergang eines Vermögens von einer Million Euro, das an Frau und Kinder geht, immerhin künftig völlig steuerfrei![16]

Kommen wir zu den Steuersätzen. Sie sind abhängig von der verwandtschaftlichen Nähe zum Erblasser und je nach der Höhe des Vermögens gestaffelt:

Steuersätze (in %)			
	Ehepaar/ Kinder[17]	Geschwister/ Neffen[18]	andere Erben[19]
bis 75.000	7	30	30
bis 300.000	11	30	30
bis 600.000	15	30	30
bis 6 Mio.	19	30	30
bis 13 Mio.	23	50	50
bis 26 Mio.	27	50	50
über 26 Mio.	30	50	50

16 In der Praxis bleibt in der Regel noch viel mehr steuerfrei, weil die Witwe noch einen sogenannten Versorgungsfreibetrag in Höhe von 256.000 Euro anrechnen kann und ihr Zugewinnausgleich (die Hälfte dessen, was der Erblasser an Vermögen angesammelt hat – sofern sein Vermögen das der Witwe übersteigt) auch noch vom Erbe abgezogen wird.

17 Auch: gleichgeschlechtliche und eingetragene Lebenspartner, Stiefkinder, Enkel, Urenkel, Eltern und Großeltern.

18 Auch: gleichgeschlechtliche und eingetragene Lebenspartner, Stiefkinder, Enkel, Urenkel, Eltern und Großeltern.

19 Auch: Stiefeltern, Schwiegerkinder und -eltern, Geschiedene. Sie dürfen nach neuem Recht 20.000 Euro steuerfrei erben statt früher nur 10.300 Euro.

Neuigkeiten gibt es bei der Versteuerung des Immobilienerbes: Immobilien werden künftig mit ihrem vollen Marktwert und nicht mehr nur in Höhe von 60 Prozent dieses Marktwertes bei der Steuerberechnung angesetzt[20].

Fazit: Wenn ein Erbe auf mehrere sehr nahe Verwandte verteilt wird, sinkt die Erbschaftsteuerlast im Vergleich zu früher deutlich. Deutlich schlechter dran als früher sind weitläufige Verwandte oder die in »wilder Ehe« ohne Trauschein zusammenlebenden Partner. Schauen wir uns als Beispiel die vererbte Eigentumswohnung (Verkehrswert[21] 300.000 Euro) und das schöne Sparbuch mit 200.000 Euro Sparvermögen bei den folgenden Alleinerbinnen an:

	Die Ehepartnerin		**Die Lebensgefährtin**	
	früher	künftig	früher	künftig
Erbe (Verkehrswert)	500.000		500.000	
Erbe (Steuerwert)	380.000		380.000	
Freibetrag	307.000	500.000	10.300	20.000
zu versteuerndes Erbe	73.000	0	369.700	480.000
Erbschaftsteuer	8.030	0	62.849	144.000
Veränderung		- 8.030		+ 81.151

20 Der Gesetzgeber hat die frühere Besserstellung von Immobilienbesitzern korrigiert und im gleichen Zuge alle Erben über die erhöhten Freibeträge bessergestellt.

21 Der Verkehrswert bezeichnet den am Markt am wahrscheinlichsten erzielbaren Preis eines Vermögensgegenstands.

Sie sollten auf alle Fälle früh mit Ihrem Steuerberater in die Gestaltung der Vermögensübertragung einsteigen – wer hier zu spät kommt, den bestraft das Leben wirklich (und auch diejenigen, die auf Sie bauen).

Schenken bringt Freude und spart oft Steuern

Wenn Sie sich schon vorher mit jemandem freuen wollen, den Sie beschenken und mit dem Sie alle zehn Jahre die Steuerfreibeträge sparen, dann können Sie das auf zwei Arten tun:

1. mit einer formlosen *Handschenkung*, bei der Sie das Geschenk sofort übertragen (also einen Wertgegenstand, wie Schmuck, persönlich übergeben oder bei der Bank überschreiben lassen – ein Sparbuch zum Beispiel)
2. mit einer *Vertragsschenkung*, bei der Sie sich in einem Vertrag verpflichten, einen Wertgegenstand unentgeltlich zu übertragen. (Achtung: Immobilien können nur mit einer notariellen Übertragung und mit Eintragung ins Grundbuch übertragen werden!)

Selbstverständlich können Sie die Schenkung durch Bedingungen oder Vorbehalte ergänzen und sich auf diese Weise persönliche Pflege- oder Betreuungsleistungen zusichern lassen.

Eine Schenkung ist recht sicher (»Geschenkt ist geschenkt!«). Sie können ein Geschenk nur unter ganz bestimmten Voraussetzungen zurückfordern. Unter anderem

- bei Verarmung, wenn der Schenker Probleme hat, den eigenen Unterhalt zu bestreiten oder gesetzliche Unterhaltspflichten erfüllen muss (dann kann er es sogar bei Weiterverschenkung von den letzten Besitzern zurückverlangen) oder
- bei grobem Undank des Beschenkten, wenn er zum Beispiel Vorbehalte oder Bedingungen gegenüber dem Schenker nicht erfüllt.

Wenn Sie sich durch ein Testament oder einen Erbvertrag schon verpflichtet haben, können Sie freilich weiterhin über Ihr Vermögen verfügen und daraus Geschenke machen.

Sie müssen nur den mit dem jeweiligen Geschenk beabsichtigten Eigennutz beziehungsweise Ihren persönlichen Vorteil, den Sie sich von dem Beschenkten versprechen, festhalten, damit ein späterer Erbe sich das Geschenk nicht doch noch unter den Nagel reißen kann. Also klar schriftlich festhalten, dass Sie sich mit dem Geschenk versprechen, dass Sie der Beschenkte zum Beispiel im Alter liebevoll versorgt, sich um Ihren Hund kümmert oder etwas anderes Nettes macht – sicher ist sicher!

Und Steuern sparen kann man mit Geschenken auch noch: Zwar fallen für Schenkungen ebenso wie für Erbschaften Steuern an. Solange aber das neue Erbschaftsteuergesetz noch nicht in Kraft ist, gelten die alten Regeln – und für entfernte Verwandte, Freunde und unverheiratete Partner ist das alte Recht fast immer besser.[22]

Bei Immobilien gibt es Besonderheiten: Da sind Schenkungen von selbst genutzten Immobilien unter Verheirateten steuerfrei. Will eine Ehefrau ihrem Mann indessen eine Mietimmobilie schenken, bittet der Fiskus zur Kasse. Bei einer Immobilie im Wert von einer Million Euro werden nach altem Recht nur 40 Prozent des Verkehrswerts versteuert: macht 400.000 Euro minus Freibetrag von 307.000 Euro – ergibt 93.000 Euro. Nach neuem Recht nimmt das Finanzamt nur einen Abschlag von zehn Prozent auf den Verkehrswert vor: macht dann noch 900.000 Euro. Nach Abzug des Freibetrags von 500.000 Euro bleiben stolze 400.000 Euro, die zu versteuern sind. Warten aufs neue Recht lohnt sich also nur bei Immobilien, die weniger als 555.555 Euro wert sind!

---

22 Die Freibeträge für Schenkungen sind genauso hoch wie für Erbschaften; Versorgungsfreibeträge gibt es allerdings nicht. Es gelten zudem die gleichen Steuersätze. Und eine Ausnahme: Eltern, Großeltern und Urgroßeltern zählen bei Schenkungen steuerlich nicht zur engsten Familie – sie zahlen als Beschenkte mehr Steuern, als wenn sie erben würden.

Wer seinem unverheirateten Partner Geld schenken will, fährt bei Beträgen ab 40.000 Euro mit dem alten Recht besser, darunter nach dem neuen. Für Immobilien ist das alte Recht günstiger.

Und zum Schluss noch ein wichtiger Tipp: Wenn Sie Ihre Immobilie verschenken, können Sie sicherstellen, dass diese später nicht in fremde Hände gerät. Dazu müssen Sie im notariellen Vertrag ein Recht auf Rückübertragung vereinbaren. Dieses Recht muss außerdem im Grundbuch eingetragen und dort durch eine Vormerkung gesichert sein. So können Sie beispielsweise verhindern, dass Ihr beschenktes Kind das Haus verkauft oder dass es in die Hände von Gläubigern fällt, wenn das Kind seine Kreditverpflichtungen nicht erfüllt. Das Haus fiele auch an Sie zurück, wenn das Kind vor Ihnen sterben würde.

Auch nicht verheiratete Paare können so vorgehen und schon zu Lebzeiten eine Hälfte einer Immobilie auf den Partner übertragen. Im Todesfall kommt dann nur noch die halbe Immobilie dazu und mindert die Steuer, wenn zwischen Schenkung und Tod mindestens zehn Jahre liegen. Und für den Fall einer möglichen Trennung sichern Sie sich mit einer Rückfallklausel – eine sichere Regelung für unsichere Partner.

3. Money, Money, Money – sieben goldene Regeln zum Packen Ihres Finanz-Rucksacks

3.1 Ermitteln Sie Ihre Einnahmen realistisch

Das alte Sprichwort »Lüg' dir nicht in die Tasche« passt beim Finanz-Rucksack geradezu sprichwörtlich. Nicht nur das jüngste Beispiel der Finanzmarktkrise in den Vereinigten Staaten zeigt eindrücklich, dass es von vielen Amerikanern regelrecht unverantwortlich war, bis an die Grenze der Belastbarkeit des laufenden Einkommens Kreditleistungen in Anspruch zu nehmen. Werden dann die schon verplanten Leistungsprämien oder Boni doch nicht ausbezahlt – weil es dem Unternehmen schlecht geht, kurz gearbeitet werden muss oder bestimmte Jahresziele nicht erreicht wurden –, geht die Rechnung ganz schnell nicht mehr auf. Wenn dann die Ausgaben aus der Kosum- oder der Freizeittasche (gemeint sind Dinge wie Auto, Kleidung oder Reisen) über Kredit und doppelt so hohe Soll- und Überziehungszinsen finanziert werden – sprich zehn Prozent und mehr »draufgezahlt« werden –, scheint Ihr Rucksack zwar immer noch ganz gut gefüllt – zumindest die Taschen 1, 4 und 5 –, Sie gehen aber sicher Ihrem Bankrott entgegen, und können sich schon gar nicht die viel besser investierten zehn Prozent für Ihre Altersvorsorge in die Vermögenstasche 8 zurücklegen. Auf diese Weise füllen Sie zwar eine ganze Zeit die Taschen anderer, nämlich der Banken und Kreditkartenunternehmen, aber nicht die eigenen! Planen Sie deshalb Ihre laufenden Einnahmen realistisch, berücksichtigen Sie auch Steuern und Sozialabgaben, und rechnen Sie nicht damit, dass alle Bonuszahlungen am Jahresende auch so kommen, wie Sie es sich wünschen.

3.2 Zahlen Sie sich als Erstes Ihre zehn Prozent

Eine alte Bauernregel sagt: »Iss nicht dein Saatgetreide auf!« Denn wenn man auch das Saatgetreide komplett verbraucht, lebt man zwar in dem betreffenden Jahr recht gut, in den kommenden Jahren fehlt einem aber der mögliche Ertrag aus der investierten Saat. Und wenn Sie in 30 Jahren in den Ruhestand gehen müssen (oder vielleicht schon früher in den Ruhestand gehen wollen), Ihr persönlicher Lebensstil jedoch Ihre gesamten Einnahmen aufbraucht, was dann? Wenn Sie aber frühzeitig damit beginnen, an sich selber zehn Prozent auszuzahlen, und diese dann sofort konsequent in der Vermögenstasche (8) anlegen, dann können Sie sich nicht nur rund die Hälfte Ihres heutigen Einkommens fürs Alter sichern. Sie können vielleicht schon viel früher mehr Zeit mit den Leuten und Dingen verbringen, die Ihnen noch mehr Freude bereiten als Ihre Arbeit. (Auf diese Weise macht Geld »frei« – eine seiner besten Eigenschaften!)

3.3 Planen Sie Ihre festen Ausgaben transparent und konsequent

Bestimmte Ausgaben sind fix und kaum zu drücken: Miete, Wohnnebenkosten (allen voran Strom- und Heizkosten), Handygebühren, Benzinpreise, Beiträge in Vereinen oder Ausgaben für die Kinder und die Ausbildung. Wer ändert schon seine (oft eben auch liebgewonnenen) Gewohnheiten, um damit seine finanziellen Belastungen besser zu schultern? Das ist meist auch der Grund, warum viele selbst bei gutem Verdienst nicht mehr mit ihrem Einkommen auskommen. Im Gegenteil: Schuldnerberater berichten immer häufiger, dass bei immer drückender werdender finanzieller Lage viele die ihnen zugeschickten Rechnungen und Mahnungen (oft sogar ungelesen!) zur Seite legen und damit die Augen vor den sich auftürmenden Problemen verschließen. Machen Sie's besser, und planen Sie auch Ihre Ausgaben mithilfe unserer Checklisten realistisch (und lieber ein wenig zu hoch), damit Sie bei Ihrer Tour durchs Leben immer einen klaren Blick behalten

3.4 Verteilen Sie Ihre variablen Ausgaben nach klaren Prioritäten

Gut ein Drittel unserer laufenden Ausgaben sind variabel und können je nach Lage der Dinge aufgestockt oder eben auch reduziert werden. Deshalb ist es wichtig, dass Sie nicht nur die kaum oder gar nicht reduzierbaren Posten kennen, sondern auch die, in denen noch »Luft ist«: Abonnements, Urlaub, Restaurantbesuche, CDs und DVDs, Kleidung (»Muss nicht immer von Top-Marken sein«), Auto (»Reicht eben oft auch ein kleineres«) und dergleichen mehr. Je nach Höhe Ihrer Einnahmen und fixen Ausgaben für Leben, Wohnen, Risikoabschirmung und Geldanlage können Sie dann das variable Programm hoch- oder runterfahren. Aber dafür brauchen Sie eben einen guten Überblick. Unser Tipp: Machen Sie sich zwei Finanz-Rucksack-Rechnungen: eine für den besten Fall, dass Sie alle Einnahmen wie gewünscht erhalten, und eine für den Fall, dass Sie sogar einmal Einnahmekürzungen von 30 Prozent verkraften müssen. Innerhalb dieses Korridors können Sie dann mithilfe unserer Checklisten und der im Internet abrufbaren Excel-Tools ganz flexibel Ihre individuellen Positionen verplanen.

3.5 Entwerfen Sie einen Notfallplan für mögliche Zwischenfälle

»In der Not frisst der Teufel Fliegen«, er macht aber keine Dummheiten in Geldangelegenheiten. Für einen Notfall, bei dem Sie kurzfristig deutlich mehr Geld als sonst benötigen (zum Beispiel bei einer schweren Krankheit, einem Unfall oder einem teuren Schadensfall) oder Sie auf die Hälfte oder noch mehr Ihrer Einnahmen verzichten müssen (etwa bei Arbeitslosigkeit und/oder Scheidung), brauchen Sie einen Notfallplan. Darin finden sich sowohl die Ansprechpartner bei Gläubigern als auch diejenigen Personen, bei denen Sie sich etwas leihen können. Mit Ersteren vereinbaren Sie so schnell wie möglich einen Termin, um einen Zahlungsaufschub oder eine Streckung der Raten zu regeln, sonst fressen Kredit-, Überziehungs- oder Verzugszinsen Ihr letztes Hab und Gut. Mithilfe der Zweiten gewinnen Sie wieder ein wenig Liquidität, damit Sie nicht noch zum Pfandleihhaus müssen, um technische Geräte, Pelze und Schmuck zu versilbern. Aber seien Sie auch hier realistisch: Nicht jeder gute Freund oder Verwandte ist auch so zahlungsfähig oder -bereit, wie man sich das im Notfall wünscht. (Fragen Sie doch mal ohne akuten Grund danach, Sie werden schon sehen!) Vermeiden Sie in Ihrem Notfallplan die Kündigung oder den Verkauf von Lebensversicherungen oder geförderten Sparverträgen, da Sie sonst erhebliche finanzielle Verluste für die gewonnene Liquidität hinnehmen müssen (mehr dazu weiter unten in den jeweiligen Rubriken). Und lassen Sie die Finger von Kreditvermittlern, die in aller Regel als eiskalte Geschäftemacher von Ihrer Not profitieren wollen. Wer schon mit alten Krediten Probleme hat, wird sie mit neuen Krediten meistens nur vergrößern. Wenden Sie sich besser an eine der vielen nach § 305 der Insolvenzordnung zugelassenen gemeinnützigen Schuldnerberatungsstellen von Städten und Gemeinden oder Wohlfahrtsverbänden und Kirchen; Adressen von seriösen örtlichen Beratungsstellen finden Sie unter www.meine-schulden.de, www.bag-sb.de oder www.forum-schuldnerberatung.de.

3.6 Sichern Sie Ihren Finanz-Proviant in einem guten Anlage-Mix

»Leg nicht alle Eier in einen Korb.« Auch hier wieder ein altes Sprichwort zum Start. Aber nicht nur der gesunde Menschenverstand, auch zahlreiche wissenschaftliche Untersuchungen zeigen eindeutig, dass die meisten Menschen Ihren Finanz-Proviant auf zu wenige Anlagen verteilen und deshalb ein unnötig hohes Risiko eingehen. Streuen Sie Ihren Finanz-Proviant über verschiedene Arten von Vermögenswerten: über Sparanlagen, geförderte Altersvorsorgeprodukte, Anleihen, Investmentfonds, Aktien oder Immobilien. Wie? Das erfahren Sie in den Schritten 2, 3 und 4 ganz konkret Etappe für Etappe.

3.7 Geben Sie Ihren Finanz-Proviant nur an sichere Partner

Seit im September 2007 in der *Tagesschau* Bilder von Sparern zu sehen waren, die bei der britischen Bank *Northern Rock* Schlange standen, um Ihre Ersparnisse vor einer Bankpleite zu retten, hat sich bei vielen ein Gefühl der Unsicherheit verbreitet. Und wenn sogar Schweizer Großbanken Milliardenverluste schreiben, muss die Lage wirklich ernst sein. Zuletzt wurde in Deutschland am 9. April 2008 die *Weserbank* von der Finanzaufsicht wegen Überschuldung geschlossen. Da die Bank gut abgesichert war, erhalten in diesem speziellen Fall alle Kunden ihr Erspartes bis zu einer Höhe von 1,83 Millionen Euro pro Person erstattet. Nach dem Gesetz sind nur Sparbücher bis 20.000 Euro sicher, aber jede Bankengruppe hat sich in Deutschland zusätzliche Sicherungseinrichtungen für diese Notfälle geschaffen. So liegen beispielsweise im Fonds der deutschen Privatbanken geschätzte vier bis fünf Milliarden Euro für mögliche Bankpleiten bereit (wobei rund zehn Prozent der Privatbanken diesem Fonds gar nicht angehören!). Und die Geno-Banken und Sparkassen sichern nicht nur das Ersparte ihrer Kunden, sondern fangen eine mögliche Pleite durch eine Fusion mit einer gesunden Bank »geräuschlos« wieder auf. Geben Sie Ihr Vertrauen also nicht an den Nächstbesten, der mit höheren Renditen lockt. Wer mehr zu bieten hat als andere, verschweigt allzu gerne die damit verbundenen Risiken.[23] Ihr Finanz-Proviant – insbesondere der für Ihre Altersvorsorge – muss wetterfest angelegt sein!

---

23 Selbst Investmentfonds, die lange Zeit an der Spitze ihrer Vergleichsgruppe stehen, erreichen dies nur unter Einsatz eines hohen Risikos. Verändern sich die Verhältnisse und Märkte, verlieren die riskanten Gipfelstürmer schnell wieder an Boden.

2

GELD VON STAAT UND ARBEITGEBER – WAS SIE VON DRITTEN FÜR IHREN FINANZ-RUCKSACK ERWARTEN KÖNNEN

1. Alterssicherung mit neuem System – das Drei-Schichten-Modell

In diesem Kapitel ...

- ... sehen Sie ganz konkret, was die Neuerungen des Alterseinkünftegesetzes für Sie bedeuten.
- ... können Sie an zwei konkreten Beispielen die finanziellen Folgen genau erkennen.
- ... wird Ihnen eines klar: Künftig wird länger gearbeitet und auch im Alter versteuert!

1.1 Rentenreform 2004 und Alterseinkünftegesetz

Die Rentenreform 2004 brachte uns zum Januar 2005 das neue Alterseinkünftegesetz (AltEinkG). Das Bundesverfassungsgericht hatte die ungleiche Besteuerung von gesetzlichen Renten und Beamtenpensionen für verfassungswidrig erklärt. Die Rentenprivilegien bei der Versteuerung der Alterseinkünfte Einzelner waren mit einem Mal beendet. Nun wurde aber auch eine grundsätzliche Neuregelung der Vorsorge- und Rentenbesteuerung in Deutschland notwendig.

Die drei »Säulen« der Altersvorsorge, die schon unsere Eltern und Großeltern kannten, ...

- Säule 1: die gesetzliche Rentenversicherung,
- Säule 2: die betriebliche Altersvorsorge und
- Säule 3: die private Altersvorsorge,

... wurden in die folgenden drei »Schichten« der Altersvorsorge transformiert:

- Schicht 1: die Basisversorgung,
- Schicht 2: die sogenannte kapitalgedeckte Zusatzversorgung und
- Schicht 3: die private Zusatzversorgung.

Die alten Säulen waren für jedermann – schon vom Namen her – inhaltlich ganz gut nachvollziehbar: Einen Großteil der Rente bekamen die meisten Arbeitnehmer nach dem alten Rentenmodell von der gesetzlichen Rentenversicherung und die Beamten ihre Pension vom Staat. Für nicht wenige gab es auch noch etwas obendrauf vom Arbeitgeber. Und wenn man dann noch etwas durch eigenes Sparen zur Seite legte oder vielleicht sogar erben konnte – in dem Fall haben eben die Eltern oder Großeltern für einen etwas mitgespart –, dann hatte man im Ruhestand finanziell wirklich seine Ruhe. Fast zumindest.

Nachdem aber die Säule 1 durch die zunehmend fehlenden jungen Beitragszahler wackeliger und morscher wurde, musste Vater Staat die Fakten zur Altersversorgung seiner Bürger akzeptieren und endlich handeln – endlich, weil ein Minister Blüm uns noch wenige Jahre vorher weismachen wollte, »die Renten sind sicher«. Die neue Schicht 1 will Ihnen eines heute ganz klar sagen:

Vom Staat beziehungsweise von der gesetzlichen Rentenversicherung gibt's künftig im Alter nur noch eine (kleine) Grundlage. Den Rest müssen Sie selbst (und/oder Ihr Arbeitgeber) über die Schichten 2 und 3 anpacken!

Was heißt das nun im Einzelnen für Sie?

1.2 Unterschiedliche Steuerregeln je Schicht

Je nachdem, was und wie viel Sie in welche der drei neuen Schichten einzahlen, werden Sie vom Staat unterschiedlich gefördert.

Einzahlungen in Schicht 1: Ihre Basisversorgung

Bis zu einem bestimmten Höchstbetrag können Sie künftig steuerlich begünstigt in die neue Schicht 1 einzahlen. Dafür müssen aber Ihre späteren Rentenleistungen, wenn Sie sie dann im Alter ausbezahlt bekommen, von Ihnen wiederum versteuert werden. Man nennt dies die »nachgelagerte Besteuerung«.

Durch die steuerlichen Begünstigungen während Ihrer Erwerbstätigkeit soll Ihnen mehr finanzieller Spielraum für die beiden anderen Schichten bleiben. Sprich: Was Sie durch Ihre Einzahlungen in Schicht 1 an Steuern sparen, das können Sie sinnvollerweise während Ihres Berufslebens fürs Alter zur Seite legen.

Welche Möglichkeiten zur Altersvorsorge bietet Ihnen die neue Schicht 1?

Zum einen müssen Sie in diese Schicht monatlich von Ihrem Gehalt oder Ihrem Lohn in die gesetzliche Rente einzahlen. Oder, falls Sie dazu nicht verpflichtet sind, können Sie auch in eine Rürup-Rente einzahlen (hierzu erfahren Sie mehr auf den Seiten 122 ff.).

Einzahlungen in Schicht 2: die kapitalgedeckte betriebliche Altersvorsorge

Auch fürs Sparen in Schicht 2 bekommen Sie attraktive staatliche Förderungen:

Zum einen über direkte Zulagen von Vater Staat (zum Beispiel bei Einzahlungen in eine Riester-Rente – siehe hierzu im Einzelnen die Seiten 128 ff.) und zum anderen über die sogenannte Entgeltumwandlung Ihres Bruttogehalts. Wie das funktioniert? Nun, Sie verwenden einfach einen Teil Ihres Bruttogehalts für eine Direktversicherung, und der Fiskus kassiert von dem dafür verwendeten Teil Ihres Bruttos keine Steuern. Ihr Vorteil also: Ihre Vorsorgeleistungen sind steuer- und sogar sozialabgabenfrei.

Aber Achtung: Es besteht später die volle Steuerpflicht für die empfangenen Rentenleistungen, wenn Sie im Ruhestand Geld aus Ihrem Riester-Vertrag oder aus Ihrer betrieblichen Altersvorsorge erhalten. Das ist dann zwar ärgerlich, aber erstens mussten Sie ja während Ihrer Berufstätigkeit keine Steuern auf dieses Einkommen bezahlen, und zweitens ist Ihr Steuersatz im Ruhestand ja in aller Regel niedriger als während Ihres Berufslebens.

Ihre Möglichkeiten zur Altersvorsorge in Schicht 2:

Wie schon erwähnt: mit Sparleistungen in eine Riester-Rente oder in eine der diversen Möglichkeiten der betriebliche Altersvorsorge – in eine Direktversicherung, in eine Pensionskasse, in einen Pensionsfonds, in eine Direkt- oder Pensionszusage oder in eine Unterstützungskasse. Hierzu erfahren Sie alles Wissenswerte auf den Seiten 141 ff.).

Einzahlungen in Schicht 3: Ihre private Altersversorgung

Einzahlungen in diese Schicht erfolgen aus Ihrem bereits versteuerten Einkommen, also aus Ihrem Nettogehalt. Dafür werden Sie steuerlich bei manchen Anlageformen für Ihren Sparsinn »belohnt«, bei anderen dagegen nicht – deshalb lohnt sich das genaue Hinschauen.

Hierzu gleich einmal zwei konkrete Beispiele.

Beispiel 1: Sie sparen in eine private Rentenversicherung.

Rentenleistungen aus diesen Rentenversicherungen (zu denen Sie auf den Seiten 202 ff. noch mehr erfahren werden) müssen nur mit dem Ertragsanteil der Ausschüttungen, die Sie im Alter erhalten, versteuert werden. Die Höhe dieses vom Fiskus festgesetzten Ertragsanteils richtet sich nach Ihrem persönlichen Lebensalter bei Rentenbeginn. Je älter Sie sind, desto niedriger wird Ihr zu versteuernder Ertragsanteil.

Jetzt wird Sie sicher interessieren, wie hoch Ihr Ertragsanteil einmal sein könnte, also der Teil des mit Ihren Einzahlungen erwirtschafteten Geldes, den Sie einmal später versteuern müssen.

Alter bei Auszahlungsstart	Zu versteuernder Teil des Ertrags
60	22 %
61	22 %
62	21 %
63	20 %
64	19 %
65	18 %
66	18 %
67	17 %
68	16 %
69	15 %
70	15 %

Beispiel 2: Sie sparen in eine Kapitallebensversicherung.

Bei Kapitallebensversicherungen muss immer nur pauschal die Hälfte des Teils Ihrer Versicherungsauszahlungen im Alter versteuert werden, den die Versicherung aus Ihrem Ersparten erwirtschaftet hat. Ergo: Für Ihre reinen Sparleistungen, die Sie über viele Jahre in die Versicherung einbezahlt haben, müssen Sie bei deren Auszahlung natürlich keine Steuern zahlen, sondern nur auf die Erträge, die die Versicherungsgesellschaft am Kapitalmarkt für Sie herausgeholt hat.

Voraussetzung für dieses Steuerprivileg der Kapitallebensversicherungen: Die Versicherung muss mindestens zwölf Jahre laufen, und die Auszahlung darf frühestens im Alter von 60 Jahren erfolgen.

Wichtig: Wenn Sie Ihre Kapitallebensversicherung vor 2005 abgeschlossen haben, sind sogar alle Erträge steuerfrei (die Voraussetzungen damals: Mindestlaufzeit zwölf Jahre und Einzahlung in mindestens fünf Sparraten).

Schade für Sie: Andere private Vorsorgeformen wie Anlagen in Aktien oder Investmentfonds erhalten im Hinblick auf Ihren Beitrag für Ihre private Altersvorsorge keine steuerliche Bevorzugung.

2. Die gesetzliche Rente

In diesem Kapitel ...

- ... sehen Sie ganz konkret, welche Probleme die gesetzliche Rentenversicherung hat und was das für Sie bedeutet.
- ... bekommen Sie einen guten Überblick, wie sich Ihre Rentenansprüche berechnen lassen.
- ... können Sie alle relevanten Daten und Fakten zusammenstellen, um sich bei der Deutschen Rentenversicherung über Ihren gesetzlichen Rentenanspruch beraten zu lassen.
- ... wird Ihnen eines klar: Sie dürfen sich in puncto Rente auf keinen Fall allein auf »die Gesetzliche« verlassen – Sie müssen das Thema auch privat anpacken!

2.1 Generationenvertrag, Standardrente und gesetzliche Neuregelungen

Trotz zunehmender Unsicherheit: Die gesetzliche Rente ist in Deutschland immer noch die Altersvorsorge Nummer 1. Schließlich ist sie für die meisten Berufstätigen eine Pflichtveranstaltung, nämlich für:

- alle Angestellten,
- alle Arbeiter und
- alle Auszubildenden.

Es gibt aber auch Selbstständige, die in die gesetzliche Rentenversicherung einzahlen müssen, nämlich:

- alle Handwerksmeister,
- alle freien Lehrberufe und Erzieher,
- alle Hebammen,
- alle Seelotsen,
- alle Küstenschiffer,
- alle Künstler und
- alle Publizisten.

Verpflichtete Beitragszahler sind auch alle Wehr- und Zivildienstleistenden; ihr Versicherungsbeitrag wird jedoch voll und ganz vom Staat übernommen.

Weitere Mitglieder in der Rentenversicherung sind die Bezieher von Arbeitslosengeld, Krankengeld oder anderen Entgeltersatzleistungen. Darunter fallen auch Mütter und Väter in der Elternzeit, alle Menschen, die ihre Angehörigen pflegen, ebenso wie Behinderte, die in Behindertenwerkstätten arbeiten.

Was haben alle diese Menschen künftig noch an gesetzlicher Rente zu erwarten?

Diese Frage zu beantworten wird Ihnen durch die Rentenreform 2004 nicht wirklich leichter gemacht. Diese Reform hat zur Folge, dass die Rentenformel um einen sogenannten Nachhaltigkeitsfaktor erweitert – beziehungsweise noch mehr »verschleiert« – wird. Das bedeutet, dass in Zukunft Rentenanpassungen zusätzlich auch davon beeinflusst werden, wie sich das Verhältnis zwischen den Beitragszahlern und den Rentenempfängern verändert – von der, wie schon mehrfach gelesen, »demografischen Horrorrelation« in unserer Bevölkerungspyramide: zu viele Alte, die zu lange leben, und zu wenige Junge, die Rentenbeiträge leisten.

Unser Rentensystem baut seit vielen Jahrzehnten auf dem sogenannten Umlageverfahren auf. Das heißt, dass diejenigen, die im Erwerbsleben stehen, die Renten aller Ruheständler bezahlen beziehungsweise, besser ausgedrückt: finanzieren. Dieser »Generationenvertrag« kann aber nur so lange funktionieren, wie deutlich mehr arbeitende Einzahler die Auszahlungen für die monatlichen Renten an die Ruheständler leisten. Werden die Beitragszahler aber immer weniger und nimmt die Zahl der Empfänger im Ruhestand in einer Gesellschaft weiter zu, so ist dieses System von den arbeitenden Beitragszahlern nicht mehr zu stemmen. In der folgenden Übersicht können Sie die Veränderungen zwischen Leistungserbringern und Leistungsempfängern im Zeitablauf erkennen:

1900	8 : 1
1957	4 : 1
2000	2 : 1
2020	1 : 1

Diese Entwicklung wird in Zukunft noch weiter belastet durch …

- … die niedrige Geburtenrate einerseits und
- … die stets steigende Lebenserwartung der Ruheständler andererseits.[24]

Diese beiden Entwicklungen sorgen dafür, dass »von unten« immer weniger Menschen in die Gruppe der arbeitenden (und die Renten finanzierenden) Bevölkerung nachkommen, während die Zahl der älteren Menschen nicht nur zunimmt, sondern diese auch immer länger leben – und damit Renten beziehen. Das hat wiederum zur Folge, dass in den kommenden Generationen dauerhaft zu wenige Beitragszahler für immer mehr Empfänger immer länger sorgen müssen – noch mehr Unsicherheit für angeblich sichere Renten.

24 Die Lebenserwartung steigt in Deutschland laut Statistischem Bundesamt bis zum Jahr 2050 alle zehn Jahre um eineinhalb Lebensjahre an.

Auch die faktische Absenkung der Altersgrenze für viele Ruheständler und die immer häufiger werdenden Vorruhestandsregelungen führen auf der einen Seite zu einer weiteren Zunahme der Zahl der Rentenbezieher, während auf der anderen Seite auch durch die hohe Arbeitslosigkeit die Beitragszahlungen zu den Rentenversicherungstöpfen immer geringer ausfallen.

Zunächst reagierte der Staat mit ständigen Erhöhungen der Rentenversicherungsbeiträge für Arbeitnehmer und Arbeitgeber. Aber dieses »Potenzial« ist ausgeschöpft. Der daraus resultierende Kaufkraftverlust bei den Arbeitnehmern und die hohen Lohnnebenkosten für den »Faktor Arbeit« wirken sich sehr negativ auf die Konjunktur und die Wettbewerbsfähigkeit der Beschäftigten und der Unternehmen am Standort Deutschland aus.

Also sah der Staat nur die Lösung des Dilemmas in der Kürzung der gesetzlichen Rente (der ehemaligen Säule 1) sowie in der Förderung der betrieblichen und der Forcierung der privaten Altersvorsorge (die ehemaligen Säulen 2 und 3).

2.2 Zeiten und Fakten, die für Ihre Rente zählen

Bevor es ans Verteilen geht, zunächst einmal ein paar Fakten, wie die staatliche Rentenversicherung »gespeist« wird:

Die Arbeitnehmer bilden die größte Gruppe der Pflichtversicherten. Vom Arbeitgeber wird ein Teil des Bruttoeinkommens – derzeit 19,9 Prozent – direkt an die Rentenversicherung abgeführt. Von diesem Beitrag zahlen Arbeitnehmer und Arbeitgeber je die Hälfte. Aber dieser Beitrag steigt nicht grenzenlos mit dem Bruttoeinkommen, sondern wird bei einer bestimmten Höhe »gedeckelt« (im Jahr 2008 bei monatlich 5.300 Euro in den alten Bundesländern und 4.500 Euro in den neuen Bundesländern). Das ist die sogenannte Beitragsbemessungsgrenze für die Rentenversicherung. Wenn Sie also monatlich 6.500

Euro brutto verdienen, werden trotzdem nicht mehr als 19,9 Prozent aus 5.300 Euro in die gesetzliche Rentenversicherung abgeführt.

Für Selbstständige, die in die gesetzliche Rentenversicherung einzahlen müssen, gibt es zwei Wege: Entweder sie zahlen den sogenannten Regelbeitrag (im Jahr 2008 also 494,52 Euro in den alten Bundesländern beziehungsweise 417,90 Euro in den neuen). Das tatsächliche Einkommen muss dann nicht nachgewiesen werden. Oder, wer Beiträge zahlen will, die seinem tatsächlichen Einkommen entsprechen, muss dieses dann eben auch konkret nachweisen (zum Beispiel mit dem letzten Einkommensteuerbescheid).

Was erhalten Sie nun als Gegenleistung für Ihre monatlichen Einzahlungen in die Rentenversicherung?

Sogenannte Entgeltpunkte! Und für die gilt: Sammeln, sammeln, sammeln. Denn jeder Monat zählt!

Wie erhalten Sie nun Jahr für Jahr Ihre persönlichen Entgeltpunkte? Zur Errechnung Ihrer Rentenpunkte wird Ihr beitragspflichtiges Einkommen (also Ihr Bruttoverdienst bis maximal zur Höhe der Beitragsbemessungsgrenze) im Verhältnis zum Durchschnittseinkommen aller Rentenversicherungspflichtigen im jeweiligen Jahr berechnet.

Drei Beispiele zur Verdeutlichung:

- Sie verdienen genauso viel wie der Durchschnitt der Rentenversicherungspflichtigen (derzeit 29.844 Euro): Für dieses Beitragsjahr wird Ihnen ein Punkt gutgeschrieben.
- Sie verdienen zehn Prozent mehr als der Durchschnitt der Rentenversicherungspflichtigen: Für dieses Jahr erhalten Sie 1,1 Punkte.
- Sie verdienen zehn Prozent weniger als der Durchschnitt der Rentenversicherungspflichtigen: Für dieses Jahr erhalten Sie 0,9 Punkte.

Diese Entgeltpunkte werden jährlich für Sie aufaddiert. Folglich haben Sie bei Eintritt in Ihre verdiente Rente eine bestimmte Anzahl an Punkten erreicht. Je höher, desto besser! Sie erkennen gleich: Nicht nur Ihr Einkommen spielt eine Rolle, sondern auch die Zahl Ihrer Arbeits- beziehungsweise Beitragsjahre.

Zur Verdeutlichung: Der Angestellte Peter, der in 45 Jahren Berufsleben im Durchschnitt pro Jahr einen Entgeltpunkt erwirtschaftete, hat auf seinem Rentenkonto 45 Punkte. Der Akademiker Paul, der aufgrund seines höheren Einkommens durchschnittlich pro Jahr immerhin 1,3 Punkte sammeln konnte, das aber nur über 35 Jahre lang, hat eine Gutschrift von 45,5 Punkten, also nicht wesentlich mehr.

Noch nicht genug gerechnet: Nachdem die Punkte nun addiert wurden, werden sie jetzt multipliziert – mit dem »Zugangsfaktor«. Dieser ist abhängig vom Zeitpunkt Ihres Renteneintritts. Bei Frauen und Männern beträgt er derzeit bei einem Renteneintrittsalter von 65 Jahren genau 1,0. Wenn Sie früher in Rente gehen wollen, was bei immer mehr Menschen ein Wunsch ist, müssen Sie Ihre Erwartungen an die ausbezahlte Rente um 3,6 Prozent für jedes frühere Ruhestandsjahr reduzieren. Bleiben wir beim Beispiel des Akademikers Paul. Er will nicht erst mit 65 Jahren, sondern schon mit 62 Jahren in Rente gehen. Das heißt, drei Jahre lang 3,6 Prozent. Also wird der Zugangsfaktor um 10,8 Prozent reduziert. Das ergibt einen Zugangsfaktor von 0,892. Pauls erwirtschaftete 45,5 Entgeltpunkte werden nun mit 0,892 multipliziert. Es bleiben ihm nur noch 40,59 Punkte.

Und damit immer noch nicht genug. Es gibt noch einen sogenannten Rentenartfaktor: Nur für die Altersrente und die Erwerbsunfähigkeitsrente wird der volle Satz gezahlt. Bei Hinterbliebenenrenten und Renten infolge teilweiser Erwerbsunfähigkeit wird nur eine Teilrente gezahlt. Deswegen muss in Ihrem Rucksack nicht nur genug Finanz-Proviant fürs Alter, sondern auch genug für die anderen Etappen und Herausforderungen in Ihrem Leben sein (Berufsunfähigkeit und Todesfall des Hauptverdieners)!

Und noch eine Übung im Rechnen (ja, der Staat will, dass Sie auch wirklich bei jedem Aspekt Ihrer Altersvorsorge voll gefordert werden): Zu guter Letzt wird Ihr errechneter Punktestand mit einem Rentenwert – dem Wert, den es pro erwirtschaftetem Entgeltpunkt gibt – multipliziert. Dieser liegt derzeit bei 26,27 Euro in den alten Bundesländern und bei 23,09 Euro in den neuen Bundesländern.

Nochmals zu unseren Beispielen: Der Angestellte Peter, der nicht früher in Rente gehen will, multipliziert seine erreichten 45 Punkte mit seinem Zugangsfaktor von 1,0. Da es sich bei seinem Fall um Altersrente handelt, kann er auch den Rentenartfaktor 1,0 anwenden. Ihm bleiben also seine 45 Punkte vollständig erhalten. Diese multipliziert er mit dem Rentenwert in Höhe von 26,27 Euro (alte Bundesländer) und erhält somit aus der gesetzlichen Rentenversicherung monatlich 1.182,15 Euro.

Der Akademiker Paul hat, wie errechnet, durch seinen vorzeitigen Rentenbeginn nur noch 40,59 Punkte auf dem Rentenkonto. Multipliziert mit dem Rentenartfaktor 1,0 (weil es sich auch in seinem Fall um die reguläre Altersrente handelt), bleiben immer noch 40,59 Punkte, multipliziert mit dem Rentenwert 26,27 Euro ergibt eine monatliche Altersrente aus der gesetzlichen Rentenversicherung in Höhe von 1.066,30 Euro.

Was zeigen Ihnen diese zwei Beispiele (außer dem Rechenweg für Ihre gesetzliche Rente)? Allzu viel kommt nicht heraus aus der gesetzlichen Rente für Peter und Paul – trotz lückenloser Erwerbsbiografien der beiden. Und in Zukunft wird noch weniger zu erwarten sein.

Was aber, wenn das Erwerbsleben Lücken aufweist, wie zum Beispiel bei Pausen wegen Kindererziehungszeiten, Phasen der Arbeitslosigkeit, der Pflege von Angehörigen oder Studien- und Bildungszeiten?

1. Bei Kindererziehungszeiten:

In der Regel kommen die meisten Frauen noch immer auf weniger Versicherungsjahre als Männer. Das liegt vor allem daran, dass auch heute noch meist die Frauen im Job pausieren, wenn sie Kinder zur Welt bringen. Zusätzlich sind auch ihre erworbenen Ansprüche oft niedriger, weil Frauen nach der Babypause möglicherweise nur noch in Teilzeit arbeiten können.

Aber es gibt ein paar Leistungen in der gesetzlichen Rentenversicherung, um diese Nachteile wenigstens teilweise auszugleichen (selbstverständlich gelten die folgenden Leistungen auch für Männer, wenn sie die Familienpause einlegen!):

- Für Kinder, die nach 1992 geboren wurden, werden Müttern (oder Vätern) drei Jahre Beitragszeiten auf der Basis des jeweiligen Durchschnittseinkommens gutgeschrieben – entspricht drei Entgeltpunkten –, für Kinder, die vorher geboren wurden, aber nur ein Jahr.
- Wenn Sie während der Elternzeit erwerbstätig sind, dann sammeln Sie daraus Punkte und bekommen die oben genannten drei Punkte zusätzlich.
- Zwischen dem dritten und zehnten Geburtstag Ihres Kindes werden die Rentenbeiträge fiktiv um 50 Prozent erhöht (aber maximal bis zur Höhe des aktuellen Durchschnittseinkommens). Und noch mehr Verwirrung: Diese Regelung gilt zwar für das Basisjahr 1992. Sie gilt aber auch für die Kinder, die schon vor 1992 geboren wurden und noch keine zehn Jahre alt waren.
- Ab dem Jahr 1992 erhalten Frauen (oder Männer) zusätzlich 0,33 Punkte gutgeschrieben, die mehr als ein Kind unter zehn Jahren erziehen.

Zur Verdeutlichung hier ein Beispiel mit einer recht häufig vorkommenden Erwerbsbiografie einer Frau:

Mary hat zehn Jahre lang immer für einen Verdienst gearbeitet, der jeweils genau dem Durchschnitt entsprach:

Ergibt	10 Entgeltpunkte
plus 2 Jahre Babypause	2 Entgeltpunkte

Danach hat sie zehn Jahre in Teilzeit 50 Prozent wiederum zum Durchschnittseinkommen gearbeitet (sie bekommt also keine fiktive Aufstockung):

10 mal 0,5 Punkte ergeben	5 Entgeltpunkte
Für das nicht genutzte 3. Jahr Erziehungszeit zusätzlich	1 Entgeltpunkt

Dann hat sie 20 Jahre lang wieder Vollzeit gearbeitet, im Schnitt jedoch für nur 80 Prozent des Durchschnittseinkommens:

20 mal 0,8 Punkte ergeben	16 Entgeltpunkte
Mary kommt also insgesamt auf	34 Entgeltpunkte

Wenn es sich um die reguläre Altersrente handelt und sie nicht vorzeitig in Rente geht, bekommt sie derzeit in den alten Bundesländern 26,27 Euro x 34 = 893,18 Euro Rente.

Sie sehen an diesem Beispiel: Mary muss mit deutlich weniger Altersrente rechnen als Peter und Paul. Deshalb ist es umso wichtiger, dass Frauen – trotz der alltäglichen Pflichten durch Kindererziehung, Job und Haushalt – das Thema Zukunftssicherung und Füllen ihres Finanz-Rucksacks nicht aus den Augen verlieren.

2. Bei Phasen der Arbeitslosigkeit

Eine weniger erfreuliche Unterbrechung beim Punktesammeln, die einen unverhofft treffen kann, ist Arbeitslosigkeit. Dann übernimmt die Bundesagentur für Arbeit Ihre Beiträge zur Rentenversicherung. Während des Bezugs von Arbeitslosengeld werden Ihre Beiträge auf Basis von 80 Prozent des letzten Bruttogehalts gezahlt. Der »Punkteverlust« ist bei kurz dauernder Arbeitslosigkeit also noch verschmerzbar.

Anders sieht es bei länger andauernder Arbeitslosigkeit aus:

Empfänger von Arbeitslosengeld II erhalten pro Jahr nur 0,163 Entgeltpunkte gutgeschrieben. Ist der Antrag auf Arbeitslosengeld II abgelehnt worden, werden überhaupt keine Punkte mehr gutgeschrieben. Die Zeit der Arbeitslosigkeit wird dann nur noch auf die Mindestversicherungszeiten angerechnet.

3. Zeiten der Pflege von Angehörigen

Unter bestimmten Voraussetzungen erhält der Pflegende zusätzliche Entgeltpunkte für die Pflege von Angehörigen gutgeschrieben:

- Es muss bei dem Pflegebedürftigen eine der drei Pflegestufen der gesetzlichen Pflegeversicherung festgestellt worden sein.
- Der Pflegebedürftige muss bei seiner Pflegeversicherung einen Antrag stellen. Hat er eine private Pflegeversicherung, muss er bei dieser den Antrag stellen.
- Der Pflegeaufwand wird geprüft, bevor der Anspruch anerkannt wird.
- Der Pflegeaufwand muss mindestens 14 Stunden pro Woche betragen.
- Der Pflegende darf maximal 30 Stunden pro Woche erwerbstätig sein.

Die Beiträge für die zusätzlichen Punkte werden von der Pflegeversicherung bezahlt. Bei Pflegestufe III können wöchentlich bis zu 28 Stunden berücksichtigt werden. Die Pflegezeit wird auf alle Mindestversicherungszeiten angerechnet.

4. Zeiten für Bildung und Studium

Bis 2005 wurden drei Jahre Ausbildung als rentenerhöhend gewertet. In den alten Bundesländern machte dies etwa 59 Euro pro Monat aus. Diese Ausbildungszeiten werden stufenweise geringer gewertet. Und alle, die ab Januar 2009 in Rente gehen, bekommen gar keine Erhöhung mehr. Diese Kürzungen beziehungsweise Streichung gilt jedoch nicht für Ausbildungszeiten an Fachschulen oder berufsbildenden Bildungseinrichtungen.

Alters- und Hinterbliebenenrenten

Eine weitere Neuerung der Rentenreform ist die Anhebung der gesetzlichen Regelaltersgrenze. Das ist das Alter, ab dem man seine Rente ohne Abschläge beziehen kann. Diese Altersgrenze wird zwischen 2012 und 2029 schrittweise von 65 Jahren auf 67 Jahre angehoben. Ab dem Geburtsjahrgang 1947 erfolgt die Anhebung zunächst in Ein-Monats-Schritten, von 2024 an in Zwei-Monats-Schritten. Für Versicherte ab Jahrgang 1964 gilt dann die Regelaltersgrenze von 67 Jahren.

Die Altersrenten können – mit Ausnahme der Regelaltersrente und der Rente für besonders langjährig Versicherte (lassen Sie sich dazu beraten, ob Sie eine Chance haben, das zu werden) – grundsätzlich mit einem Abschlag auch vor Vollendung der maßgebenden Altersgrenze in Anspruch genommen werden. Dieser Abschlag beträgt 0,3 Prozent für jeden Monat, den Sie vor Ihrem Stichtag in Rente gehen, also 3,6 Prozent pro Jahr.

Gibt es andere Altersgrenzen für Frauen?

Frauen, die vor dem 1. Januar 1952 geboren wurden, können mit 60 Jahren in den Ruhestand gehen. Die Voraussetzungen:

- eine Wartezeit (Mindestversicherungszeit) von 15 Jahren und
- mehr als zehn Jahre Pflichtbeiträge in die Rentenversicherung ab dem 40. Lebensjahr (das können auch Kindererziehungszeiten sein oder Beitragszeiten bei Arbeitslosigkeit).

Aber: Frauen, die nach dem 1. Januar 1940 geboren wurden und die oben genannten Voraussetzungen erfüllen, müssen den bereits bekannten Abschlag von 0,3 Prozent pro Monat, das heißt 3,6 Prozent pro Jahr, verschmerzen. Das bedeutet für die fünf Jahre bis zur Regelaltersgrenze von 65 Jahren insgesamt 18 Prozent weniger Rente.

Die Rentenreformen betreffen natürlich auch die Hinterbliebenenrenten.

Die Versorgung von Witwen und Witwern wurde deutlich eingeschränkt. Gezahlt wird eine »kleine Witwenrente« oder eine »große Witwenrente«.

1. Die »kleine Witwenrente«

Es werden zwei Jahre lang 25 Prozent der Rentenansprüche des Verstorbenen gezahlt, wenn der oder die Hinterbliebene jünger als 45 Jahre ist, voll erwerbsfähig ist und keine Kinder erzieht. Wer in dieser Zeit wieder heiratet, erhält eine Abfindung für die restlichen zustehenden Monate.

Ausnahmeregelungen gelten für am 31. Dezember 2001 bereits Verheiratete, von denen mindestens ein Ehepartner vor dem 1. Januar 1962 geboren wurde, und für Todesfälle vor dem 1. Januar 2002. Hier wird die Rente unbefristet gezahlt. Wer dann wieder heiratet, erhält eine Abfindung für 24 Monate.

2. Die »große Witwenrente«

Es werden 55 Prozent der Rentenansprüche des Verstorbenen gezahlt.

Hierauf hat der oder die Hinterbliebene Anspruch, wenn er älter als 45 Jahre ist oder immer noch Kinder erzieht. Für Versicherte, die vor dem 1. Januar 2002 bereits verheiratet waren und von denen mindestens ein Ehepartner vor dem 1. Januar 1962 geboren wurde, werden 60 Prozent des Rentenanspruchs des Verstorbenen gezahlt.

Beachten Sie: Diese Witwenrenten sind »beweglich«. So wird Ihr eigenes Einkommen teilweise auf die gezahlten Witwenrenten angerechnet. Das kann zu Kürzungen führen, bei einem sehr hohen eigenen Einkommen im Extremfall sogar zum Wegfall dieser Rente. Und wenn sich die persönlichen Voraussetzungen ändern, kann eine »kleine« zur »großen« Witwenrente (und natürlich auch umgekehrt) umgewandelt werden.

Achtung: Rentensplitting

Seit 2002 können Ehepartner wählen, ob sie im Todesfall des Partners

- die Witwen- bzw. Witwerrente beziehen möchten oder
- eine gleichmäßige Aufteilung ihrer Rentenansprüche, das sogenannte Rentensplitting, bevorzugen.

Lassen Sie sich bei Ihrem Rentenversicherer eine Vergleichsrechnung geben, wie hoch die Altersrente nach einem Splitting ausfallen würde und wie hoch hingegen eine Hinterbliebenenrente wäre.

Und was bekommen eigentlich Waisen?

Kinder, die einen Elternteil durch Tod verloren haben, erhalten eine Halbwaisenrente. Sie beträgt zehn Prozent des Rentenanspruchs des Verstorbenen. Sind beide Eltern verstorben, werden 20 Prozent Vollwaisenrente gezahlt.[25] Für die Berechnung werden zunächst die Rentenansprüche beider Verstorbener herangezogen und verglichen. Aus dem höheren Rentenanspruch gibt es dann noch zusätzliche Entgeltpunkte.

2.3 Betrifft bald jeden Zweiten: Scheidung und Rente

In Zeiten einer steigenden Zahl von Ehescheidungen muss natürlich auch die Frage beantwortet werden, wie sich die Trennung auf die Altersversorgung zweier Menschen auswirken kann. Kommt es zu einer

25 Normalerweise werden Waisenrenten bis zur Vollendung des 18. Lebensjahres ohne Anrechnung des Einkommens gezahlt, bei längerer Ausbildung der Waisen auch bis zum 27. Lebensjahr.

Ehescheidung, werden die während der Ehezeit erworbenen Versorgungsanwartschaften unter den Ehegatten gleichmäßig aufgeteilt. Dieser Versorgungsausgleich kommt mit Beginn der Rente zum Tragen und bedeutet, dass ein Ex-Ehepartner dem anderen Ex-Ehepartner einen Teil seiner Rentenansprüche abgeben muss.

Sie merken sicher schnell die Analogie: Diese Aufteilung der Versorgungsansprüche hat folglich mit der Aufteilung des während der Ehe erworbenen Vermögens im gesetzlichen Güterstand der Zugewinngemeinschaft zu tun. Aber: Egal, um welchen Güterstand es sich während der Ehe handelte – Zugewinngemeinschaft, Gütertrennung oder Gütergemeinschaft –, der Versorgungsausgleich fällt immer gleich aus! Er wird bei jeder Ehescheidung automatisch vom Familiengericht berechnet. Allein das Familiengericht entscheidet, ob und in welcher Höhe von wem an wen ein Versorgungsausgleich zu leisten ist. Er kann auch nicht einvernehmlich ausgeschlossen werden.

Es werden dabei folgende Renten oder deren Anwartschaften berücksichtigt:

- die gesetzliche Rente,
- die Beamtenpensionen,
- die Betriebsrenten und
- private Altersversicherungen.

Wichtig: Um Leistungen aus der Rentenversicherung zu beziehen, muss eine Mindestversicherungszeit erfüllt sein. Und ein Rentenausgleich des Ausgleichspflichtigen wirkt sich nicht auf seine eigene Wartezeit aus. Ist sie erst einmal erfüllt, wird sie auch durch den Versorgungsausgleich nicht gemindert.

Klingt kompliziert? Zur Verdeutlichung erst einmal ein einfaches Beispiel:

Die Ehe von Tom und Nicole wurde geschieden. Tom hat einen Versorgungsanspruch aus der gesetzlichen Rentenversicherung aus seinem

Erwerbs- und Erziehungsleben von 1.000 Euro, Nicole einen von 500 Euro. Macht zusammen 1.500 Euro, also für jeden geschiedenen Partner je zur Hälfte 750 Euro. Da Nicole nur einen eigenen Versorgungsanspruch in Höhe von 500 Euro hat, muss Tom ihr künftig auch nach der Trennung 250 Euro abgeben.

2.4 Grundsicherung – ein staatliches Sicherheitsnetz im Alter

Die sogenannte Grundsicherung gibt es seit 2003. Sie ist ein staatliches »Sicherheitsnetz« für diejenigen, deren Renten zu niedrig sind, um den Lebensunterhalt damit selbst bestreiten zu können. Staatliche Hilfe gibt es aber nur, wenn man nicht von den eigenen Einnahmen und dem eigenen Vermögen leben kann. Sie ist abhängig von der Bedürftigkeit des Einzelnen.

Konkret bedeutet das, dass die eigenen Renten sowie andere Einkünfte auf die staatliche Grundsicherung angerechnet werden. Und damit eben auch die Riester-Rente! Diese Tatsache sorgte in jüngster Zeit für einige Unruhe. Manche »potenzielle Grundsicherungsempfänger« ärgerten sich darüber, dass sie, wenn sie eine Riester-Rente besparen und den erforderlichen Eigenbeitrag nur mit großer finanzieller Kraftanstrengung leisten, später diese angesparte Riester-Rente nicht »obendrauf« bekommen, falls sie ins Sicherheitsnetz der Grundsicherung fallen. Aber dürfen sie besser gestellt werden als jemand, der beispielsweise jahrelang eine private Rentenversicherung (aus bereits versteuertem Einkommen und ohne staatliche Zuschüsse) bespart hat und dann doch durch besondere Lebensumstände im Rentenalter nicht in der Lage ist, allein für seinen Lebensunterhalt zu sorgen?

Sicherlich ist jeder gut beraten, auch eigenverantwortlich für den Ruhestand zu sorgen und nicht alles Vater Staat zu überlassen.

Worauf Sie achten sollten:

- Sie merken schon: Das Thema gesetzliche Rente ist äußerst komplex und sehr individuell! Nehmen Sie die Beratung der Deutschen Rentenversicherung auf jeden Fall in Anspruch. Telefonisch unter der kostenfreien Nummer 0800 100-048-070 oder im Internet unter www.deutsche-rentenversicherung-bund.de oder – wirklich am besten – persönlich bei den Mitarbeitern der hilfsbereiten Auskunfts- und Beratungsstellen der Deutschen Rentenversicherung.
- Bereiten Sie Ihren persönlichen »Entgeltpunkte-Lebenslauf« vor – und vergleichen Sie ihn mit dem Versicherungsverlauf, den Ihnen die Deutsche Rentenversicherung berechnet.
- Klären Sie Unstimmigkeiten beziehungsweise erkannte Lücken frühzeitig auf. Denn jeder Monat zählt!
- Lassen Sie sich zu den Themen Rentensplitting und – wenn nötig – Versorgungsausgleich zu Ihrer persönlichen Situation einmal beraten.
- Und zum Schluss: Machen Sie das Thema gesetzliche Rente zu einem Dauerthema. Sie sehen, es ist vieles im Fluss. Wer weiß heute schon, welche Reformen noch kommen werden? Einmal Ihre persönliche Situation aufklären ist fürs Erste schon mal gut. Regelmäßig gegenchecken ist noch viel besser!

3. Die Rürup-Rente

In diesem Kapitel ...

- ... sehen Sie ganz konkret, mit welchen Steuervorteilen Sie gefördert werden.
- ... können Sie gleich mal prüfen, ob die Rürup-Rente für Sie ein Thema ist.
- ... können Sie ganz genau ausrechnen, wie viel Rürup-Finanz-Proviant Sie für Ihren Finanz-Rucksack sparen können.
- ... wird Ihnen eines klar: Auch Altersvorsorge-Späteinsteiger haben mit der Rürup-Rente noch eine gute Chance!

Die nach dem Ökonomen und Rentenexperten Bert Rürup benannte Rürup-Rente – sie wird auch Basis-Rente genannt – gehört ebenso wie die gesetzliche Rentenversicherung zur Schicht 1 der Altersvorsorge.

3.1 Die Zielgruppe von Rürup

Zur Zielgruppe dieses Altersvorsorgeproduktes gehören vor allem:

- Selbstständige,
- Freiberufler und
- Gewerbetreibende, die nicht in die gesetzliche Rentenversicherung einzahlen.

Die Rürup-Rente bietet somit auch dem Personenkreis eine Möglichkeit der staatlichen Förderung, für den die betriebliche Altersvorsorge nicht in Frage kommt oder der die Riester-Rente nur indirekt über einen sozialversicherungspflichtigen Ehegatten nutzen könnte.

Doch auch für gut verdienende Angestellte oder Beamte kann sich die Rürup-Rente lohnen. Mehr dazu auf den folgenden Seiten.

3.2 Pro: Steuervorteile

Die staatliche Förderung der Rürup-Rente erfolgt nicht wie bei der Riester-Rente über direkte Zulagen, sondern über Steuervorteile.

Die Beiträge zur Rürup-Rente können als Altersvorsorgeaufwendungen steuerlich geltend gemacht werden. Und zwar in jährlich steigenden Beträgen, bis im Jahr 2025 der absetzbare Maximalbetrag in Höhe von 20.000 Euro (für Verheiratete 40.000 Euro) erreicht wird. Wichtig zu wissen ist: Zu diesen Maximalbeträgen zählen auch die Beiträge zur gesetzlichen Rentenversicherung, Beiträge zur berufsständischen Versorgung oder zur landwirtschaftlichen Altersversorgung.

Wer also beispielsweise in die gesetzliche Rentenversicherung einzahlt, kann nicht auch noch zusätzlich den Maximalbetrag für die Rürup-Rente steuerlich geltend machen. Dazu später ein konkretes Beispiel. Jetzt aber erst einmal die steigenden Höchstbeträge für die Altersvorsorgeaufwendungen:

2005	12.000* Euro (60 % des Maximalbetrags in Höhe von 20.000* Euro)
2006	12.400* Euro (62 % des Maximalbetrags in Höhe von 20.000* Euro)
2007	12.800* Euro (64 % des Maximalbetrags in Höhe von 20.000* Euro)
2008	13.200* Euro (66 % des Maximalbetrags in Höhe von 20.000* Euro)

2009	13.600* Euro (68 % des Maximalbetrags in Höhe von 20.000* Euro)
2010	14.000* Euro (70 % des Maximalbetrags in Höhe von 20.000* Euro)
2011	...

* Für Verheiratete gelten die doppelten Beträge.

Sie erkennen sofort: Der absetzbare Betrag erhöht sich jährlich kontinuierlich um zwei Prozent des Maximalbetrags. Sie können also im Jahr 2025 schließlich 20.000 Euro beziehungsweise 100 Prozent geltend machen.

Dafür muss die künftige Rente – analog zur gesetzlichen Rentenversicherung – später versteuert werden; auch hier greift somit die nachgelagerte Besteuerung.

Es sind aber nicht nur die Steuervorteile, die die Rürup-Rente für Selbstständige und Freiberufler so interessant machen. Weitere Vorteile sind:

- Das in der Rürup-Rente angesparte Kapital ist vor einem eventuellen Konkurs geschützt.
- Die Rürup-Rente ist Hartz-IV-sicher, die Bundesagentur für Arbeit hat keinen Zugriff auf diese Anlageform.
- Auch das Sozialamt hat keinen Zugriff, zum Beispiel wenn Sie pflegebedürftige Familienangehörige haben, für deren Unterhalt Sie aufkommen müssen.

Klingt insgesamt sehr verlockend – die Rürup-Rente hat aber auch ein paar Nachteile.

3.3 Kontra: Restriktive Anlagevorschriften

Bei der Rürup-Rente handelt es sich um eine Form der Leibrentenversicherung, für die der Gesetzgeber einige Vorgaben erfüllt sehen will:

- Der Rentenbeginn darf erst nach Vollendung des 60. Lebensjahres liegen.
- Es gibt kein Kapitalwahlrecht, also keine Möglichkeit einer einmaligen Kapitalauszahlung, sondern nur die Möglichkeit einer lebenslangen Rente.
- Es ist nicht möglich, die Ansprüche aus der Rürup-Rente zu vererben. Möglich ist eine Absicherung des Ehepartners und der Kinder – gegen Aufpreis!
- Die Ansprüche aus der Rürup-Rente dürfen auch nicht veräußert, übertragen, beliehen oder verpfändet – beispielsweise als Kreditsicherheit – werden.

Es steht also wirklich die Altersabsicherung im Vordergrund. Parallelen zur gesetzlichen Rentenversicherung werden deutlich, nicht nur bei der nachgelagerten Besteuerung. Deshalb ist die Rürup-Rente wohl auch in Schicht 1 im Drei-Schichten-Modell angesiedelt worden.

3.4 Für wen sich die Rürup-Rente besonders lohnt

In erster Linie lohnt sie sich für nicht rentenversicherungspflichtige Selbstständige. Zum einen, weil Beiträge zu privaten Rentenversicherungen oder Kapitallebensversicherungen (künftig) nicht mehr steuerlich geltend gemacht werden können – und die Rürup-Rente somit für diesen Personenkreis die einzige Form ist, steuermindernde Altersvorsorge zu betreiben. Zum anderen können Sie die Maximalbeträge in eine Rürup-Rente fließen lassen. Bei Arbeitnehmern vermindern sich die Maximalbeiträge für die Rürup-Rente um die Beiträge zur gesetzlichen Rentenversicherung.

Auch hierzu ein paar Beispiele:

Der alleinstehende Selbstständige Sebastian zahlt weder in die gesetzliche Rentenversicherung ein noch in ein berufsständisches Versorgungswerk. Er könnte im Jahr 2008 bis zu 13.200 Euro steuerlich geltend machen.

Voraussetzung: Er zahlt den Maximalbetrag in Höhe von 20.000 Euro in eine Rürup-Rente.

Die alleinstehende Arbeitnehmerin Emina hat ein Jahreseinkommen von 50.000 Euro:

Arbeitgeberbeitrag zur gesetzlichen Rente	4.875 Euro
Arbeitnehmerbeitrag zur gesetzlichen Rente	4.875 Euro
Maximalbeitrag für Emina zur Rürup-Rente	10.250 Euro
ergibt insgesamt	20.000 Euro
davon absetzbar im Jahr 2008 (66 %)	13.200 Euro
abzüglich Arbeitgeberbeitrag	4.875 Euro
für Emina steuerlich absetzbarer Betrag	8.325 Euro

Emina kann also weniger geltend machen als Sebastian.

Doch nicht nur die Art der Erwerbstätigkeit hat Einfluss darauf, ob sich die Rürup-Rente lohnt, sondern auch die Laufzeit und der persönliche Steuersatz.

Derzeit ist die Rürup-Rente am profitabelsten für Ältere, wenn nur noch wenige Jahre bis zur Rente bleiben, denn die Einzahlungen in die Rürup-Rente sind zu einem größeren Teil steuerfrei als der Teil der Rente, auf den später Steuern gezahlt werden müssen. Und für

Gutverdiener (zum Beispiel Singles mit einem Jahreseinkommen über 30.000 Euro) wegen der genannten Steuervorteile.

Für den Rürup-Sparer, der ab 2040 in Rente geht, sieht es anders aus: Ab dem Jahr 2040 sind die Renten voll steuerpflichtig. Seine Einzahlungen in die Rürup-Rente kann er aber erst ab 2025 bis zum Maximalbetrag steuerlich geltend machen.

Die ganz Jungen wiederum haben dieses Problem nicht. Ihre Rente wird zwar auch voll steuerpflichtig sein, aber sie sparen möglicherweise erst dann in die Rürup-Rente, wenn ein Großteil des Maximalbetrages oder ab 2025 der gesamte Maximalbetrag in Höhe von 20.000 Euro (40.000 Euro für Verheiratete) von der Steuer absetzbar ist.

3.5 Worauf Sie achten sollten

- Die Rürup-Rente ist kein flexibles Altersvorsorgeprodukt. Sie können das angesparte Guthaben in finanziellen Notfällen nicht abheben. Wenn's eng wird, können Sie Ihren Rürup-Vertrag nur beitragsfrei stellen lassen und nicht mehr weiter einzahlen. Bei vielen Anbietern ist eine Beitragsfreistellung erst möglich, wenn Sie einen bestimmten Mindestwert in x Jahren angespart haben. (In der Regel tilgen Sie mit den ersten Beiträgen die Abschlusskosten – nicht selten bis zu vier Prozent der Beitragssumme: Bei 1.000 Euro Jahresbeitrag und 30 Jahren Laufzeit sind das immerhin 1.200 Euro.)

- Es gibt Verträge, die eine Mindestverzinsung garantieren, aber auch Fondsvarianten mit unterschiedlich hohem Fondsanteil. In diesem Bereich werden Ihnen in den nächsten Jahren sicher noch viele interessante Produktinnovationen angeboten. Vergleichen Sie am besten mehrere Angebote und wägen Sie die Chancen und Risiken sorgfältig ab.

- Wenn Sie einen sogenannten Hinterbliebenenschutz vereinbaren, fließt ein Teil Ihrer Sparbeiträge in diesen zusätzlichen Risikoschutz, und Ihre spätere Rente wird entsprechend geringer. Eine zusätzliche Risikolebensversicherung könnte eine bessere Alternative sein!

4. Die Riester-Rente

In diesem Kapitel ...

- ... sehen Sie ganz genau, wie der Staat Ihre private Altersvorsorge finanziell unterstützt.
- ... können Sie gleich mal für sich (und andere) prüfen, ob auch Sie »mitriestern« dürfen.
- ... können Sie für sich schon einmal ganz konkret ausrechnen, wie viel Zulagen und Steuervorteile Sie (und gleichzeitig auch Ihre Lebenspartnerin oder Ihr Partner) für Ihren Finanz-Rucksack bekommen können.
- ... wird Ihnen eines klar: Wer früh einsteigt, der profitiert besonders lange von der staatlichen Förderung – und das in jeder Lebenslage: ob in Ausbildung, beim Berufseinstieg, in der Mutterpause, in Fortbildung, als Häuslebauer, als Großverdiener oder in Arbeitslosigkeit, gesund und voller Lebenslust im Berufsleben oder frisch verstorben (denn dann profitieren Ihre Erben von Ihrer Riester-Sparleistung).

4.1 So riestert's sich ins Alter – was Sie jetzt unbedingt wissen müssen!

Dass Vater Staat seinen Bürgern etwas Gutes tun will, ist nicht ganz neu. Seit er aber gemerkt hat, dass in den nächsten Jahrzehnten immer mehr alte Menschen im Ruhestand auf immer weniger Erwerbstätige kommen, unterstützt er nun seit dem Jahr 2002 auch Ihre privaten Ersparnisse fürs Alter. Und das sogar im »Doppelpack«:

- Direkt mit staatlichen Zulagen für Ihre ersparten Euros (mit einer Grundzulage <u>und</u> einer Kinderzulage) und

- indirekt durch die Möglichkeit, die Sparleistungen als zusätzliche Sonderausgaben von der Steuer abzusetzen.

Die sogenannten Riester-Verträge sind aber nichts für Großanleger. Der Staat fördert nur relativ geringe Einzahlungen. Der Höchstbetrag, für den Sie Förderung bekommen, beträgt

ab 2008	2.100 Euro

Die Riester-Förderung kann sich aber sehen lassen. Es gibt

1. eine Grundzulage in Höhe von

ab 2008	154 Euro

2. eine Kinderzulage in Höhe von

ab 2008	185 Euro

pro Kind, für das Sie auch Kindergeld bekommen. Und für jedes ab 2008 geborene Kind gibt es sogar 300 Euro vom Staat – Kinder sind eben doch ein rentables Investment für die Zukunft!

Wichtig: Hier gilt *Mamas first*! Das heißt, dass die Kinderzulage immer automatisch der Mutter zugeordnet wird. Sie können aber auf einem Antrag erklären, dass Sie eine andere Verteilung möchten. Zum Beispiel bei zwei Kindern eine Zulage auf die Mutter und eine auf den Vater – oder auch beide Zulagen auf den Vater.

Nur wer selber spart, kriegt auch was vom Staat.

Die Kohle vom Staat gibt's nur, wenn Sie auch genügend von Ihrem sauer Verdienten fürs Alter zurücklegen. Konkret

ab 2008	vier Prozent

von Ihrem rentenversicherungspflichtigen Bruttoeinkommen im Vorjahr.

Und eine Obergrenze für die Förderung mit Riester-Zulagen gibt's auch:

Ab dem Jahr 2008 beträgt diese Obergrenze 2.100 Euro (zusammengesetzt aus dann 154 Euro Grundzulage und einer eventuellen Kinderzulage von 185 Euro je Kind und dem verbleibenden Eigenbeitrag).

Mehr Durchblick mit konkreten Beispielen

Ziemlich kompliziert? Also erst mal ein Beispiel anschauen:

Lara Maier ist Arbeitnehmerin, verheiratet, Mutter eines Kindes und hat im vergangenen Jahr ein Bruttoeinkommen von 30.000 Euro verdient.

Lara Maier berechnet zunächst ihren Eigenbeitrag:

4 % von 30.000 Euro	1.200 Euro
und zieht davon die Grundzulage	154 Euro
und die Kinderzulage ab	185 Euro
Das ergibt einen Eigenbeitrag für ihre Altersvorsorge von	861 Euro

Wenn sie diese 861 Euro im Jahr in einen Riester-Vertrag einzahlt, bekommt sie auch die beiden Zulagen in Höhe von 154 und 185 Euro. Auf diese Weise kommen dann die 1.200 Euro Sparleistung für Lara Maiers Altersrente zusammen. Und fast ein Drittel (339 Euro) zahlt der Staat!

Achtung: Viele Kinder und wenig Gehalt? Wenn Sie im Job nur wenig verdienen und viele Kinder haben, belohnt Sie der Staat ganz besonders! Wenn Sie also 17.000 Euro verdienen und drei Kinder haben, ergibt sich die folgende Rechung:

4 % von 17.000 Euro	680 Euro
minus Grundzulage	154 Euro
minus Kinderzulage (3 x 185 Euro)	555 Euro
ergibt einen Eigenbeitrag von	– 29 Euro

Was nun?

In diesem Fall zahlen Sie den Mindestbeitrag von 60 Euro, und Vater Staat zahlt von den 769 Euro Gesamtsparsumme (154 + 555 + 60 Euro) immerhin 709 Euro – also mehr als 90 Prozent des gesamten Sparbetrags!

Diese 60 Euro sind der Mindesteigenbeitrag, den jeder sparen muss – sonst gibt's keine Zulagen!

4.2 Und Steuern sparen kann man auch noch

Mehr als neun Millionen Deutsche haben schon einen Riester-Vertrag, aus dem sie im Alter eine Rente und zum Teil auch Kapital ausbezahlt bekommen. Die Riester-Sparer sind zudem beim Finanzamt sehr gut bedient, denn der Fiskus erkennt die beiden Zulagen und Ihre eigenen Beiträge als Sonderausgaben an.

Achtung: Das Finanzamt prüft beim Sonderausgabenabzug, ob Ihre Steuerersparnis höher ist als die vom Staat erhaltenen Zulagen. Wenn ja, bekommen Sie diese Differenz zusätzlich ausbezahlt. Lara Maier (aus dem Beispiel oben) bringen die 1.200 Euro Sonderausgaben fürs Riester-Sparen bei einem Steuersatz von 30 Prozent immerhin rund 360 Euro Steuerersparnis. Bei »nur« 339 Euro Zulagen bekommt sie also noch mal 21 Euro zusätzlich (also einmal Kino mit Getränk und Popcorn extra!).

Sie sehen, nicht nur die staatliche Förderung gibt Sicherheit in unsicheren Zeiten, auch Ihr Finanzamt kann Ihnen in Zukunft noch mehr bieten!

Zulagen und Steuervorteile – wer darf in Deutschland riestern?

Wem hilft nun der Staat beim Sparen fürs Alter? Unmittelbar zulagenberechtigt sind

- alle Arbeitnehmer,
- Kindererziehende (drei Jahre pro Kind),
- pflichtversicherte Selbstständige,
- ehrenamtliche Pflegepersonen,
- Wehr- und Zivildienstleistende,
- Lohnersatzleistungsbezieher (die zum Beispiel Arbeitslosen- oder Krankengeld bekommen),
- Bezieher von Arbeitslosengeld II,
- Bezieher von Vorruhestandsgeld,
- geringfügig Beschäftigte (mit der Möglichkeit, zum vollen Beitrag der gesetzlichen Rentenversicherung aufzuzahlen),
- Beamte und
- Landwirte.

Mittelbar zulagenberechtigt sind die Ehepartner der oben genannten unmittelbar zulagenberechtigten Sparer, also

- Hausfrauen und Hausmänner nach der Elternzeit,
- Selbstständige, die nicht rentenversicherungspflichtig sind,
- geringfügig Beschäftigte ohne Aufzahlung,
- freiwillig Versicherte in der gesetzlichen Rentenversicherung und
- Mitglieder in einer berufsständischen Versorgung, wie zum Beispiel Ärzte und Apotheker.

Achtung: Beide Ehepartner bekommen die Grundzulage vom Staat nur, wenn ...

1. ... einer von beiden unmittelbar zulagenberechtigt ist,
2. ... sie nicht getrennt leben,
3. ... der unmittelbar Zulagenberechtigte seinen Eigenbeitrag in den Riester-Vertrag leistet (der andere kann einen reinen Zulagenvertrag ohne Eigenbeitrag abschließen) und
4. ... beide Ehepartner für sich jeweils eigene Riester-Verträge abschließen.

Und stirbt einer der Ehepartner, bevor er 60 Jahre alt ist, so kann der Überlebende das Ersparte auf seinen eigenen Riester-Vertrag übertragen (er braucht also auch einen, den er dann befüllen kann!). Nur wenn die Erben den Vertrag auflösen, müssen alle erhaltenen Zulagen und Steuervorteile wieder zurückgezahlt werden.

Noch mehr Durchblick mit einem konkreten Beispiel

Lara Maiers Ehemann Lukas zahlt als selbstständiger Physiotherapeut keine Pflichtbeiträge in die gesetzliche Rentenversicherung. Er kann jedoch als »mittelbar Zulagenberechtigter« einen eigenen Riester-Vertrag abschließen, weil seine Frau Lara bereits riestert. Wenn Lara Maier jedes Jahr ihre Mindesteinlage einzahlt, erhält auch ihr Mann die komplette staatliche Zulage von 154 Euro.

Achtung: Selbstständige mit einem Ehepartner, der bereits riestert, können ihre Zulagen und Eigenbeiträge nicht selbst als Sonderausgaben in der Steuererklärung geltend machen. Sie dürfen die Einzahlungen nur dann beim Finanzamt abrechnen, wenn ihr Partner den maximal geförderten Höchstbetrag von 2.100 Euro nicht überschritten hat. Lara Maier und ihr Ehemann Lukas können also höchstens noch 900 Euro zusätzlich als Sonderausgaben bei der Steuer abziehen (weil Lara ja bereits 1.200 Euro Gesamtbeitrag selbst riestert).

Riester-Rentner ab 60 zahlen auf ihre Rente Steuern

Ihre Sparbeiträge, die Sie auf einen Riester-Vertrag einzahlen, können zwar Ihre Steuern als Berufstätige verringern, dafür ist im Alter die Auszahlung Ihres Ersparten (frühestens mit 60 oder wenn Sie vorher gesundheitsbedingt Frührentner werden) als monatliche Rente steuerpflichtig, und zwar in voller Höhe – aber in der Regel mit deutlich niedrigeren Steuersätzen. Und Sozialabgaben für Kranken- und Pflegeversicherung fallen auch nicht an.

Achtung: Falls Sie im Alter nicht mehr in Deutschland leben und steuerpflichtig sind, müssen Sie die früher erhaltene Förderung zurückbezahlen. Also lieber doch hierbleiben – Deutschland kann so schön sein!

4.3 Riestern im Produkte-Dschungel

Es gibt für jeden in puncto Riestern gute Sparmöglichkeiten: vom sicheren Banksparplan über die klassische Rentenversicherung oder die fondsgebundene Rentenversicherung bis hin zum Fondssparplan. Und wenn der neue Gesetzentwurf zum »Wohn-Riestern« verabschiedet wird, können Sie auch in eigengenutztes Wohneigentum sparen. Sie verstehen nur Bahnhof? Dann einfach weiterlesen: Weiter hinten stellen wir die verschiedenen Spar- und Anlagemöglichkeiten noch ausführlicher vor – mit allen Vor- und Nachteilen. Bevor Sie einen Vertrag abschließen, sollten Sie also immer zweimal hinschauen und die Angebote vergleichen. Unsere Beispiele helfen Ihnen dabei.

Für alles gilt jedoch: Zu Rentenbeginn müssen alle Eigenleistungen und staatlichen Zulagen eingezahlt sein. Und das von Ihnen ausgewählte Produkt muss als Altersvorsorgevertrag zertifiziert sein. Den Nachweis verlangen Sie von Ihrem Bank- oder Sparkassenberater – am besten schriftlich!

Und was passiert, wenn Sie Ihr Produkt gegen ein anderes austauschen wollen? Das kann unter Umständen sehr teuer werden. Darum am besten vorher schon fragen, ob und welche Kosten für diesen Fall entstehen. Und ebenfalls schriftlich geben lassen – es gibt ja so viele vergessliche Berater, die sich vielleicht später nicht mehr an das erinnern können, was sie Ihnen einmal so alles erzählt und zugesichert haben …

4.4 Für wen sich das Riestern besonders lohnt

Wer etwas vom Staat spendiert bekommt, sollte auch zugreifen! Denn die Kombination aus Zulagen und Steuervorteilen sorgt für attraktive Renditen. Riester-Gewinner sind vor allem:

- Kinderreiche Familien – sie profitieren von den hohen Zulagen!
- Singles und Besserverdiener – sie profitieren zusätzlich von der Steuerersparnis!
- Geringverdiener – sie profitieren von der kräftigen staatlichen Unterstützung für das eingezahlte Kapital!
- Über 50-Jährige – sie profitieren davon, dass sie bis zur Rente nicht mehr so lange sparen müssen und sich die Zulagen und Steuervorteile vom Staat auf wenige Sparjahre verteilen (und ihnen damit oft Renditen von sieben Prozent und mehr bescheren).

Alle Angebote gelten gleichermaßen für Männer und Frauen. Denn beim Riestern sind – anders als bei herkömmlichen Rentenversicherungen – sogenannte Unisex-Tarife vorgeschrieben. Die statistisch längere Lebenserwartung von Frauen gegenüber Männern darf nicht mehr zu unterschiedlichen Renten führen.

Die Riester-Rente ist also immer ein attraktives Plus bei der Altersvorsorge, das jeder mitnehmen sollte, der sie bekommt.[26] Durch die staatliche Förderung machen Sie sogar dann Gewinn, wenn Ihre Geld-

26 Und wenn Sie noch keine 21 Jahre alt sind, bekommen Sie bei Abschluss Ihrer Riester-Rente sogar einmalig 100 Euro »Starterprämie«!

anlage überhaupt keine Erträge bringt (ja, das gibt's auch – deshalb sollen Sie weiterlesen, welche Produkte was bieten!). Mindestens Ihre Einzahlungen und die staatlichen Zulagen sind fürs Alter bei jeder besonders zertifizierten Anlage garantiert![27] Und weil Sie Ihren Beitrag senken, erhöhen oder aussetzen können, passt sich Ihr Riester-Vertrag auch allen Wechsellagen des Lebens an.

Konkret – Füllen Sie jetzt Ihren Finanz-Rucksack mit Ihrem Riester-Proviant

Was Sie konkret vom Staat für Ihren Lebensweg mitbekommen, können Sie jetzt für sich und Ihre Familie ausrechnen (die verwendeten Angaben beziehen sich auf die Regeln ab 2008). Den Betrag stecken Sie dann in Ihren Finanz-Rucksack in die Vermögenstasche 8! Und auf geht's:

1. Sie berechnen zunächst Ihren Eigenbeitrag …

… von Ihrem letztjährigen sozialversicherungspflichtigen Bruttoeinkommen in Höhe von	________ Euro
4 % von ________ Euro	________ Euro
und ziehen davon die Grundzulage	154 Euro
und die Kinderzulage (pro Kind) ab	185 Euro
Das ergibt Ihren Eigenbeitrag für Ihre Altersvorsorge von	________ Euro

Achtung: Ihr Mindesteigenbeitrag beträgt 60 Euro!

27 Abzüglich der Kosten, was insbesondere bei Versicherungen ärgerlich ist, die oft sogar 15 Prozent Gebühr vorab kassieren. Die sind dann nämlich weg!

2. Sie addieren jetzt bitte Ihren Eigenbeitrag und die beiden Zulagen:

Mein Eigenbeitrag	________ Euro
plus Grundzulage	154 Euro
plus Kinderzulage (pro Kind)	185 Euro

Das ergibt einen Gesamtbeitrag für Ihr Riester-Sparen von ________ Euro,

den Sie in einen Riester-Vertrag einzahlen können.

Achtung: Ihr persönlicher Gesamtbeitrag ist maximal 2.100 Euro!

3. Jetzt berechnen Sie Ihren möglichen Steuerbonus:

4 % von ________ Euro Bruttoeinkommen im Vorjahr ________ Euro

multipliziert mit Ihrem Steuersatz von ____% ergibt einen Betrag von ________ Euro

Wenn dieser Betrag größer ist als die Summe aus den vom Staat erhaltenen Grund- und Kinderzulagen, erhalten Sie die Differenz als Bonus vom Fiskus.

Wenn Sie Ihre Zulagen und den Steuerbonus addieren, bekommen Sie den staatlichen Beitrag zu Ihrer Altersvorsorge.

4. Und jetzt ist Ihr Anlageberater dran:

Er berechnet Ihnen die Erträge, die Sie zu erwarten haben. Je nach dem von Ihnen gewählten zertifizierten Riester-Produkt. Sie sehen: Aus Ihren Sparleistungen für die Altersvorsorge und dem Geld vom Staat wird ein Beitrag zum Finanz-Proviant, den Sie dann im Ruhestand verbrauchen können.

4.5 Worauf Sie achten sollten

- Falls Sie vor Rentenbeginn an Ihren Riester-Finanz-Proviant ranmüssen, holt sich der Staat alle Zulagen und gewährten Steuervorteile wieder zurück. Also besser im Finanz-Rucksack lassen!
  Eine Ausnahme gibt es derzeit noch: Häuslebauer können für eine selbst genutzte Immobilie »leihweise« zwischen 10.000 und 50.000 Euro von ihrem Riester-Finanz-Proviant nehmen, ohne dass ihnen die erhaltenen Zulagen flöten gehen.
  Allerdings: Was man ausleiht, muss man auch wieder zurückgeben. Konkret: Der »entliehene Betrag« muss in monatlich gleichen Raten bis zum 65. Lebensjahr wieder einbezahlt werden. Zinsen für die »Leihzeit« müssen nicht gezahlt werden – aber eine erneute Förderung gibt´s natürlich auch nicht mehr (die gab´s ja schon beim ersten Einzahlen).
- Die letztgenannte Ausnahme könnte auch bald Vergangenheit sein: Nach einem neuen Gesetzentwurf soll es künftig die Riester-Förderung auch für den Kauf oder die Entschuldung selbst genutzten Wohneigentums geben! Offenbar ist die amtierende Große Koalition zu der Erkenntnis gelangt, dass die gesparte Miete im Alter ebenso helfen kann wie eine Zusatzrente. Es gibt aber noch einige Unklarheiten bei der Gestaltung, insbesondere im Hinblick auf die Besteuerung. Die Rentenzahlungen aus der Riester-Rente werden ja bekanntlich bei Auszahlung besteuert. Aus Ihrem Eigenheim fließt später aber keine Rente. Vorgesehen ist, die Einzahlungen und Zulagen auf einem »fiktiven Förderkonto« zu sammeln und dann später zu versteuern. Am besten, Sie warten das neue Gesetz in Ruhe ab und lassen sich dann bei Ihrer Bank oder Sparkasse dazu beraten.
- Sollten Sie im Alter vom Staat Grundsicherung als Finanz-Proviant benötigen, werden auch Ihre Riester-Ersparnisse (ebenso wie alle anderen Ersparnisse und Vermögensgegenstände) in die Vermögensbetrachtung mit einbezogen.
- Achtung: Mittlerweile gibt es die Möglichkeit eines Dauerzulagenantrages. Sie können Ihren Anbieter schriftlich bevollmächtigen, die Zulage jährlich zu beantragen. Dann müssen Sie selbst nicht mehr daran denken und nur noch Änderungen, die die Zulagenhöhe betreffen, mitteilen.

5. Die betriebliche Altersvorsorge

In diesem Kapitel ...

- ... sehen Sie ganz konkret, was Ihr Arbeitgeber zu Ihrer Altersvorsorge beitragen kann.
- ... sehen Sie ebenfalls, was der Staat durch Steuervergünstigungen während Ihrer Ansparphase noch dazugibt.
- ... bekommen Sie einen guten Überblick über die entscheidenden Vor- und Nachteile der verschiedenen Angebote in puncto betrieblicher Altersvorsorge.
- ... wird Ihnen eines klar: Nicht nur Perspektiven, Spaß und Bezahlung sind wichtig im Berufsleben, sondern auch, was Ihr Arbeitgeber für Ihre Altersvorsorge macht.

5.1 Vorteile der betrieblichen Altersvorsorge

Weiteren Finanz-Proviant bietet die betriebliche Altersvorsorge. Der Staat unterstützt Sie dabei in zweifacher Hinsicht:

1. durch Steuererleichterungen (in welcher Form, erfahren Sie, wenn wir Ihnen die verschiedenen Varianten der betrieblichen Altersvorsorge vorstellen).
2. durch Beiträge, die frei sind von Sozialabgaben. Und – das ist eine gute Nachricht und eine gute Tat der aktuell amtierenden Großen Koalition – dieser Vorteil gilt nicht nur bis 2008, wie geplant, sondern soll nun unbegrenzt gelten!

Ein weiterer Vorteil betrieblicher Altersvorsorge: Verträge, die für Gruppen von Arbeitnehmern abgeschlossen werden, sind in der Regel kostengünstiger, als wenn man für sich individuell einen Vertrag abschließt, bei dem die Kosten für Beratung, Abschluss und Verwaltung für den Einzelnen stärker zu Buche schlagen.

Nun haben Sie mindestens drei gute Gründe, Ihren Chef auf das Thema betriebliche Altersvorsorge anzusprechen!

5.2 Ihr Recht auf Entgeltumwandlung

Seit 2002 haben alle Arbeitnehmer, die in der gesetzlichen Rentenversicherung pflichtversichert sind, einen Rechtsanspruch auf eine Betriebsrente durch Entgeltumwandlung. Wenn Sie das wollen, muss Ihr Arbeitgeber Teile Ihres Gehalts in eine betriebliche Altersvorsorge zahlen!

Diese Zahlungen können beispielsweise aus Weihnachts- und Urlaubsgeld oder aber aus dem monatlichen Gehalt erfolgen.

Allerdings müssen Sie, wenn Sie von Ihrem Arbeitgeber eine Entgeltumwandlung verlangen, auch einen Mindestbetrag leisten.

Dieser beträgt im Jahr 2008 immerhin 175,88 Euro im Jahr. Seltsamer Betrag. Er entspricht den gesetzlich vorgeschriebenen 1/160 der sogenannten Bezugsgröße der Sozialversicherungen (im Jahr 2008: 29.400 Euro); diese entspricht dem Durchschnittsgehalt von vor zwei Jahren.

Aber es gibt auch einen Höchstbetrag, nämlich vier Prozent der Beitragsbemessungsgrenze der gesetzlichen Rentenversicherung (aktuell 63.600 Euro), das heißt für 2008 maximal 2.544 Euro. Hierbei handelt es sich um die westdeutschen Werte, die in diesem Fall aber für ganz Deutschland gelten. Wichtig: Ihre Ansprüche aus der Entgeltumwandlung gehören Ihnen! Wenn Sie Ihren Arbeitgeber wechseln, nehmen Sie sie mit!

Was Sie Ihrem Arbeitgeber jedoch nicht vorschreiben können, ist die Variante der betrieblichen Altersvorsorge. Die Unternehmen dürfen zwar verschiedene Formen nebeneinander anbieten. In der Regel entscheidet sich der Betrieb aber für eine. Für welche, ist seine Sache, meist haben die Beschäftigten kein Mitspracherecht. Wird gar nichts angeboten, haben Sie aber zumindest das Recht darauf, dass Ihr Arbeitgeber für Sie eine Direktversicherung abschließt.

Es gibt jedoch auch Berufsgruppen, die keinen Rechtsanspruch auf Entgeltumwandlung haben, nämlich Beamte, Richter, Soldaten und Mitglieder berufsständischer Versorgungswerke, zum Beispiel Rechtsanwälte und Ärzte.

Eine weitere Einschränkung besteht auch durch den Tarifvorbehalt. Möglicherweise wird der Tarifvertrag oder eine Betriebsvereinbarung Vorgaben zur betrieblichen Altersversorgung enthalten. Das bedeutet, wenn Sie in einem tarifgebundenen Betrieb arbeiten, stehen tarifliche Abmachungen über individuellen Absprachen. Das kann Sie in Ihrer Anlageentscheidung zwar einschränken, aber auch Vorteile bringen. Zum Beispiel gibt es Tarifverträge, die es möglich machen, dass vermögenswirksame Leistungen in Beiträge zur betrieblichen Altersvorsorge umgewandelt werden. Die Tarifbindung bedeutet aber, dass Sie nur dann tarifgebundenes Gehalt umwandeln können, wenn der Tarifvertrag es erlaubt. Außertarifliches Gehalt hingegen dürfen Sie in betriebliche Altersvorsorge umwandeln.

5.3 Fünf Töpfe im Angebot: die Direktversicherung – die Pensionskasse – der Pensionsfonds – die Unterstützungskasse – die Direktzusage

Der Gesetzgeber hat fünf sogenannte Durchführungswege der betrieblichen Altersvorsorge möglich gemacht: Direktversicherung, Pensionskasse, Pensionsfonds, Unterstützungskasse und Direktzusage. Die Unterschiede lernen Sie auf den folgenden Seiten kennen. Eines haben sie aber alle gemeinsam: Alle fünf Durchführungswege unterliegen der nachgelagerten Besteuerung – die späteren Renten müssen in voller Höhe versteuert werden.

Wie Sie schon vorher gelesen haben: Sie haben hier nicht die Qual der Wahl, weil in der Regel Ihr Arbeitgeber vorgibt, welchen Durchführungsweg, sprich welche Variante, er anbietet. Wie gesagt, Sie haben aber – auch wenn in Ihrem Betrieb keine betriebliche Altersvorsorge angeboten wird – zumindest das Recht auf Abschluss einer Direktversicherung. Deshalb fangen wir zunächst mit der Vorstellung dieser Variante an.

1. Die Direktversicherung

Wie funktioniert eine Direktversicherung?

Grundsätzlich haben Sie die Möglichkeit, die Versicherungsgesellschaft selbst zu wählen, in der Regel hat aber Ihr Arbeitgeber gesonderte Vereinbarungen mit einer Versicherung ausgehandelt. Sogenannte Gruppentarife sind dann auch für Sie von Vorteil, weil sie normalerweise kostengünstiger angeboten werden können. Ihr Arbeitgeber schließt dann für Sie eine Rentenversicherung ab, wobei er Versicherungsnehmer wird und Sie die versicherte und bezugsberechtigte Person werden, der die Leistungen aus der Versicherung zustehen. Die Überweisung der Beiträge übernimmt Ihr Arbeitgeber für Sie. Entweder aus Ihrem Gehalt oder – wenn Sie Glück haben – zahlt Ihr Arbeitgeber ganz oder zum Teil die Beiträge.

Frühestens ab dem 60. Lebensjahr können Sie sich die Leistungen aus der Direktversicherung auszahlen lassen. Die Rentenzahlungen bestehen aus einem garantierten und einem nicht garantierten Teil. Eine Prognoserechnung gibt Ihnen einen Anhaltspunkt, wie hoch der nicht garantierte Anteil der Rente ausfallen könnte.

Wie viel können Sie in die Direktversicherung einzahlen?

Sie können bis zu vier Prozent Ihres Einkommens bis zur Beitragsbemessungsgrenze (in Höhe von 63.600 Euro) steuerfrei einzahlen, im Jahr 2008 also bis zu 2.544 Euro. Bis zu dieser Höhe sind die Einzahlungen auch von Sozialabgaben befreit. Darüber hinaus können Sie weitere 1.800 Euro steuerfrei einzahlen. Die sind zwar nicht sozialabgabenfrei, aber Ihre Ansparleistung, auf die die Versicherung später Erträge an Sie auszahlt, können Sie damit nochmals erhöhen.

Wichtig zu wissen:

1. Bei einem eventuellen Arbeitsplatzwechsel kann die Versicherung in der Regel problemlos »mitwechseln«.
2. Die Bundesanstalt für Finanzdienstleistungsaufsicht (BaFin) wacht über die Anlagen der Versicherungsgesellschaften, so dass Sie ein hohes Maß an Sicherheit für Ihr Altersvorsorgekapital haben.

2. Die Pensionskasse

Wie funktioniert eine Pensionskasse?

Eigentlich ganz ähnlich wie die Direktversicherung. Es handelt sich um Versicherungsunternehmen, die von einem oder mehreren Betrieben gegründet wurden und ausschließlich für deren Mitarbeiter offen sind. Aber auch viele Lebensversicherungsgesellschaften haben seit Einführung des Altersvermögensgesetzes eigene Pensionskassen gegründet, die von allen Unternehmen bundesweit genutzt werden können. Und es gibt noch Pensionskassen, die von Arbeitgeberverbänden oder Gewerkschaften gegründet wurden und für bestimmte Branchen gedacht sind.

Der große Unterschied zur Direktversicherung besteht darin, dass der Arbeitnehmer selbst Mitglied der Pensionskasse wird.

In der Regel investieren Pensionskassen wie Lebensversicherungen relativ konservativ. Ähnlich ist auch die Aufspaltung der Rentenzahlungen in einen garantierten und einen nicht garantierten Anteil. Wobei, anders als bei der Lebensversicherung, die Pensionskassen keinen einheitlichen Garantiezins bieten; er hängt vom Anbieter ab.

Wie viel können Sie in die Pensionskasse einzahlen?

Steuer- und sozialabgabenfrei können Sie – wie bei der Direktversicherung – bis zur Beitragsbemessungsgrenze vier Prozent Ihres Einkommens durch Gehaltsumwandlung einzahlen, im Jahr 2008 also 2.544 Euro, darüber hinaus weitere 1.800 Euro pro Jahr steuerfrei.

Wichtig zu wissen:

1. Auch hier können Ihre persönlichen Ansprüche an die Pensionskasse bei einem Wechsel des Arbeitgebers mitgenommen werden.

2. Auch sämtliche Pensionskassen werden von der Bundesanstalt für Finanzdienstleistungsaufsicht (Bafin) überprüft. Eine Pensionskasse darf – wie ein Versicherungsunternehmen – zum Beispiel nur 35 Prozent des Anlagekapitals in Aktien anlegen.[28]

3. Der Pensionsfonds

Wie funktioniert ein Pensionsfonds?

Der Pensionsfonds ist die neueste Variante der betrieblichen Altersversorgung; er ist erst seit 2001 auf dem Markt. Ein wesentlicher Unterschied zur Direktversicherung oder zur Pensionskasse besteht darin, dass er seine eingezahlten Mittel freier anlegen kann als die Direktversicherung oder die Pensionskasse, nämlich zu 100 Prozent in börsennotierte Werte – rein theoretisch sogar das gesamte Kapital in Aktien. Folglich bietet ein Pensionsfonds höhere Ertragschancen, birgt aber natürlich auch mehr Risiken in sich. Attraktiv könnte diese Anlageform für jüngere Arbeitnehmer sein, da sie über eine lange Laufzeit Schwankungen am Aktienmarkt gelassener sehen können. Wobei man sagen muss, dass nicht jeder Pensionsfonds den gegebenen Anlagerahmen voll ausnutzt. Viele Anbieter orientieren sich bei der Anlage eher an den konservativer beziehungsweise sicherer anlegenden Versicherungsunternehmen.

Die garantierte Betriebsrente aus einem Pensionsfonds ist niedriger als bei der Direktversicherung oder der Pensionskasse, weil Ihnen nur der Erhalt Ihres eingezahlten Kapitals zugesichert wird. Darüber hi-

28 Dieser vergleichsweise geringe Aktienanteil mindert zum einen Ihr Risiko, zum anderen aber auch Ihre Rendite, die eben bei Aktien im Schnitt üblicherweise höher als bei anderen Anlagen ist.

naus gibt es keinen Garantiezins oder irgendeine vergleichbare Mindestertragszusage!

Wie viel können Sie in einen Pensionsfonds einzahlen?

Die steuerlich begünstigten, maximalen Sparbeträge sind die gleichen wie bei der Direktversicherung und der Pensionskasse: Steuer- und sozialabgabenfrei können bis zu vier Prozent der Beitragsbemessungsgrenze gespart werden, 2008 also 2.544 Euro – darüber hinaus, wenn gewünscht, auch hier weitere 1.800 Euro steuerfrei oben drauf.

Wichtig zu wissen:

1. Auch der Pensionsfonds kann bei Arbeitgeberwechsel »mitwechseln«.
2. Die Sicherheit eines Pensionsfonds wird zum einen durch den Pensions-Sicherungs-Verein gewährleistet – in ihn zahlt ein Pensionsfonds ein, um Ihnen mindestens Ihre eingezahlten Beiträge zu garantieren. Zum anderen unterliegen die Pensionsfonds der Aufsicht durch die Bundesanstalt für Finanzdienstleistungsaufsicht (BaFin).

4. Die Unterstützungskasse

Wie funktioniert eine Unterstützungskasse?

Rechtlich gesehen sind Unterstützungskassen eigenständige Versorgungseinrichtungen, meist in Form eines eingetragenen Vereins (e. V.) oder einer Gesellschaft mit beschränkter Haftung (GmbH). Oft gehören sie einem oder mehreren Unternehmen derselben Branche. Es gibt aber auch Versorgungswerke, die als überbetriebliche Unterstützungskasse gegründet wurden. Unterstützungskassen müssen keine Anlagevorschriften beachten und unterliegen keiner staatlichen Aufsicht; sie gewähren auf zugesagte Leistungen keinen Rechtsanspruch. Das bedeutet: Reicht das vorhandene Vermögen der Unterstützungskasse nicht zur Zahlung der Rente aus, muss der Arbeitgeber dafür geradestehen, die versprochene Rentenzahlung zu erbringen.

Zu unterscheiden sind nicht-rückgedeckte Unterstützungskassen und rückgedeckte Unterstützungskassen (welch seltsamer Begriff!). Bei den meisten Unterstützungskassen handelt es sich um *rückgedeckte* Unterstützungskassen, die zur Sicherheit Lebens- oder Rentenversicherungen abschließen, aus denen die spätere Rente dann finanziert wird.

Ein großer Vorteil der Unterstützungskasse besteht in einer hohen Gestaltungsfreiheit der Versorgungsleistungen. Eine Altersrente kann wahlweise als einmalige Kapitalabfindung oder als lebenslange monatliche Rente gezahlt werden. Auch die Ausgestaltungsmöglichkeiten für den Fall der Berufs- oder Erwerbsunfähigkeit und der Hinterbliebenenversicherung sind individuell wählbar.

Wie viel können Sie in eine Unterstützungskasse einzahlen?

Die Höhe der Einzahlungen ist nicht wie bei den drei bereits vorgestellten Varianten der betrieblichen Altersvorsorge limitiert. Sie können nahezu unbegrenzt in die Unterstützungskassen einzahlen und dabei so richtig Steuern sparen. Deshalb ist dieses Modell besonders für gut verdienende Angestellte interessant.[29] Achten Sie aber darauf: Sie können nur gleich bleibende oder steigende Beiträge (regelmäßig, mindestens einmal im Jahr) zahlen.

Wichtig zu wissen:

1. Beim Wechsel des Arbeitgebers lassen sich die Ansprüche aus Unterstützungskassen meist nur mit Schwierigkeiten übertragen, da der Fiskus in der Regel einen bestimmten Anteil bei der Übertragung einfordert.

2. Für den Fall, dass Ihr Arbeitgeber in Konkurs geht, sind Sie gut geschützt. Er muss alle Rentenansprüche über den Pensions-Sicherungs-Verein (PSV) absichern – viel Sicherheit für unsichere Unternehmenszeiten.

29 Maximal vier Prozent der Mitglieder einer Unterstützungskasse können in der Höhe unbegrenzt Altersvorsorgebeiträge steuerbefreit einzahlen, die übrigen gut 96 Prozent können einen *angemessenen* Beitrag von rund 70 Prozent ihres Jahresgehalts einzahlen.

5. Die Direktzusage

Wie funktioniert eine Direktzusage?

Bei der Direktzusage (oft auch Pensionszusage genannt) verpflichtet sich Ihr Arbeitgeber, Ihnen nach Beendigung des Arbeitsverhältnisses eine Rente zu zahlen. Träger der Versorgungsleistung ist hier das Unternehmen selbst. Es haftet dafür mit seinem Betriebsvermögen. Meistens werden die Leistungen aus betrieblichen Mitteln erbracht und durch entsprechende Rücklagen bilanziell gesichert. Sie können als Arbeitnehmer auch zusätzlich mit einzahlen und Ihre Sparsumme auf diese Weise aufbessern. Wie bei der Unterstützungskasse gibt es keine staatliche Aufsicht und keine bestimmten Anlagevorschriften. Ihr Arbeitgeber kann über die Form der Geldanlagen selbst entscheiden: Er kann die Gelder im eigenen Unternehmen investieren oder eine sogenannte Rückdeckungsversicherung abschließen, also beispielsweise das Geld in eine Lebens- oder Rentenversicherung einzahlen, die die spätere Betriebsrente dann finanziert, oder an der Börse in Aktien oder in Investmentfonds investieren. Ihr Vorteil: Der Arbeitgeber haftet auch für die späteren Rentenzahlungen in voller Höhe.

Bei der Gestaltung der Rentenzahlungen ist Ihr Arbeitgeber frei: Ob er Ihnen eine lebenslange Monatsrente, zu Rentenbeginn eine bestimmte Summe oder den Ihnen zustehenden Betrag in mehreren Jahresraten zahlt, ist allein seine Sache.

Wie viel können Sie in eine Direktzusage einzahlen?

Wie bei der Unterstützungskasse gibt es keine Obergrenzen. Außerdem genießen Sie Steuerfreiheit auf die Einzahlungen.

Wichtig zu wissen:

1. Auch hier gestaltet sich die Übertragung bei einem Arbeitsplatzwechsel schwieriger – aber nicht unmöglich. Erkundigen Sie sich nach den jeweiligen Bedingungen!

2. Ihre Versorgungsansprüche sind im Konkursfall Ihres Arbeitgebers sichergestellt. Jedes Unternehmen ist verpflichtet, die Rentenansprüche beim Pensions-Sicherungs-Verein (PSV) gegen möglichen

Konkurs abzusichern. Die Beiträge hierfür gehen selbstverständlich zu Lasten Ihres Arbeitgebers.

5.4 Worauf Sie achten sollten

- Sie sehen, das Angebot an Möglichkeiten zur betrieblichen Altersvorsorge ist richtig üppig. Es bringt Ihnen aber wahrscheinlich nicht viel, weil Sie letztlich nur selten ein »Wunschkonzert der Möglichkeiten« haben. Ihr Arbeitgeber bietet in aller Regel nicht alle denkbaren Formen der betrieblichen Altersvorsorge an. Informieren Sie sich einfach in Ihrer Personalabteilung oder beim Betriebsrat, was für Sie drin ist. Denn es gibt möglicherweise verschiedene Varianten, und darunter ist sicherlich auch die, die am besten zu Ihnen passt.

- Flexibilität und Mobilität zählen heute zu den wichtigsten Eigenschaften, die Ihnen Ihr Arbeitgeber abverlangt. Die gleichen Eigenschaften sollte dann auch umgekehrt die betriebliche Altersvorsorge mitbringen. Sonst geht für Sie wichtiger Finanz-Proviant möglicherweise verloren. Achten Sie darauf!

- Gehaltserhöhungen sind anerkennend und kaufkrafterhöhend, aber nutzen Sie Ihre guten Leistungen auch einmal dazu, Ihren Finanz-Proviant fürs Alter zu erhöhen. Das bringt Ihnen genauso viel, und Ihr Arbeitgeber kann dabei sogar Steuern und Sozialabgaben sparen!

6. Was die nachgelagerte Besteuerung für Sie bedeutet

Im Jahr 2005 wurde die stufenweise nachgelagerte Besteuerung mit einer Übergangszeit bis ins Jahr 2040 eingeführt. Das heißt für Sie, dass Ihre *Beiträge* zur Altersvorsorge in unterschiedlicher Höhe steuerfrei sind. Im Gegenzug werden die Renten*auszahlungen* in der Zukunft höher besteuert als vor der Rentenreform 2004.

Ein paar Beispiele zur Verdeutlichung:

Wer im Jahr 2008 in Rente geht, hat einen sogenannten Rentenfreibetrag in Höhe von 44 Prozent auf seine Gesamtbruttorente. Sein steuerpflichtiger Anteil beträgt folglich 56 Prozent. Kurzum: Etwas weniger als die Hälfte des Renteneinkommens ist dann steuerfrei – und das bleibt so über die gesamte Zeit des Rentenbezugs. Bei Rentenbeginn im Jahr 2022 beträgt der Freibetrag auf Ihr Renteneinkommen nur noch 18 Prozent und der steuerpflichtige Anteil dann 82 Prozent. Kurzum: Die Baby-Boomer-Generation der 60er-Jahre wird später einmal voll rangenommen.

Ihre persönlichen Steuerfreibeträge sehen Sie in der folgenden Tabelle:

Rentenbeginn	**Rentenfreibetrag**	**Steuerpflichtiger Teil der Rente**
2008	44 %	56 %
2009	42 %	58 %
2010	40 %	60 %
2011	38 %	62 %
2012	36 %	64 %
2013	34 %	66 %
2014	32 %	68 %
2015	30 %	70 %

2016	28 %	72 %
2017	26 %	74 %
2018	24 %	76 %
2019	22 %	78 %
2020	20 %	80 %
2021	19 %	81 %
2022	18 %	82 %
2023	17 %	83 %
2024	16 %	84 %
2025	15 %	85 %
2026	14 %	86 %
2027	13 %	87 %
2028	12 %	88 %
2029	11 %	89 %
2030	10 %	90 %
2031	9 %	91 %
2032	8 %	92 %
2033	7 %	93 %
2034	6 %	94 %
2035	5 %	95 %
2036	4 %	96 %
2037	3 %	97 %
2038	2 %	98 %
2039	1 %	99 %
2040	0 %	100 %

Und wie gesagt: Der einmal festgesetzte Steuerfreibetrag gilt bis zu Ihrem Lebensende Jahr für Jahr. Den sollten Sie sich also gut merken!

7. Die vermögenswirksamen Leistungen

In diesem Kapitel ...

- ... sehen Sie ganz konkret, was Ihnen Ihr Arbeitgeber (und möglicherweise auch Vater Staat) Monat für Monat obendrauf zu bieten haben.
- ... bekommen Sie einen guten Überblick über die verschiedenen Anlagemöglichkeiten der vermögenswirksamen Leistungen.
- ... können Sie gleich mal schauen, welche Anlagevariante für Sie am besten passt.
- ... wird Ihnen eines klar: Verschenken Sie kein Geld, das Ihnen zusteht!

7.1 Geld vom Arbeitgeber – und für manche zusätzlich vom Staat

Da gibt es noch ein Extra vom Chef – und viele nutzen es gar nicht! Ob Ihr Arbeitgeber Ihnen vermögenswirksame Leistungen (kurz: VL) zahlt, regelt der Tarifvertrag oder die Betriebsvereinbarung des Unternehmens, in dem Sie arbeiten. Je nach Branche liegen die gezahlten Arbeitgeberanteile zwischen knapp sieben Euro und 40 Euro; Teilzeitbeschäftigte erhalten in der Regel etwas weniger.

Der VL-Vertrag besteht aus einer sechsjährigen Ansparphase und einer Frist von höchstens einem Jahr, in der Sie das Geld auf dem Sparkonto noch »ruhen« lassen müssen.

Wenn Ihr zu versteuerndes Jahreseinkommen (Bruttoeinkommen abzüglich aller Freibeträge und Pauschalen) während dieser Zeit die Grenze von 17.900 Euro (bei Verheirateten 35.800 Euro) nicht übersteigt, gibt's je nach Sparvertrag noch einen Zuschuss vom Staat – die sogenannte Arbeitnehmersparzulage. Gefördert werden mit dieser Zulage aber nur zwei der fünf in Frage kommenden VL-Produkte:

1. Bausparverträge – mit maximal 43 Euro pro Jahr (Verheiratete maximal 86 Euro) und
2. Aktienfondssparpläne – mit maximal 72 Euro pro Jahr (Verheiratete maximal 144 Euro).

VL-Sparer, die keine Arbeitnehmersparzulage erhalten, sind – theoretisch – nicht an die rund siebenjährige Anlagedauer gebunden. In der Praxis sind viele VL-Verträge jedoch von den Banken vertraglich so gestrickt, dass diese siebenjährige Laufzeit eingehalten werden muss.

Wichtig: Wenn bei bestimmten VL-Verträgen Mindestsparbeträge gefordert werden, der Chef aber leider nicht so viel dazu beisteuert, haben Sie immer noch die Möglichkeit, aus Ihrem eigenen Einkommen den Rest aufzubringen.

7.2 Fünf Möglichkeiten, vermögenswirksamen Finanz-Proviant zu sammeln

Die hier vorgestellten Produkte werden Ihnen in Schritt 3 und 4 weiter hinten noch ausführlich vorgestellt; im Hinblick auf vermögenswirksame Leistungen erhalten Sie jetzt aber schon einmal einen kurzen Einblick in die möglichen VL-Anlageprodukte.

Zunächst die beiden Varianten, bei denen der Staat noch etwas zuschießt:

1. Der Bausparvertrag

Ein Bausparvertrag eignet sich für Ihre VL-Leistungen, wenn Sie die Absicht haben, sich den Traum von den eigenen vier Wänden zu erfüllen oder wenn Sie eine sehr sichere Geldanlage bevorzugen, bei der

Sie schon bei Vertragsabschluss wissen, welchen Betrag Sie am Ende erwarten können.

Übersteigt Ihr Einkommen die oben aufgeführten Grenzen nicht, fördert der Staat Sie mit rund neun Prozent Zulage auf die jährlichen Einzahlungen bis zu 470 Euro (also mit maximal 43 Euro). Für Verheirate gelten die doppelten Beträge.

2. Der Aktienfondssparplan

Hier haben Sie höhere Renditeaussichten als beim Bausparen, aber auch mehr Risiken. Der Wert der Aktienfonds kann schwanken oder auch ins Minus rutschen. Wie viel Geld Ihr VL-Fondssparplan am Ende der Laufzeit bringt, kann Ihnen im Voraus nicht garantiert werden.

Dafür können Sie – falls Sie innerhalb der Einkommensgrenzen liegen – mehr Arbeitnehmersparzulage einsammeln, nämlich 18 Prozent auf Ihre jährlichen Einzahlungen (bei maximal gesparten 400 Euro also immerhin 72 Euro geschenkt).[30]

Nun stellen wir Ihnen noch kurz die Varianten vor, die nicht in den Genuss einer staatlichen Förderung kommen:

3. Die Lebensversicherung

Eine Lebensversicherung können Sie wählen, wenn Ihr Gehalt über der oben genannten Einkommensgrenze liegt, Sie somit keine Förderung erhalten und Sie eine sichere VL-Anlage mit dem eingebauten Versicherungsschutz im Todesfall suchen. Ihr Vorteil: Die Hälfte der Erträge bleibt steuerfrei, wenn die Versicherung mindestens zwölf Jahre läuft und erst ab Ihrem 60. Lebensjahr ausgezahlt wird.

30 Auch hier gelten die doppelten Beträge für Verheiratete.

4. Der Banksparplan

Diese Variante ist ebenfalls geeignet, wenn Sie eine sehr sichere Anlage vorziehen, bei der Sie am Anfang schon wissen, was in ferner Zukunft einmal rauskommt. Sie birgt weniger Risiko, bietet aber auch weniger Renditechancen als ein Aktienfondssparplan.

5. Die betriebliche Altersvorsorge

Diese Anlagemöglichkeit ist sinnvoll, wenn Sie über der Einkommensgrenze liegen, aber Ihren steuerfreien Freibetrag für die betriebliche Altersvorsorge noch nicht ganz ausgeschöpft haben. Hinzu kommt die Ersparnis von Steuern und Sozialabgaben. Allerdings kommen Sie auch erst im Rentenalter in den Genuss Ihrer angesparten VL-Leistungen.

Der Vollständigkeit halber sei noch eines erwähnt:

Eine weitere – zumindest theoretische – Möglichkeit, Ihre VL »anzulegen«, haben Sie mit der (Sonder-)Tilgung Ihres Baukredites. Dazu muss Ihre Bank diese zusätzliche Tilgung jedoch akzeptieren. Wenn Sie dann noch unter der Einkommensgrenze für die staatliche Förderung liegen, erhalten Sie darauf sogar die Arbeitnehmersparzulage (maximal 43 Euro beziehungsweise Verheiratete 86 Euro).

Wenn Sie sich dann für ein VL-Produkt entschieden und den Vertrag geschlossen haben, braucht Ihr Arbeitgeber lediglich eine Ausfertigung dieses Vertrages. Dann hat er die nötigen Daten, um die Beiträge Monat für Monat automatisch auf Ihren VL-Vertrag zu überweisen.

7.3 Worauf Sie achten sollten

- Falls Sie noch kein VL-Sparer sind und nicht wissen, ob Ihr Arbeitgeber VL zahlt: Klären Sie gleich morgen ab, ob Sie einen Anspruch auf VL haben – nicht, dass Sie einen weiteren Monat auf Geld verzichten, das Ihnen zusteht!
- Wenn Sie innerhalb der Einkommensgrenzen für die Arbeitnehmersparzulage liegen, sollten Sie einen Bausparvertrag oder einen Aktienfondssparplan wählen, dann zahlt der Staat noch etwas obendrauf.
- Wenn Sie keine staatliche VL-Förderung bekommen, kann es interessant sein, die VL-Zahlungen für Ihre betriebliche Altersvorsorge zu nutzen. Ihr Vorteil: Sie zahlen dann auf die VL-Zahlungen keine Steuern und Sozialabgaben. Voraussetzung ist allerdings, dass der Tarifvertrag eine Umwandlung der VL-Leistungen in eine Betriebsrente zulässt[31].
- Beachten Sie auch, dass Sie erst im Ruhestand über das eingezahlte Geld verfügen können, wenn Sie sich für die Variante »Einzahlung in die betriebliche Altersvorsorge« entscheiden!

31 Einige Branchen (unter anderem Metall, Elektro und Chemie), die an einen Tarifvertrag gebunden sind und eine entsprechende Betriebsvereinbarung haben, sind dazu übergegangen, VL-Leistungen nur noch als AVWL (Altersvorsorgewirksame Leistungen) in betriebliche Altersvorsorgeprodukte zu überweisen (also nicht in einen Banksparplan, der auch zum Autokauf genutzt werden kann). Lesen Sie hierzu auch die Internet-Infoadressen im nächsten Kapitel.

8. Kassensturz – mit wie viel Sie von Dritten rechnen können

Schon heute reichen die Rentenbeiträge längst nicht mehr aus, um die Leistungen der gesetzlichen Rentenversicherung zu finanzieren: 78 Milliarden Euro mussten im Jahr 2007 aus Steuergeldern zugeschossen werden. Und das, obwohl immerhin knapp 20 Prozent aus dem Bruttolohn der Beschäftigten in die Rentenkassen fließen. Und in den nächsten Jahren kommt es noch heftiger. Denn zurzeit zahlen überwiegend die geburtenstarken und vergleichsweise kinderarmen Jahrgänge für die Renten der Ruheständler. Wenn erst einmal die Babyboomer in zwei Jahrzehnten in den Ruhestand gehen, gibt es noch mehr lang lebende Leistungsempfänger und noch weniger Beitragszahler in die gesetzliche Rentenversicherung. In 25 Jahren erhalten die meisten Rentner deshalb wohl nur noch rund 40 Prozent ihres letzten Bruttoeinkommens, schätzen die Experten des *Deutschen Instituts für Altersvorsorge (DIA)*.

Nur zu verständlich sind deshalb die politischen Anläufe in Deutschland für eine Versicherungspflicht für diejenigen Selbstständigen und Freiberufler, die keinen Nachweis über eine anderweitige Absicherung im Alter erbringen können. Diese Vorsorge soll in ihrer Höhe und Verlässlichkeit mit der gesetzlichen Rentenabsicherung vergleichbar sein. Das heißt, dass zum Beispiel Ärzte und Rechtsanwälte, die nicht ausreichend in ein Berufsversorgungswerk einzahlen, in Zukunft ebenso herangezogen werden sollen wie Selbstständige mit einer fehlenden oder zu gering besparten privaten Rentenversicherung. Und das mit der Begründung, dass bei einer unzureichenden Altersabsicherung ansonsten später die Gesellschaft mit Sozialhilfe einspringen muss.

Doch was haben Sie später einmal zu erwarten? Am besten, Sie machen gleich einmal einen Kassensturz und verschaffen sich den nötigen Durchblick.

1. Die gesetzliche Rente richtig einschätzen:

Eine ungefähre Vorstellung von dem, was Sie später einmal an Rente erwarten können, gibt Ihnen die sogenannte Renteninformation. Sie wird regelmäßig an alle Einzahler verschickt. Dort sind drei Zahlen von entscheidender Bedeutung (auf der unten abgebildeten Renteninformation hervorgehoben markiert):

1) Ihre monatliche Rente, wenn Sie berufsunfähig werden.
2) Ihre bislang erworbenen Rentenansprüche, die Sie beim Erreichen des Rentenalters bekommen, wenn Sie Ihre Einzahlungen heute stoppen würden.
3) Ihre Monatsrente, wenn Sie bis zum 65. beziehungsweise 67. Geburtstag unverändert weiter einzahlen.

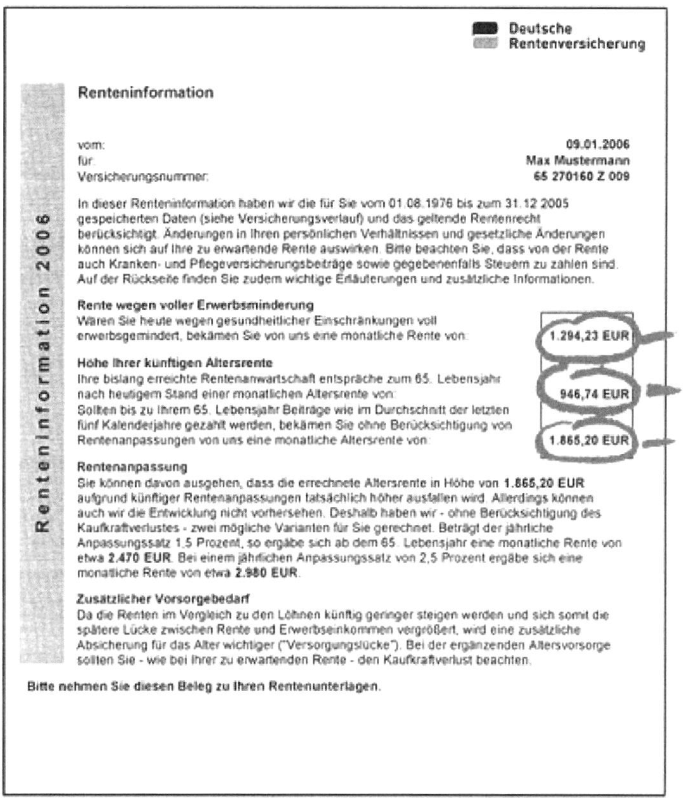

Deutsche Rentenversicherung

Renteninformation 2006

Renteninformation

vom:	**09.01.2006**
für:	**Max Mustermann**
Versicherungsnummer:	**65 270160 Z 009**

In dieser Renteninformation haben wir die für Sie vom 01.08.1976 bis zum 31.12.2005 gespeicherten Daten (siehe Versicherungsverlauf) und das geltende Rentenrecht berücksichtigt. Änderungen in Ihren persönlichen Verhältnissen und gesetzliche Änderungen können sich auf Ihre zu erwartende Rente auswirken. Bitte beachten Sie, dass von der Rente auch Kranken- und Pflegeversicherungsbeiträge sowie gegebenenfalls Steuern zu zahlen sind. Auf der Rückseite finden Sie zudem wichtige Erläuterungen und zusätzliche Informationen.

Rente wegen voller Erwerbsminderung
Wären Sie heute wegen gesundheitlicher Einschränkungen voll erwerbsgemindert, bekämen Sie von uns eine monatliche Rente von: **1.294,23 EUR**

Höhe Ihrer künftigen Altersrente
Ihre bislang erreichte Rentenanwartschaft entspräche zum 65. Lebensjahr nach heutigem Stand einer monatlichen Altersrente von: **946,74 EUR**
Sollten bis zu Ihrem 65. Lebensjahr Beiträge wie im Durchschnitt der letzten fünf Kalenderjahre gezahlt werden, bekämen Sie ohne Berücksichtigung von Rentenanpassungen von uns eine monatliche Altersrente von: **1.865,20 EUR**

Rentenanpassung
Sie können davon ausgehen, dass die errechnete Altersrente in Höhe von **1.865,20 EUR** aufgrund künftiger Rentenanpassungen tatsächlich höher ausfallen wird. Allerdings können auch wir die Entwicklung nicht vorhersehen. Deshalb haben wir - ohne Berücksichtigung des Kaufkraftverlustes - zwei mögliche Varianten für Sie gerechnet. Beträgt der jährliche Anpassungssatz 1,5 Prozent, so ergäbe sich ab dem 65. Lebensjahr eine monatliche Rente von etwa **2.470 EUR**. Bei einem jährlichen Anpassungssatz von 2,5 Prozent ergäbe sich eine monatliche Rente von etwa **2.980 EUR**.

Zusätzlicher Vorsorgebedarf
Da die Renten im Vergleich zu den Löhnen künftig geringer steigen werden und sich somit die spätere Lücke zwischen Rente und Erwerbseinkommen vergrößert, wird eine zusätzliche Absicherung für das Alter wichtiger ("Versorgungslücke"). Bei der ergänzenden Altersvorsorge sollten Sie - wie bei Ihrer zu erwartenden Rente - den Kaufkraftverlust beachten.

Bitte nehmen Sie diesen Beleg zu Ihren Rentenunterlagen.

Wichtige Zahlen aus Ihrer Renteninformation

Orientieren Sie sich wie in unserem Beispiel »Lara Maier« (die haben Sie bereits oben beim Riestern kennengelernt) zunächst einmal an der dritten Zahl aus der Renteninformation, und tragen Sie Ihren persönlichen »Rentenerwartungswert« in die weiter unten abgebildete Kassensturz-Übersicht ein.

2. Die Zahlungen aus der betrieblichen Altersvorsorge und aus Riester- oder Rürup-Verträgen ermitteln:

Lara Maier trägt hier ihre Riester-Ersparnisse und die Erträge aus einer von ihr und ihrem Arbeitgeber besparten Rentenversicherung ein. Oft wird ein Teil des Jahresgehalts (zum Beispiel Urlaubs-, Weihnachtsgeld oder Sonderzahlungen) in eine betriebliche Altersvorsorge »umgewandelt«.

Finanzrucksacktasche	Position	Produktname / Anbieter	Zu erwartendes angespartes Vermögen bei Ablauf (in Euro)	Jährliche Eigenleistung / jährliche staatliche Zulagen in der Ansparphase	Jährliche Rente (in Euro)
8 Vermögenstasche	1 Riester Investmentdepot	Riester BonusProfiRente / X-Bank	53.434 [1]	861 / 154+185 [2]	3.707
	2 Rentenversicherung (betriebliche Altersvorsorge)	Y-Versicherung	108.505	Werden vom Arbeitgeber als Gehaltserhöhung übernommen / Beiträge aus Bruttolohn abgezweigt - bis 2544 Euro keine Lohnsteuer	4.868
	3 Gesetzliche Rente	Gesetzliche Jahresrente der deutschen Rentenversicherung	Kein Kapitalbildungsverfahren, sondern Beitragsumlageverfahren		9.000 (siehe Renteninformation)
Kassensturz: Jährliche Einnahmen in Höhe von:					17.575

1) Berechnet wurde ein 20 Jahre laufender Sparplan von 1.200 Euro jährlicher Sparleistung. Unterstellt wurde, dass sich das Aktienvermögen während der Ansparphase wie der MSCI-Weltaktien-Index zwischen 1988 und 2008 entwickelt.

2) Das Riester-Sparbeispiel entspricht der Sparleistung und den Angaben aus dem Beispiel »Lara Maier« auf der Seite 130

Die Kassensturz-Übersicht zur Altersvorsorge von Lara Maier

Ein anderes Beispiel: Ein 40-jähriger Arbeitnehmer zahlt jährlich 1.500 Euro in eine Pensionskasse ein. Dort wird sein Erspartes überwiegend in sichere Anleihen (mehr dazu weiter hinten in Schritt 3, Kapitel 1, Seiten 166 ff.) und zu einem geringeren Teil in Aktien (auch dazu mehr in Schritt 4, Kapitel 1, Seiten 217 ff.) angelegt. Mit 67 bekommt er dann zum Beispiel »garantierte« 52.600 Euro – konkurssicher und unabhängig von Arbeitsplatz- oder Branchenwechsel. Bei einer durchschnittlichen Rendite von fünf bis acht Prozent können daraus durchaus auch 75.000 Euro werden. Das ergibt im Alter dann für ihn mindestens 300 Euro monatliche beziehungsweise 3.600 Euro jährliche Zusatzrente.

Sie merken schnell: Je weniger Zeit Ihnen bis zum Ruhestand verbleibt, desto mehr Geld muss monatlich für eine Zusatzrente abgezweigt werden, um auch im Alter genug Finanz-Proviant im Rucksack zu haben. Aber zu spät ist es eigentlich nie. Es ist sogar in höherem Alter sinnvoll, betriebliche und staatliche Fördermittel zu nutzen, um die jährliche Eigenleistung aufzustocken.

Nach diesem Muster können Sie jetzt Ihre eigene Kassensturz-Übersicht machen. In diese werden selbstverständlich auch die jeweiligen (Teil-)Leistungen beziehungsweise Zuschüsse Ihres Arbeitgebers bei den jährlichen Einzahlungen eingetragen, um einen klaren Blick dafür zu bekommen, was Sie Ihrem Chef so wert sind.

Jetzt können Sie in Schritt 3 und 4 noch die passenden Geldanlagen für die Vermögenstasche in Ihrem eigenen Finanz-Rucksack finden. Bitte denken Sie daran: Viele Angebote zum Vermögensaufbau sind nicht mehr als eine schicke Verpackung mit einem schlechten Inhalt (an denen sich oft die freundlichen Finanzberater, Vermittler und Investmentmanager ein »goldenes Näschen« verdienen). Sie sollten niemandem im Produkte-Dschungel bei der Zusammenstellung Ihres Finanz-Proviants ungeprüft vertrauen – es geht schließlich um Ihre Sicherheit in unsicheren Zeiten!

Hier noch eine kleine Übersicht über die wichtigsten branchenweiten Angebote von Unternehmen und Organisationen in puncto Altersvorsorge:

Branche	**Produktname**	**Internetadresse**
Metall-, Elektro-, Textil- und Holzindustrie	MetallRente	www.metallrente.de
Bergbau, Energie- und chemische Industrie	Chemie-Pensions-fonds	www.chemiepen-sionsfonds.de
Bau-, Agrar- und Umweltindustrie	BauRente	www.soka-bau.de
Hotellerie und Gastro-nomie	hogarente	www.hogarente.de
Papier, Druck und Medien	ZukunftsFonds	www.zukunfts-fonds-medien-druck-papier.de
Ernährungs- und Ge-nuss warenindustrie	Pensionskasse	www.p-eg.de

3

WAS IHNEN DER PRODUKTE-DSCHUNGEL FÜR IHREN FINANZ-RUCKSACK BIETET, WENN SIE SICHEREN UND VERLÄSSLICHEN FINANZ-PROVIANT BRAUCHEN

Das Neueste gleich zum Start: die Abgeltungssteuer ab 2009

Sie haben es bestimmt schon mitbekommen: In Sachen Besteuerung von Kapitaleinnahmen ändert sich ab 2009 etwas. Was heißt das konkret für Sie?

Es werden ab 2009 für Kapitalerträge wie Zinsen, Dividenden und Kursgewinne pauschal 25 Prozent Steuer zuzüglich Solidaritätszuschlag und Kirchensteuer von den Banken einbehalten und direkt an das Finanzamt überwiesen. Es bleibt Ihnen aber ein sogenannter Sparerpauschbetrag in Höhe von 801 Euro für Ledige und 1.602 Euro für Ehepaare. Das bedeutet: Zinsen, Dividenden und Kursgewinne bleiben bis zu diesem Sparerpauschbetrag steuerfrei. Der Sparerpauschbetrag entspricht in der Höhe dem Maximalbetrag des seitherigen Freistellungsauftrages (750 Euro Sparerfreibetrag und 51 Euro Werbungskostenpauschbetrag). Allerdings konnten bislang auch höhere Werbungskosten (zum Beispiel Depotgebühren) geltend gemacht werden. Diese Möglichkeit entfällt ab 2009, da die Werbungskosten bereits im Sparerpauschbetrag inbegriffen sind.

Vorteilhaft wird die neue Abgeltungssteuer für Sparer, die hauptsächlich Zinseinkünfte und einen persönlichen Einkommensteuersatz haben, der über 25 Prozent liegt. Sie zahlen ab 2009 weniger Steuern auf ihre Zinserträge als bislang, als ihre Zinserträge oberhalb des Sparerfreibetrages mit dem persönlichen Steuersatz belastet wurden. Sparer, die einen persönlichen Steuersatz unter 25 Prozent haben, können sich ihre zu viel gezahlte Steuer auch künftig im Rahmen der Einkommensteuerveranlagung wieder zurückerstatten lassen.

Einen Nachteil durch die neue Abgeltungssteuer haben diejenigen, die mit Aktienanlagen oder Aktienfonds von steuerfreien Kursgewinnen profitieren wollen. Bislang sind Kursgewinne steuerfrei, wenn die Wertpapiere mindestens ein Jahr im Wertpapierdepot liegen oder die Kursgewinne einen Betrag von 512 Euro pro Jahr nicht übersteigen. Für ab 2009 gekaufte Aktien und Fonds fallen dann die Kursgewinne unter die Abgeltungssteuer – egal, wie lange die Wertpapiere gehalten wurden – und werden mit 25 Prozent Steuer belastet (zuzüglich Solidaritätszuschlag und Kirchensteuer). Außerdem gilt ab 2009 das Halbeinkünfteverfahren nicht mehr. Dividenden werden künftig voll besteuert (und nicht mehr nur zur Hälfte). Dafür gibt es im Gegenzug ein kleines Trostpflaster: Mit der Reform soll der Körperschaftsteuersatz von 25 auf 15 Prozent gesenkt werden – deshalb könnten die Dividenden künftig höher ausfallen.

Wichtig: Dies gilt nur für Wertpapiere, die ab 2009 gekauft werden. Wer noch im Jahr 2008 investiert, muss nur die Spekulationsfrist von einem Jahr einhalten, um sich für diese Anlagen noch die Steuerfreiheit der Kursgewinne zu sichern. Wir werden bei den einzelnen Anlagemöglichkeiten später immer wieder auf das Thema Abgeltungssteuer zurückkommen, soweit diese davon berührt werden.

1. Bundeswertpapiere, Sparpläne und Anleihen – Safety first

In diesem Kapitel ...

- ... erkennen Sie, dass Sie mit sicheren Anlagen eine gute Grundlage für Ihre Altersvorsorge in unsicheren Zeiten schaffen können.
- ... bekommen Sie einen guten Überblick über und Einblick in die verschiedenen Möglichkeiten zur sicheren Anlage Ihres Finanz-Proviants.
- ... können Sie nicht nur lernen, was Sie mit Ihrem Geld tun sollten, sondern auch, was nicht.
- ... wird Ihnen eines klar: Es geht nicht darum, die optimale Geldanlage aus dem reichhaltigen Angebot zu finden. Es geht um den optimalen Mix aus Anlagen, der zu Ihrer Tour durchs Leben passen muss.

1.1 Warum Sicherheit für Ihre Altersvorsorge so wichtig ist

Ganz einfach: Weil Sie spätestens dann, wenn Sie im Rentenalter in die Nutzungsphase Ihres angesammelten Vermögens kommen, eine ganz sichere Kalkulationsbasis brauchen. Kapitalerhalt und Inflationsschutz haben dann Vorrang vor hohen Renditen. Es bleibt Ihnen später keine Zeit mehr, zum Beispiel niedrige Aktienkurse und Wertverluste auszusitzen beziehungsweise wieder aufzuholen. Sie sollten einerseits darauf bauen können, dass Ihr Vermögen Ihnen im Alter Ihren Lebensstandard (und möglicherweise auch die Pflegekosten und mehr) möglichst lange sichert – und eine Lebenserwartung von 90 Jahren ist morgen keine Seltenheit mehr. Das heißt, Ihr Schwerpunkt bei den Geldanlagen sollte auf Wertpapieren oder Anlageprodukten liegen, die Ihnen über einen bestimmten Zeitraum (zum Beispiel zwischen dem 65. und dem 90. Lebensjahr über 25 Jahre hinweg) einen fest einplanbaren Geldbetrag sicher liefern – bei möglichst keinem oder geringem Risiko. Auf diesen Finanz-Proviant müssen Sie immer bauen können.

Andererseits muss eine Geldanlage natürlich auch zu Ihrer persönlichen Risikobereitschaft passen. Sind Sie nicht bereit, größere Kursschwankungen zugunsten einer höheren Rendite in Kauf zu nehmen, sollten Sie sich überwiegend in den im Folgenden genannten Anlageprodukten tummeln.

1.2 Setzen Sie auf Deutschland: Bundesschatzbriefe – Finanzierungsschätze – Bundesobligationen und Bundesanleihen

Bei den folgenden Bundeswertpapieren handelt es sich um sehr sichere Anlagen. Die Bundesrepublik Deutschland haftet als Schuldner. Selbst wenn Ihnen die Staatsverschuldung in Deutschland, die Inflation oder die Stabilität unserer Euro-Währung problematisch erscheinen – die Bundesrepublik genießt international immer noch das beste Rating für ihre Kreditwürdigkeit als verlässlicher Schuldner, und die von ihr gezahlten Zinsen sind ein guter Inflationsschutz! Und wenn Sie davon ausgehen, dass Sie auch Ihre Rente einmal überwiegend in Europa ausgeben werden, dann sind Dollarkurs und Co. für Sie ohne große Bedeutung.

1. Bundesschatzbriefe

Bei den Bundesschatzbriefen gibt es zwei Typen:

1. Typ A mit sechs Jahren Laufzeit und jährlicher Zinszahlung.
2. Typ B mit sieben Jahren Laufzeit und Zinsansammlung über die gesamte Laufzeit. Das bedeutet: Bei Typ B bekommen Sie erst am Ende der Laufzeit alle Zinsen auf einmal gutgeschrieben – und diese belasten dann als große Summe Ihren Sparerfreibetrag!

Deshalb ist es steuerlich möglicherweise für Sie günstiger, Typ A mit jährlicher Zinszahlung zu wählen, zum Beispiel, wenn Sie bei jährlicher Zinszahlung Ihren Sparerpauschbetrag nicht überlasten. Aber Achtung: neue Abgeltungssteuer ab 2009! Wenn Sie einen hohen persönlichen Steuersatz haben und bald in Ruhestand gehen wollen, lohnt es sich möglicherweise, die Zinserträge auf die Zeit nach 2008 zu verschieben – zum Beispiel mit dem Bundesschatzbrief Typ B.

Bei beiden Typen gleich ist die im Voraus festgelegte, steigende Verzinsung. Dadurch wissen Sie schon vorab, wie hoch die Rendite ist, wenn Sie die Papiere bis zum Ende der Laufzeit behalten. Sie haben damit nicht nur eine sichere Rendite, sondern auch noch eine interessante Flexibilität: Wenn Sie Ihre »Schätze« überhaupt bis zum Ende behalten – denn das ist ein spezieller Vorteil der Bundesschatzbriefe –, können Sie schon nach einem Jahr innerhalb von 30 Tagen pro Person immerhin 5.000 Euro vorzeitig zurückfordern, sprich: Bares holen – und das ohne Kursrisiko! Das ist nicht nur vorteilhaft, wenn Sie mal schnell Geld brauchen. Auch in Zeiten steigender Zinsen können Sie Ihre vergleichsweise schlechter verzinsten »alten Schätze« sukzessive loswerden und in neue, höher verzinste, umtauschen. Wie gesagt – ohne Kursrisiko.

Die Mindestanlage beträgt 52 Euro. Mit dieser Mindestanlagesumme können Sie auch einen regelmäßigen monatlichen Sparplan abschließen. Allerdings: Da regelmäßig neue Schatzbriefe vom Bund aufgelegt werden, haben Sie dann am Ende viele sogenannte »Serien« im Depot, die dann wiederum in kleinen Summen fällig werden – also ein kleiner, regelmäßiger Finanz-Proviant, der tröpfchenweise fließt.

2. Finanzierungsschätze

Finanzierungsschätze sind etwas für Menschen, die sich nicht lange binden wollen. Sie haben nur eine kurze Laufzeit, nämlich ein oder zwei Jahre. Sie kaufen Sie abgezinst. Das bedeutet, Sie zahlen beim Kauf weniger als 100 Prozent und bekommen am Ende der Laufzeit die vollen 100 Prozent zurückgezahlt. Die Differenz ist dann Ihr Zinsertrag. Die Mindestanlage beträgt 500 Euro. Im Gegensatz zu den Bundesschatzbriefen können Sie nicht vor Ende der Laufzeit an Ihr Geld kommen.

3. Bundesobligationen und Bundesanleihen

Die beiden nächsten Kandidaten für Ihr Geld hält man in der Regel schon etwas länger im Depot: Bundesobligationen haben eine Laufzeit von fünf Jahren, Bundesanleihen sogar von zehn Jahren oder 30 Jahren. Beide Papiere werden an der Börse gehandelt. Sie sind somit auch vor Ende der Laufzeit – börsentäglich – zum jeweiligen aktuellen Kurswert veräußerbar (der über oder unter dem Kaufkurs liegen kann, zu dem Sie Ihr Geld einmal angelegt haben). Der Zinssatz steht von vornherein fest und bleibt über die gesamte Laufzeit gleich. Im Gegensatz zu den Bundesschatzbriefen und den Finanzierungsschätzen (die ja beide nicht an der Börse gehandelt werden) bestehen bei Bundesobligationen und Bundesanleihen Kursrisiken während der gesamten Laufzeit. Wenn Sie jedoch nicht auf einen vorzeitigen Verkauf angewiesen sind, können Sie die Kursverluste einfach aussitzen. Am Ende der Laufzeit ist Ihnen dann die Rückzahlung zu 100 Prozent sicher.

Unser Tipp für Proviant-Hamster: Wenn Sie den Service einer Bank nicht brauchen, können Sie die Bundeswertpapiere auch direkt bei der

Deutschen Finanzagentur GmbH telefonisch oder per Internet kaufen und lagern. Dazu brauchen Sie ein sogenanntes Schuldbuch, das gebührenfrei geführt wird. Sie können den Eröffnungsantrag unter www.deutsche-Finanzagentur.de herunterladen oder den Antrag telefonisch unter 0800 2225510 bestellen. Ihre Unterschrift auf dem Eröffnungsantrag bestätigt Ihnen dann Ihre Bank (nicht gerade gerne, denn die will Ihre Wertpapiere lieber gegen Gebühr in ihren Depots verwalten).

1.3 Von Sparstrümpfen, Sparplänen und Sparbriefen

Im Folgenden wollen wir Ihnen nicht ernsthaft einen Sparstrumpf ans Herz (oder unter der Matratze) legen, sondern Ihnen eine weitere risikolose Möglichkeit der sicheren Geldanlage für unsichere Zeiten aufzeigen: mit den Sparprodukten der Banken und Sparkassen. Diese bieten zahlreiche Produkte an, ob Sie nun monatlich regelmäßig ein bisschen, auf einmal einen größeren Betrag oder eine bestimmte Summe für eine bestimmte Zeit (ohne vorzeitige Kündigungsmöglichkeit) anlegen können.

1. Sparpläne

Fast jede Bank und Sparkasse hat Ratensparpläne in den vielfältigsten Varianten im Angebot. Meistens können Sie schon mit einem monatlichen Betrag von 25 Euro einen Sparplan abschließen. Zu unterscheiden sind Sparpläne, die eine feste, über Jahre gleich bleibende Verzinsung haben, und Sparpläne mit einer variablen, immer wieder wechselnden Verzinsung.

Obendrauf kommen dann noch – je nach Laufzeit – Prämien oder Boni. Bei der festen Grundverzinsung über die gesamte Anlage- oder Sparzeit haben Sie eine ganz sichere Kalkulationsbasis, was Ihnen Ihr Sparplan am Ende der Laufzeit bringen wird. Aber auch bei Sparplänen mit variabler Verzinsung lässt sich die Endsumme am Ende der Laufzeit immer noch leichter abschätzen als beispielsweise bei einem Fondssparplan (dazu kommen wir später noch). Denn nach einem Urteil des Bundesgerichtshofs (BGH, Az. XI ZR 140/03) müssen die Banken bei Sparplänen mit variabler Verzinsung oder variablen Bonuszahlungen eine Bezugsgröße für die jeweilige Zinsanpassung nennen. Das könnte zum Beispiel ein Geldmarktzinssatz sein wie der sogenannte *Euribor* der Europäischen Zentralbank (EZB). Der *Euribor* zeigt, zu welchen Zinssätzen sich Banken untereinander Geld leihen. Eine alternative Bezugsgröße ist die Umlaufrendite, die das Zinsniveau von längerfristigen Wertpapieren wiedergibt.

Wichtig ist auch abzuklären, welche Verfügungs- oder Kündigungsmöglichkeiten Sie haben. Denn ein vorzeitiger Ausstieg kann zum Beispiel dann sinnvoll sein, wenn die Zinsen wieder ansteigen und Sie vor einiger Zeit einen Sparplan mit fester Verzinsung auf relativ niedrigem Zinsniveau abgeschlossen haben. Logisch, dass Sie Ihr Geld jetzt gerne in einen höherverzinslichen Sparplan anlegen würden. Und dann gibt es ja noch den unvorhersehbaren Fall, dass Sie, zum Beispiel in einer Notlage, Ihr Geld vorzeitig für andere Zwecke brauchen.

2. Einmalanlagen mit vorzeitiger Verfügbarkeit

Es gibt auch Sparprodukte, bei denen Sie nach einer bestimmten Sperrfrist (zum Beispiel neun Monate) mit einer bestimmten Kündigungsfrist (meistens drei Monate) vor Ablauf eines Sparvertrages darüber verfügen können – im oben genannten Fall also nach einem Jahr. (Klar, Sie müssen beide Fristen addieren, dann erst gibt's Ihr Geld zurück.)

Ob Sie nur einmalig verfügen oder beispielsweise wie bei einem Sparbuch monatlich 2.000 Euro abheben können, ob Sie einen bestimmten Sockelbetrag dauernd stehen lassen müssen oder nicht – wenn Sie auf Flexibilität Wert legen, müssen Sie bei Ihrem Bankberater oder im Internet konkret abklären, wie flexibel Ihr Sparvertrag ist.

3. Sparbriefe

Sparbriefe sind in Deutschland und Österreich die beliebteste Form der Einmalanlagen ohne vorzeitige Kündigungsmöglichkeit. Letzteres klingt zunächst nach einem großen Nachteil. Aber wenn Sie sich ganz sicher sind, dass Sie eine bestimmte Summe für eine ganz bestimmte Zeit wirklich nicht brauchen, bekommen Sie in der Regel auch einen höheren Zinssatz auf Ihre Anlage. Der Verzicht auf Flexibilität muss sich in einer höheren Rendite auszahlen!

Sparbriefe gibt es meist ab einer Laufzeit von einem Jahr. Wichtig: Wenn Sie sich für eine längerfristige Variante entscheiden, vergessen Sie nicht: Ihr Kapital ist wirklich fest gebunden. Falls Sie also doch unerwartet und vorzeitig auf Ihr Geld zurückgreifen müssen, bleibt Ihnen bei einem langfristigen Sparvertrag oft nur die Möglichkeit der sogenannten Beleihung. Das heißt, dass Sie einen Kredit aufnehmen, um wieder »flüssig« zu werden – und Ihr Sparbrief dient der Bank als Sicherheit für den Kredit. Ein schlechter Deal, da Sie dann bei unverändertem Zinsniveau mehr Zinsen zahlen müssen, als Sie für den Sparbrief bekommen.

Bei Sparbriefen steht der Zinssatz von vornherein fest und bleibt für die gesamte Laufzeit gleich; Sie haben also eine feste Kalkulationsbasis für Ihre Zinseinnahmen.

Fazit: Die vorgestellten Sparprodukte der Banken und Sparkassen eignen sich für Anleger, denen die maximale Sicherheit wichtiger ist als die Rendite – und die zudem kostenbewusst sind. Denn in der Regel fallen für Abschluss und Kontoführung bei den Sparprodukten keine Gebühren an.

1.4 Der Vollständigkeit halber – die Liquiditätskonten

Kurz erwähnen wollen wir noch drei Bankprodukte, die für die Altersvorsorge weniger geeignet sind, aber dafür zum flexiblen Ansammeln von Geldern:

1. das Sparbuch,
2. das Tagesgeldkonto und
3. das Festgeldkonto.

Das »normale« Sparbuch verliert immer mehr an Bedeutung. Es ist zwar eine bequeme und sichere Geldanlagemöglichkeit, aber ein Tagesgeldkonto ist in der Regel höher verzinst und flexibler. Und das Sparbuch hat ein weiteres Problem: Sie können ungekündigt nur 2.000 Euro innerhalb von 30 Tagen vorschusszinsfrei abheben (das heißt ohne rückwirkenden Zinsverlust). Wenn Sie höhere Beträge ohne diesen Zinsverlust abheben wollen, sollten Sie drei Monate vorher kündigen.

Über Ihr Tagesgeld können Sie dagegen jederzeit verfügen und bekommen noch dazu meistens eine bessere Verzinsung (in der Regel variabel). Deshalb ist es unter Umständen interessant, bei guter Verzinsung des Tagesgeldkontos dort Gelder vorübergehend anzulegen, um sie später bei günstiger Gelegenheit in höher rentierliche Anlagen umzuschichten. Oder Sie sammeln das Geld auf dem Tagesgeldkonto, bis Sie eine bestimmte Summe erreicht haben, und schichten dann um. Auch für Ihre Liquiditätsreserve, die Sie sich sinnvollerweise für Unvorhergesehenes halten, ist ein Tagesgeldkonto gut geeignet. In der Regel sind Eröffnung und Kontoführung kostenlos.

Aufgepasst: Oftmals unterhalten diejenigen Banken, die Top-Konditionen für Tagesgelder bieten, kein Filialnetz. Das bedeutet, dass Sie immer per Telefon oder Computer agieren müssen. (Viel Spaß beim »Wenn Sie 1.000 Euro anlegen wollen, drücken Sie bitte die 1, wenn Sie …«.) Zudem verlangen manche Banken auch bestimmte Mindestanlagesummen für die von ihnen angepriesenen Top-Zinsen. Und wenn Sie wie Dagobert Duck voll auf einen Top-Zins anspringen, dann limitieren viele auch noch den Anlagebetrag nach oben – man will Sie eben nicht wirklich reich machen, sondern eigentlich nur anlocken!

Und noch eines: Ihr Geld ist auf einem Tagesgeldkonto sicher. Der Einlagensicherungsfonds des Bundesverbandes deutscher Banken und die Sicherungssysteme der Sparkassen und Genossenschaftsbanken garantieren, dass Privatanleger im Falle einer Bankpleite keinen Verlust erleiden. Ein paar Ausnahmebanken gibt es, die nur der gesetzlichen Einlagensicherung angehören. Es würden dann im Ernstfall nur 90 Prozent der Anlagesumme, maximal 20.000 Euro, erstattet. Diese Maximalsumme gilt übrigens auch für Anlagen auf Konten österreichischer, niederländischer und luxemburgischer Banken. Beträge darüber hinaus würden bei einer Bankpleite dort nicht (oder nicht komplett) erstattet – also auch nichts für Dagobert Duck!

Ein Festgeldkonto ist weniger flexibel, dafür werden die Zinsen für die vereinbarte Laufzeit festgeschrieben, was je nach Zinsentwicklung ein Vor- oder Nachteil sein kann. Bei sinkenden Zinsen ist es gut, bei tendenziell steigenden Zinsen schlecht!

Festgelder gibt es meistens ab einer Anlagedauer von 30 Tagen. Haben Sie diese Laufzeit gewählt, werden Ihnen die Zinsen beispielsweise nach 30 Tagen gutgeschrieben und bei einer eventuellen Verlängerung des Festgeldes mitverzinst. Sie haben hier also den Nutzen des Zinseszinseffekts. Es ist aber auch die Variante möglich, dass Sie sich die Zinsen laufend auf ein Girokonto gutschreiben lassen und nur jeweils den Anlagebetrag auf dem Festgeldkonto verlängern. Dann haben Sie zwar keinen Zinseszinseffekt, dafür aber monatlich zusätzlich etwas mehr zum Ausgeben in Ihrer Konsumtasche.

Auch im Hinblick auf »krumme« Laufzeiten ist ein Festgeldkonto flexibel. Wenn Sie also heute schon wissen, dass Sie am 4. Oktober in diesem Jahr eine bestimmte Summe benötigen, können Sie den Betrag von vornherein auf dieses Datum terminieren, egal, ob das dann schöne 90 Tage (beziehungsweise glatte drei Monate) oder »krumme« 97 Tage sind.

1.5 Anleihen

Was ist eine Anleihe? Im Grunde schließen Sie das gleiche Geschäft ab, wie wenn Sie ein Sparbuch bei einer Bank eröffnen. Sie leihen jemandem Geld und werden dadurch zu seinem Gläubiger. Allerdings ist der Schuldner möglicherweise keine Bank (wie bei einem Sparbuch), sondern vielleicht die Bundesrepublik Deutschland (zum Beispiel bei einer Bundesanleihe), ein Unternehmen (wie bei einer Unternehmensanleihe oder neudeutsch: Corporate Bond), eine Hypothekenbank (beim Pfandbrief) oder vielleicht doch Ihre Hausbank, die selber Anleihen ausgibt (eine sogenannte Bankschuldverschreibung).

Ein großer Unterschied zum Sparbuch oder zum Sparbrief besteht darin, dass Anleihen an einer Börse gehandelt werden. Die Kursnotierung erfolgt in Prozent des Nennwertes (immer bezogen auf den vollen Wert in Höhe von 100 Prozent). Zu diesem sogenannten Nennwert von 100 Prozent wird die Anleihe später einmal zu dem im Voraus festgelegten Rückzahlungstermin zurückgezahlt. Für Ihr angelegtes Geld erhalten Sie einen in der Regel festen Nominalzinssatz über die ganze Laufzeit. Oft hören Sie auch den gleichbedeutenden Begriff »Rentenpapiere« für die Anleihen. Das bedeutet nicht, dass diese ausschließlich dafür bestimmt sind, Ihre Rente im Alter aufzustocken. Damit sind die regelmäßigen, festen Zinszahlungen gemeint, die einen rentenähnlichen Charakter haben.

Weshalb viele Arten von Anleihen aber trotzdem eine solide Basis für Ihre private Zusatzrente sind, erklären wir Ihnen jetzt: Spätestens wenn es auf das Rentenalter zugeht, sollte man den Schwerpunkt seiner Anlagen auf sehr sichere Werte legen. Sie wollen schließlich eine sichere Kalkulationsbasis haben, mit der Sie Ihr Leben bestreiten können.

Wie sicher sind nun Anleihen? Oder – anders gefragt – bergen sie nicht auch bestimmte Risiken in sich?

Zum einen haben Sie ein Rückzahlungsrisiko. Je nach Bonität des Anleihenschuldners (also des sogenannten Emittenten, der mit seiner Wirtschaftskraft hinter einer Anleihe steht) kann das Risiko recht groß sein. Zum Beispiel, wenn der Emittent ein Unternehmen ist, das wirtschaftlich nicht gerade floriert, dafür aber bereit ist, an seine Gläubiger (damit sind Sie gemeint!) überdurchschnittlich hohe Zinsen zu zahlen. Oder nehmen Sie eine Staatsanleihe eines Schwellenlandes mit Geldsorgen: Hätten Sie dabei nicht auch das Gefühl, ein höheres Risiko einzugehen, als wenn Sie eine deutsche Bundesanleihe kaufen? Damit Sie sich bei Ihrer Entscheidung nicht nur auf Ihr Gefühl (oder auf Ihre Zins-Gier) verlassen müssen, gibt es international anerkannte Ratings, zum Beispiel von den Ratingspezialisten *Moody's* oder *Standard & Poor's*.

Die folgende Tabelle verdeutlicht Ihnen den Zusammenhang von Risikoeinschätzung (messbar durch Ratingnoten) und damit einhergehender Ausfallwahrscheinlichkeit: Ein AAA-Rating (neudeutsch: *Triple-A-Rating*) signalisiert Ihnen, dass die Experten der Ratingagentur Standard & Poor's (kurz: S&P) davon ausgehen, dass ein bestimmter Anleihenschuldner mit 99,9-prozentiger Wahrscheinlichkeit seinen Zins- und Rückzahlungsverpflichtungen nachkommen wird. Eine mit CCC eingestufte Anleihe ist dagegen als hochspekulativ einzuschätzen, da Zahlungsverzug droht oder bereits eingetreten ist.

	Externe Ratings	
Ausfallwahrscheinlichkeit in Promille	**S&P**	**Moody's**
1	AAA	Aaa
2	AA+	Aa1
3	AA	Aa2
4	AA–	Aa3
5	A+	A1
7	A	A2
8	A–	A3
12	BBB+	Baa1
17		Baa2

30 40 60	BBB BBB– BB+	Baa3
90 130 200	 BB BB–	Ba1 Ba2
300 440 670	B+ B	Ba3 B1 B2
1.000	B– bis CCC	B3

Zudem haben Sie ein Zinsänderungsrisiko, wenn sich die Zinsen an den Geld- und Kapitalmärkten ändern – und die Kurse der Anleihen gleich mit. Denn Zinsen und Anleihenkurse ergänzen einander und laufen entgegengesetzt:

- Fallen die Zinsen an den Geld- und Kapitalmärkten, dann steigen die Kurse aller Anleihen. Klar, denn viele hätten jetzt gerne die Anleihen mit dem hohen festen Zinssatz und sind deshalb auch bereit, sich das an der Börse etwas kosten zu lassen. Und als Folge der höheren Nachfrage durch diese Anleger übersteigt die Nachfrage das Angebot – Ergebnis sind höhere Kaufkurse für diese hochverzinslichen Anleihen.

- Umgekehrt: Steigen die Zinsen an den Geld- und Kapitalmärkten, sinken die Kurse aller Anleihen. Logisch, denn wer möchte jetzt noch die Anleihen mit diesem niedrigen Zinssatz kaufen, wo es doch höher verzinsliche Wertpapiere gibt? Ergo geht die Nachfrage nach diesen Wertpapieren zurück, und die Kurse sinken. Gekauft wird höchstens noch zum niedrigeren Schnäppchenpreis (der gesunkenen Kurse).

Diese Kursänderungen werden umso stärker ausfallen, je länger die Restlaufzeit eines Wertpapiers ist – wer hält schon gerne längere Zeit ein Wertpapier mit einem niedrigen Zins, wenn es mittlerweile woanders Anlagen mit höheren Zinsen gibt? Allenfalls der, der es zu einem niedrigen Kurs günstig kaufen kann.

Aber keine Angst vor Kursschwankungen: Sicher ist Ihnen die komplette Rückzahlung einer Anleihe am Ende der Laufzeit zu 100 Prozent (vorausgesetzt, Sie haben einen Emittenten guter Bonität gewählt). Deshalb ist das Kursrisiko mit Anleihen überschaubar, wenn Sie nicht auf ihren vorzeitigen Verkauf angewiesen sind. Sie könnten dann die jeweiligen Kursschwankungen ganz gelassen bis zur Fälligkeit aussitzen. Sie müssten sich im Grunde gar nicht um die Kursschwankungen kümmern, sondern könnten das Wertpapier einfach in die Vermögenstasche Ihres Finanz-Rucksacks legen und Ihre Tour durchs Leben genießen.

Sicherheit und Kalkulierbarkeit bieten Ihnen Anleihen aber auch durch die regelmäßigen, meist jährlichen Zinszahlungen. Und Sie haben immer noch »im Notfall« die Möglichkeit, sie täglich an einer Börse zu verkaufen (bei manchen Papieren leichter, bei anderen schwerer, dazu kommen wir noch konkret bei den verschiedenen Typen von Anleihen). Dies ist zum Beispiel ein entscheidender Vorteil gegenüber den Sparbriefen von Banken und Sparkassen, die Sie halten müssen beziehungsweise im Bedarfsfall nur als Kreditsicherheit liquidieren können.

Achtung: Der Nominalzins Ihrer Anleihe entspricht nicht unbedingt der Rendite der Anleihe. Kaufen Sie zum Beispiel ein Wertpapier zum Kurs von 102 Prozent und erfolgt die Rückzahlung zum Nennwert von 100 Prozent, dann haben Sie folglich zwei Prozent Kursverlust über die gesamte Laufzeit. Oder Sie kaufen vielleicht ein Papier zum Kurs von 98 Prozent, das Ihnen später zum Nennwert von 100 Prozent zurückgezahlt wird, dann haben Sie einen Kursgewinn von zwei Prozent gemacht. So ein – nach heutiger Steuerrechtslage – steuerfreier Kursgewinn (Voraussetzung: Haltedauer des Wertpapiers mindestens ein Jahr) wirkt sich positiv auf Ihre Rendite aus, insbesondere wenn Sie einen hohen persönlichen Steuersatz haben. Aber auch hier greift ab 2009 die Abgeltungssteuer! Auf jeden Fall rechnet Ihnen Ihre Bank beim Kauf einer Anleihe die Rendite aus – auch unter Berücksichtigung Ihres persönlichen Steuersatzes. Womit wir beim nächsten Punkt wären:

Kauf und Verwaltung von Anleihen

Sie erwerben über Ihre Bank direkt an einer Börse das gewünschte Wertpapier. Dafür müssen Sie in der Regel Gebühren zahlen (besser gesagt einen Preis – die Bezeichnung »Gebühr« für Bankpreise stammt noch aus der Zeit der Bankbeamten), meistens zwischen 0,5 und einem Prozent vom Kurswert.

Oft bieten Ihnen Banken auch Wertpapiere aus dem Eigenbestand an. Sie übernehmen die Anleihen nicht selten in ihren sogenannten Handels- oder Eigenbestand und bieten sie dann ihren Privatkunden zu einem Festpreis (mit Gewinn) an. Dann zahlen Sie einen sogenannten »Nettokurs«, also einen Festpreis, in dem die Gebühren beziehungsweise Preise inklusive der Gewinnspanne der Bank bereits enthalten sind. Auch für die Verwahrung im Wertpapierdepot und die Verwaltung – beziehungsweise die Services drum herum: automatische Gutschrift der Zinsen und automatische Gutschrift des Gegenwertes bei Fälligkeit der Anleihe – zahlen Sie in der Regel Gebühren beziehungsweise Preise. Bundeswertpapiere hingegen können Sie bei der Deutschen Finanzagentur kostenlos verwahren lassen (siehe hierzu die Infos auf Seite 167).

Arten von Anleihen

Es gibt eine Vielzahl von Anleihearten. Wir möchten Ihnen einige gängige Typen vorstellen, insbesondere auch unter dem Aspekt, dass es sich hier um sichere, kalkulierbare Wertpapiere handelt, die eine gute Basis für Ihre Altersvorsorge in unsicheren Zeiten darstellen.

1. Bundesobligationen und Bundesanleihen

Die beiden kennen Sie bereits von Seite 166. Ein großer Vorteil dieser Anleihen ist, dass Sie sie börsentäglich verkaufen können und sich auch genügend Kaufinteressenten finden. Es besteht ein reger Handel in diesen Wertpapieren. Das heißt: Dass sich Angebot und Nachfrage zu einem fairen Preis an der Börse treffen, ist sehr wahrscheinlich – also eine gute Wahl, wenn Ihnen die vorzeitige Verfügbarkeit in bestimmten Lebenssituationen viel bedeutet.

2. Pfandbriefe

Das größte Segment bei den Anleihen bilden die Pfandbriefe – und sie sind im Grunde ideal für Sicherheitsfans! Die Forderungen der Anleger sind nämlich durch Pfandrechte abgesichert, zum Beispiel durch Grundpfandrechte an Grund und Boden und Immobilien. Ihre Qualität hängt damit voll von der Wirtschaftskraft der die Pfandbriefe herausgebenden Bank und indirekt von der Werthaltigkeit der dahinterstehenden Immobilien ab. Auch hier gilt: Schauen Sie sich genau an, wessen Pfandbriefe Sie sich in Ihren Finanz-Rucksack packen. Neu ist nämlich auch, dass Pfandbriefe unter streng reglementierten Voraussetzungen heute von jeder Bank ausgegeben werden dürfen und nicht – wie früher einmal – nur von Hypothekenbanken.

Pfandbriefe werden mit Laufzeiten zwischen drei und 30 Jahren aufgelegt. Die Zinszahlung erfolgt regelmäßig in gleicher Höhe. Die Zinsen sind in der Regel ein wenig höher als bei den Bundesobligationen oder Bundesanleihen. Allerdings sind Pfandbriefe im Notfall nicht so leicht über die Börse zu verkaufen. Es kommt bei der Vielzahl an Pfandbriefemissionen, die im Umlauf sind, einfach kein reger Börsenhandel zustande und folglich oft auch kein marktgerechter Preis im Verkaufsfall. Anders ist dies bei den sogenannten Jumbopfandbriefen. Das sind Pfandbriefe mit einem Emissionsvolumen von mindestens einer Milliarde Euro. Ihr Vorteil: Die Vielzahl der Pfandbriefe wird kleiner, der Markt wird übersichtlicher, ein Handel kommt zustande, das heißt, der vorzeitige Börsenverkauf eines Jumbopfandbriefs zu fairen Preisen ist viel eher möglich. Allerdings schwindet auch der leichte Renditevorteil gegenüber den Bundeswertpapieren.

3. Bankschuldverschreibungen

Oft bieten Banken neben den »klassischen« Bankprodukten ihre eigenen Anleihen an, die sie selbst aufgelegt haben – auch hier mit in der Regel festen Zinssätzen und einer Rückzahlung zu 100 Prozent. Sie können zwischen verschiedenen Laufzeiten wählen. Anders als beim Pfandbrief dienen als Sicherheit »nur« die Ertragskraft und das Eigenkapital der jeweiligen Bank. Mittlerweile muss man auch da genau hinschauen, wie uns die jüngeren Probleme der deutschen *IKB* oder der internationalen Großbanken, wie der Schweizer *UBS* und der amerikanischen Investmentbank *Bear Stearns*, lehren. Zusätzlich kann – insbesondere bei kleineren Emissionen – auch wieder das Problem wenig liquider Märkte für bestimmte Verkaufszeiten hinzukommen. Eine eventuelle vorzeitige Rückgabe könnte sich dann als schwierig herausstellen. Jedoch haben Sie bei Ihrer Bank oft einen Gebührenvorteil, wenn Sie sich für die hauseigenen Papiere entscheiden.

4. Unternehmensanleihen

Oft werden Ihnen auch Unternehmensanleihen für Ihre Geldanlage angeboten (engl. *Corporate Bonds* oder nur *Corporates*). Bei Unternehmensanleihen erhalten Sie meist einen höheren Zinssatz als zum Beispiel für eine Bundesobligation mit der gleichen Anlagedauer. Allerdings gehen Sie damit auch ein höheres Risiko ein. Wichtig ist – wie immer, wenn man einem Unternehmen sein sauer Erspartes gibt – die Qualität des jeweiligen Unternehmens, das die Anleihe ausgibt, im Vorfeld zu prüfen und das Rating anerkannter Ratinggesellschaften wie *Moody's* oder *Standard & Poor's* zu beachten. Denn die Managementqualität oder die Vertriebs- und Finanzstärke der Unternehmen, die die Anleihen auflegen, ist sehr unterschiedlich. Am besten, Sie kaufen nur Anleihen von Unternehmen, deren Produkte Sie besonders schätzen und für zukunftsträchtig halten und von denen Sie aus den Wirtschaftsnachrichten immer wieder gute Meldungen und Berichte von überdurchschnittlich hohen Gewinnen hören. Wenn Sie dagegen Exoten und Newcomer wählen, müssen Sie bei allen damit verbundenen Chancen auf hohe Erträge mit höheren Risiken rechnen und auch bereit und in der Lage sein, diese zu verkraften. Das ist eigentlich nicht das Richtige für eine sichere Altersvorsorge in unsicheren Zeiten.

Zudem ist der Markt für Unternehmensanleihen nicht gerade übersichtlich. Die mangelnde Transparenz führt wiederum dazu, dass Sie im Falle eines vorzeitigen Verkaufs oft auch das Problem der fairen Kursfeststellung an der Börse haben, weil die geringen Handelsaktivitäten für manche Anleihen zu schwer vorhersehbaren Kursentwicklungen führen.

5. Fremdwährungsanleihen

Fremdwährungsanleihen werden – wie der Name schon andeutet – nicht in Euro, sondern in anderen Währungen ausgegeben und verkauft. Die Zinszahlungen und die Rückzahlung erfolgen dann ebenfalls in der fremden Währung. Sie locken teilweise mit einem wesentlich höheren Zinsniveau als die einheimischen Anleihen. Besonders in Zeiten niedriger deutscher beziehungsweise europäischer Zinsen bekommen sie dann einen besonderen Reiz. Ein gutes Beispiel dafür sind in der Vergangenheit immer wieder amerikanische Dollar-Anleihen, die mit einem Zinsaufschlag zu Europa ein erwartetes Abwertungsrisiko einer schwächelnden amerikanischen Wirtschaft auszugleichen versuchten.[32] Fällt eine Währung dann aber so stark, dass die Währungsverluste die Zusatzerträge aus den höheren gezahlten Zinsen »auffressen«, haben die Anleger sogar möglicherweise Verluste bei der Rückzahlung der Anleihe gemacht.

Neben Anleihen mit fester regelmäßiger Zinszahlung gibt es auch welche mit anderen Formen der Verzinsung:

6. Floater

Das sind variabel verzinste Anleihen. In regelmäßigen Abständen, zum Beispiel alle drei oder sechs Monate, wird der Zinssatz neu festgelegt.

32 In der jüngsten Subprime-Krise ist diese abwertungsausgleichende Zinsdifferenz nicht gegeben, weil die amerikanische Notenbank zur Stützung der amerikanischen Banken immer wieder Liquidität in die Kapitalmärkte »pumpt« und das Zinsniveau in den USA damit niedrig hält.

Der Zinssatz ist an einen sogenannten Referenzzinssatz gekoppelt, der sich meist an den kurzfristigen Anlagezinsen an den Geld- und Kapitalmärkten orientiert, in Deutschland zum Beispiel am Euribor. In Zeiten niedriger Zinsen kann die Anlage in einen Floater von Vorteil sein, weil sich die Zinsen dann anpassen, wenn das Zinsniveau wieder steigen sollte. Oder Sie verkaufen Ihren Floater dann wieder und investieren anschließend in eine Anleihe mit höheren festen Zinsen.

Ein hohes Kursrisiko besteht bei den Floatern nicht, da die variablen Zinszahlungen laufend an das aktuelle Zinsniveau angepasst werden. Allerdings können Sie aber im Voraus keine Angaben zur Rendite des Floaters erwarten – es ist eben alles im Fluss.

7. Stufenzinsanleihen

Das sind Papiere mit in der Regel in mehreren Etappen (jährlich) steigenden Zinsen. Der Emittent will durch die steigenden Zinsen den Anlegern einen Anreiz bieten, das Anlagepapier möglichst lange zu halten und ihm das Geld entsprechend lange zur Verfügung zu stellen. Lassen Sie sich beim Kauf die Rendite über die gesamte Laufzeit aufzeigen, und vergleichen Sie sie mit entsprechend lang laufenden Papieren mit jährlich gleich bleibender Zinszahlung.

8. Zerobonds

Das sind abgezinste Anleihen, bei denen der Zinsertrag sozusagen beim Kauf abgezogen wird. Sie bekommen dann den Nennwert Ihrer Anleihe am Fälligkeitstag gutgeschrieben (zu 100 Prozent). Sie investieren zum Beispiel 5.500 Euro in einen zehnjährigen Zerobond (mit Kaufkurs 55 Prozent) und erhalten bei Fälligkeit 10.000 Euro gutgeschrieben (also 100 Prozent). Die Differenz ist Ihr Zinsgewinn. Achtung: Hier kommt auf einmal eine ordentliche Summe an Zinsen zusammen, die versteuert werden muss beziehungsweise ab 2009 mit der Abgeltungssteuer belastet wird. Der heutige Sparerfreibetrag und der künftige Sparerpauschbetrag sind mit einem Zerobond ganz schnell überschritten!

Außerdem sollten Sie wissen, dass Zerobonds sehr empfindlich auf Änderungen des Zinsniveaus reagieren. Das heißt, bei einem eventuell notwendig werdenden vorzeitigen Verkauf können Kursverluste entstehen!

9. Inflationsindexierte Anleihen

Der extreme Anstieg der Inflationsrate auf über drei Prozent stellt sicher auch Sie vor die Frage, wie Sie Ihren Finanz-Proviant vor einer Geldentwertung retten können. Ein mögliche Lösung sind die in Deutschland erst seit 2006 emittierten inflationsindexierten Anleihen (neudeutsch: *Linker*), bei denen sowohl der Rückzahlungsbetrag am Ende der Laufzeit als auch die laufenden Zinszahlungen an einen Preisindex gekoppelt sind; als Referenz dient in Europa meistens der harmonisierte Verbraucherpreisindex ohne Tabakprodukte.[33]

Beträgt die Inflation dann beispielsweise in einem Jahr drei Prozent, so steigt der Rückzahlungsbetrag Ihrer Anleihe synchron von 1.000 auf 1.030 Euro. Und klettern die Preise weiter um drei Prozent pro Jahr, steigt der Betrag ebenfalls um drei Prozent weiter an auf 1.060,90 Euro. Genau die gleiche Rechnung wird mit den laufenden Zinszahlungen gemacht: Der jährliche Zinsbetrag erhöht sich um die jeweilige Inflationsrate, also von 2,0 Prozent auf 2,06 Prozent. Doch diese Absicherung beziehungsweise der eingebaute Inflationsschutz hat ihren beziehungsweise seinen »Preis«, in der Regel eine etwas niedrigere Verzinsung als eine herkömmliche Anleihe. Steigt die Inflation an, so wird der Verzicht auf ein bisschen Zins durch die eingebaute Anpassung wieder wettgemacht, und Sie fahren besser als die Anleger ohne einen »Inflations-Airbag«. Bleiben die Preise konstant oder sinken sie sogar, können Sie wenigstens gut gesichert in die Zukunft blicken.

33 In Großbritannien gibt es diese Anleihen schon seit 1981 – heute machen sie rund ein Drittel aller handelbaren britischen Staatsschulden aus. Weltweit existiert ein Volumen von fast einer Billion indexierter Anleihen.

10. Genussscheine

Sie stehen wie »Zwitter« zwischen den Anleihen und den Aktien. Von Letzteren haben Sie den Reiz – ihre Renditen sind in der Regel höher als bei erstklassigen Anleihen. Und ihr Risiko ebenfalls: Die Ansprüche eines Genussscheinbesitzers auf jährliche Ausschüttung sind an die Gewinnsituation des emittierenden Unternehmens gekoppelt – keine Gewinne, kein Ausschüttungsgenuss. Und Ihr Rückzahlungsanspruch auf Ihr angelegtes Kapital zum Fälligkeitstermin rangiert bei einer Pleite hinter dem der »normalen« Anleihenbesitzer, die in diesem schlechten Fall vor den Genießern dran sind.

Die jährlichen Genussausschüttungen können

- variabel und abhängig vom Unternehmensgewinn sein oder
- fest als Zins mit einer variablen gewinnabhängigen Zahlung obendrauf oder sogar
- fest zugesagt sein wie ein Anleihenzins.

Weil es diese diversen individuellen Ausgestaltungsmöglichkeiten gibt, sollten Sie sich beim Kauf eines Genussscheins immer die Genussscheinbedingungen aushändigen lassen und vorher genau durchlesen!

Besonders wichtig ist die Bonität des Unternehmens, das Ihnen diesen besonderen Genuss für Ihren Finanz-Proviant verspricht. Und verlassen Sie sich nicht darauf, einen Genussschein vor Fälligkeit an der Börse zu verkaufen. Bei den meisten Genüssen kommt kein nennenswerter Handel zustande, und ein Ausstieg ist dann nur mit Kursabschlägen möglich.

1.6 Worauf Sie achten sollten

- Prüfen Sie für sich, wie wichtig Ihnen das Thema vorzeitige Verfügbarkeit ist. Denn was haben Sie von einer hohen Rendite bei langen Anlagedauern, wenn Sie »flüssig« bleiben müssen?
- Vergleichen Sie immer die Rendite und nicht den nominalen Zinssatz der Anlagen, und kalkulieren Sie auch Preise und »versteckte« Gebühren mit ein!
- Achten Sie bei der Auswahl auf das Rating, also die Wirtschaftskraft und Seriosität eines Wertpapieremittenten.
- Betrachten Sie Unternehmensanleihen oder Fremdwährungsanleihen für Ihren verlässlichen Finanz-Proviant allenfalls als »Zusatzwürze«, also nur als Beimischung zu Ihren übrigen Altersvorsorgeanlagen. Da ist zwar mehr für Sie drin – aber neben dem Mehr an Ertrag eben auch ein Mehr an Risiko!
- Wichtiger Hinweis zur Abgeltungssteuer ab 2009: Statt des persönlichen Steuersatzes greift die Abgeltungssteuer – nicht nur auf Zinsen, sondern auch auf Kursgewinne. Aber: Zinsanleger, deren persönlicher Grenzsteuersatz über 25 Prozent liegt, können sogar davon profitieren: Sie zahlen eben nur die 25 Prozent plus Soli und Kirchensteuer.

2. Investmentfonds – Risikostreuung mit mehr Rendite

In diesem Kapitel ...

- ... erkennen Sie, dass Fonds ein großes Plus für Ihre Vermögenstasche im Finanz-Rucksack und Ihre Altersvorsorge sind.
- ... bekommen Sie einen guten Einblick in die Welt der Investmentfonds.
- ... können Sie schnell erkennen, warum der eine Fonds für Sie geeignet ist und der andere weniger.
- ... wird Ihnen eines klar: Gleich morgen kümmere ich mich um meinen Fondssparplan.

2.1 Wie funktionieren Investmentfonds?

Zusammen mit den anderen Anlegern überlassen Sie einen bestimmten Anlagebetrag einer Fonds- beziehungsweise Investmentgesellschaft. Diese Beträge fließen alle in einen »Topf«, das sogenannte Sondervermögen der Fondsgesellschaft. Für dieses Sondervermögen gelten besondere Anlagegrundsätze, nach denen das Geld angelegt werden muss: Zum Beispiel die erforderliche Risikostreuung oder die Anlage von mindestens 51 Prozent des Vermögens in Werte, die der Fondsprospekt als Anlageschwerpunkt bezeichnet, zum Beispiel Aktien oder Anleihen, aber auch Immobilien oder besonders wertvolle und knappe Rohstoffe. Sie genießen so die Vorteile, die ansonsten nur Großinvestoren vorbehalten sind: ein professionelles Anlagemanagement und – am wichtigsten – eine breite Risikostreuung, da ein Fonds nicht nur »auf eine Karte setzt, sondern auf mehrere«. Gerade diese Mischung verschiedenster Werte macht einen Fonds so interessant, weil Sie eben nicht nur auf die Entwicklungsperspektiven *eines ein-*

zigen Unternehmens oder auf die Vermietbarkeit *einer* Immobilie setzen, sondern auf mehrere Unternehmen und Immobilien. Dann kann auch mal ein Loser mit dabei sein; die Hauptsache ist, dass sich die Gesamtheit der Investments eines Fonds, in die Sie Ihr Erspartes stecken, ertragreich entwickelt.

Und das geht eben auch mit kleinen Beträgen! Außerdem ist dieses Sondervermögen im Falle einer Pleite der Fondsgesellschaft geschützt, es muss strikt getrennt vom Vermögen der Gesellschaft gehalten werden. Aber Achtung: Der Grundsatz der Risikostreuung heißt nicht, dass Sie keine Wertschwankungen in Ihren Fonds erleiden müssen. Der Wert von Aktienfonds zum Beispiel verändert sich täglich mit den Kursen der Aktien, die im Fondsvermögen angelegt sind. Zur Berechnung des Wertes eines Fondsanteils wird der Tageswert des Fondsvermögens abzüglich aller Kosten für Management und Spesen durch die Anzahl der ausgegebenen Fondsanteile geteilt. Diesen Wert können Sie täglich in einer guten Tageszeitung oder im Internet verfolgen. Sie sehen den Ausgabepreis, den Sie beim Kauf für einen Anteil zahlen müssen, und den Rücknahmepreis, den Sie beim Verkauf Ihrer Anteile auf Ihr Konto gutgeschrieben bekommen. Sie können zwischen verschieden Arten von Investmentfonds wählen:

1. Fonds <u>mit</u> Ausgabeaufschlag: Einen Ausgabeaufschlag zahlen Sie einmalig beim Kauf eines Fonds (bei Aktien- und Immobilienfonds in der Regel circa fünf Prozent, bei Rentenfonds in der Regel um die drei Prozent). Dafür sind dann die laufenden Verwaltungsgebühren, die direkt vom Fondsvermögen abgezogen werden und so den Anteilspreis schmälern, geringer.

2. Fonds <u>ohne</u> Ausgabeaufschlag: Sie werden in der Bankpraxis auch Trading-Fonds oder No-Load-Fonds genannt. Hier zahlen Sie keinen Ausgabeaufschlag, was aber nicht bedeutet, dass hier »Geschenkezeit« ist. Die laufenden Verwaltungsgebühren, die das Management für die Anlage der Fondsgelder als Entgelt verlangt, sind bei dieser Fondsart höher.

Was sollen Sie nun wählen, denn viele Fonds bieten mit »gleichem Topfinhalt« beide Varianten an? Vergleichen Sie einfach die Differenz der Verwaltungsgebühren. Wie lange sollten Sie einen Fonds halten, damit der einmalige Ausgabeaufschlag günstiger kommt als die laufenden Gebühren? Kurz: Wenn Sie planen, Ihr Geld mehrere Jahre lang anzulegen, wird die Variante mit einmaligem Ausgabeaufschlag meist günstiger, weil sich der einmal gezahlte Betrag über eine längere Laufzeit verteilt und dadurch (pro Jahr) immer kleiner wird. Wie der Name Trading-Fonds schon verheißt: Diese Variante ist besser für den »Trader«, der kurzfristige Schwankungen – meist des Aktienmarktes – auch mit seinen Fondsanlagen ausnützen möchte.

Ferner können Sie wählen zwischen

1. ausschüttenden Fonds: Ihre Erträge werden jährlich ausgezahlt. Sie haben aber in der Regel die Möglichkeit, die Erträge mit dem sogenannten Wiederanlagerabatt, das heißt mit einem geringeren Ausgabeaufschlag, gleich wieder zu investieren.
2. thesaurierenden Fonds: Ihre Erträge werden nicht ausgeschüttet, sondern verbleiben im Fondsvermögen und wirken sich dort Jahr für Jahr werterhöhend für die Anleger aus – vorausgesetzt, das Fondsmanagement macht einen guten Job.

Eine weitere Unterscheidung können Sie nach dem Anlageschwerpunkt der Investmentfonds treffen:

2.2 Rentenfonds, Aktienfonds und Mischfonds

1. Rentenfonds

Der Begriff Rentenfonds hat nichts mit Ihrer gesetzlichen Rente zu tun. In einem Rentenfonds befinden sich schwerpunktmäßig Anleihen, zum Beispiel Pfandbriefe, Bundeswertpapiere, andere Staatsanleihen oder Unternehmensanleihen. Genau wie diese Anleihen Kursschwankungen bei Änderung des Zinsniveaus ausgesetzt sind, reagieren auch Rentenfonds auf Änderungen des Zinsniveaus. Und zwar umso stärker, je länger die Restlaufzeit der im Fondsvermögen befindlichen Anleihen ist. Sie können Fonds mit verschiedenen Anlageschwerpunkten entsprechend Ihrer persönlichen Risikobereitschaft kaufen, zum Beispiel mit einem Schwerpunkt auf deutschen Anleihen oder auf Euro-Rentenfonds, da haben Sie kein Währungsrisiko – nicht zu verwechseln mit Europäischen Rentenfonds: Da können auch Anleihen europäischer Staaten oder Unternehmen mit drin sein, die nicht zum »Euro-Land« gehören. Bei internationalen Rentenfonds wird weltweit in Anleihen aus verschiedensten Ländern mit den jeweiligen Währungen investiert. Ziel dieser Fonds ist es, die möglicherweise höheren Zinsen an den internationalen Rentenmärkten für die Fondsanleger zu nutzen. Aber hier beeinflussen eben auch die Wechselkurse fremder Währungen den Wert des Fonds – zum Vorteil oder zum Nachteil.

Neben der Unterscheidung nach Ländern oder Regionen haben Sie auch die Möglichkeit, Fonds nach unterschiedlichen Restlaufzeiten der Anleihen im Fondsvermögen zu wählen. Bei Fonds mit Schwerpunkt auf kurzen bis mittleren Restlaufzeiten der Anleihen – bis fünf Jahre – haben Sie erfahrungsgemäß ein relativ geringes Kursrisiko bei Änderungen des Zinsniveaus. Bei Rentenfonds, die vorwiegend Papiere mit langen Restlaufzeiten im Portfolio haben, kann es hingegen zu größeren Kursausschlägen kommen. Insgesamt kann man aber sagen, dass Rentenfonds in der Regel geringeren Kursschwankungen als Aktienfonds unterliegen – also weniger Risiko aufweisen, aber auch geringere Renditechancen bieten!

2. Aktienfonds

Der entscheidende Vorteil von Aktienfonds gegenüber der Direktanlage in Aktien liegt in der Risikostreuung über alle im Fonds befindlichen Aktien hinweg, und das auch schon mit kleineren Anlagebeträgen. Bei kleineren Beträgen lohnt sich die Direktanlage meist nicht, weil Mindestgebühren beim Kauf oder für die Verwaltung anfallen und man Gefahr läuft, sich beim Versuch einer Risikostreuung in Kleinstpositionen zu verzetteln. Also, das Fondsmanagement lieber den Profis überlassen, insbesondere wenn Sie kein besonderes Kribbeln für das Auf und Ab an der Börse empfinden. Zwar müssen Sie das allgemeine

Auf und Ab auch bei der Anlage in Aktienfonds ertragen können, denn der Wert eines Fondsanteils bemisst sich natürlich am Tageswert der Aktien im Fonds, die in seinem Sondervermögen gemanagt werden, aber das Risiko der Auswahl von Einzelaktien entfällt für Sie.

Dennoch: Die persönliche Risikoneigung spielt natürlich auch hier eine große Rolle. Außerdem sollten Sie auch nicht alles in einen Aktienfonds investieren, sondern auch hier streuen – ohne sich dabei zu verzetteln![34]

Möglichkeiten zur Fondsauswahl gibt es nahezu unendlich viele. Auch hier können Sie zwischen Aktienfonds wählen, die Ihr Geld in bestimmten Märkten oder Regionen anlegen (beispielsweise in Europa oder im aufstrebenden asiatischen Raum) oder in bestimmte Branchen (zum Beispiel in die Pharma- oder Biotech-Industrie) oder in bestimmte »Themen« (zum Beispiel in erneuerbare Energien oder Gold).

Für das Thema Altersvorsorge eignen sich eher europäische Aktienfonds und internationale Aktienfonds, deren Unternehmen und Markenprodukte Sie von Ihren eigenen Kauf- und Lebensgewohnheiten her kennen. Oder wollen Sie Ihr Geld an eine Gruppe ausgewählter Unternehmen geben, deren Namen Sie noch nie gehört haben und deren Chancen und Risiken Sie überhaupt nicht nachvollziehen können (weil Sie ja deren Produkte gar nicht konsumieren beziehungsweise andere kennen, die diese Produkte prima finden)? Nehmen Sie nur solchen Finanz-Proviant mit auf Ihre Lebens-Tour, dessen »Verdaulichkeit« Sie für sich beurteilen können!

Auch der richtige Einstiegszeitpunkt spielt bei Ihrer Fondsanlage eine entscheidende Rolle. Setzen Sie auch hier nicht alles gleich auf eine Karte, sondern verteilen Sie Ihr Geld im Zeitablauf. Wenn's dann erst mal bergab gehen sollte mit den Kursen, sind Sie nicht mit allem im

34 Jetzt werden Sie sicher eine Betragsempfehlung von uns erwarten: Wenn Sie 10.000 Euro insgesamt im Aktienfondsbereich anlegen wollen, können Sie Ihr Geld freilich auf drei interessante Fonds verteilen. Bei 100.000 Euro sollten Sie natürlich Ihr Geld nicht auf über 30 Fonds verteilen, sondern auch hier eine »übersichtliche« Zahl von Fonds – zum Beispiel fünf – auswählen.

Minus, sondern haben die Chance, billig weitere Fondsanteile nachzukaufen. Dann profitieren Sie vom sogenannten *Cost-Average-Effekt*, weil Sie immer dann viel kaufen, wenn es gerade günstig ist, und wiederum wenige Anteile kaufen, wenn die Aktien teuer sind.

Der Einstiegszeitpunkt verliert jedoch an Bedeutung, wenn Sie die Anlage in Aktienfonds langfristig sehen. Trotz Rückschlägen an der Börse gelang es in der Vergangenheit eigentlich jedem gut gemanagten Aktienfonds, diese wegzustecken und langfristig eine Wertentwicklung von im Schnitt rund zehn Prozent pro Jahr vorzuweisen.

3. Mischfonds

Mischfonds bieten, wie der Name schon sagt, die Möglichkeit, Aktien und Renten beziehungsweise Anleihen in einem Fonds zu mischen. Damit kann der Manager eines Mischfonds flexibel auf Änderungen der Börsensituation eingehen, beispielsweise vermehrt in Anleihen anlegen, wenn der Aktienmarkt schwach prognostiziert wird und die Kurse bergab gehen (und die Zinsen tendenziell steigen). Allerdings besteht die Gefahr, dass der Fondsmanager mit dem Trend läuft und bei fallenden Aktienkursen zu spät aussteigt beziehungsweise bei steigenden Kursen zu spät einsteigt. Wenn Sie also langfristig planen, nehmen Sie die Aufteilung in Aktien- und Rentenfonds lieber selbst in die Hand und machen Sie nicht jede kurzfristige Bewegung an den Märkten reflexartig mit; das bringt erfahrungsgemäß nichts außer Transaktionskosten.

2.3 Fondssparpläne und persönliche Lebenssituationen

Für jeden, der regelmäßig Geld in die private Altersvorsorge investieren will, ist ein Fondssparplan ein absolutes Muss! Kein anderes Produkt bietet Ihnen höhere Renditechancen und ist gleichzeitig so flexibel, dass Sie es von einem auf den anderen Tag anpassen können. Und nun die Vorteile Schritt für Schritt der Reihe nach:

- Ab 25 Euro pro Monat können Sie bei den meisten Banken und Sparkassen einen Fondssparplan abschließen. Dafür werden dann Investmentanteile – oder nur Bruchteilsanteile – zum jeweiligen Gegenwert gekauft. Mit dieser systematischen Spardisziplin ist ein ganz entscheidender Vorteil verbunden: Dieses Geld ist sicher gespart und wandert nicht mehr in die Konsumtasche!
- Diese Sparrate können Sie jederzeit erhöhen, ermäßigen – falls Sie nicht unter eine Mindestsparrate rutschen – oder sogar für einen oder mehrere Monate aussetzen.
- Sie können jederzeit Extrabeträge in einen Fondssparplan einzahlen oder, wenn es nötig wird, sich Teile des angesparten Kapitals (oder sogar alles) wieder auszahlen lassen – und das auch ohne Kündigungsfrist.
- Die Auswahl an Fonds, in die Sie mit Ihrem Fondssparplan investieren können, ist riesig. Erkundigen Sie sich deshalb bei Banken und Sparkassen persönlich und im Internet nach den besten Fonds, und lesen Sie auch das eine oder andere Geldanlagemagazin zu diesem Thema. Wenn Sie sich einen neuen Fernseher kaufen, investieren Sie schließlich auch Zeit und Geld im Vorfeld und gehen nicht aufs Geratewohl zum erstbesten Händler in Ihrer Nähe.
- Der große Vorteil von Fondssparplänen liegt im bereits genannten *Cost-Average-Effekt*. Der führt dazu, dass Sie mit Ihren regelmäßigen Einzahlungen gleicher Beträge bei hohen Kursen weniger Investmentanteile kaufen (prima, wer kauft schon gerne teuer ein), bei niedrigen Kursen hingegen mehr Anteile kaufen (auch prima, denn den erfolgreichen Kaufmann erkannte man schon immer am günstigen Einkauf seiner Waren). So erreichen Sie langfristig einen günstigeren durchschnittlichen Kaufpreis, weil Sie jede Berg-und-Tal-Fahrt der Aktienkurse im Grunde optimal ausnutzen. Ihr Fondssparplan hilft Ihnen also, bei der Geldanlage das umzusetzen, was Sie beim Erdbeerkauf vermutlich instinktiv richtig machen: Im März, wenn die teuren wässrigen Früchte aus Spanien auf den Markt kommen, wenig kaufen und essen. Wenn dann im Frühsommer die heimischen, süßen und billigeren Erdbeeren auf den Markt kommen, viel kaufen, viel essen und am besten die (Einmachgläser-)Depots füllen …

Zudem tritt die Frage des richtigen Einstiegzeitpunkts in den Hintergrund, denn Sie kaufen ja regelmäßig und mit *Cost-Average-Effekt*. Dennoch: Obwohl es keine Mindestlaufzeit bei den Fondssparplänen gibt, haben sie doch langfristigen Charakter. Wenn Sie beispielsweise Ihren Fondssparplan nur fünf Jahre laufen lassen, ist es durchaus möglich, dass der Verkauf Ihrer Fondsanteile in eine relativ ungünstige Börsenphase fällt. Bei längerer Laufzeit haben Fonds hingegen mehr Zeit, sich von den Schwankungen an den Märkten auch wieder zu erholen.[35]

Bleibt die Frage, in welche Art von Fonds Sie Ihr Geld stecken sollen. Preisfrage – Preisantwort: Das hängt im Wesentlichen von Ihrem Alter und Ihrer persönlichen Lebenssituation ab. Jüngere Anleger können durchaus den überwiegenden Teil in Aktienfonds anlegen. Denn sie haben auf dem Weg zum Ruhestand noch viel Zeit, auch eventuelle Kursrückgänge »in Ruhe auszusitzen«.

Sinnvollerweise sollten aber auch sie einige Jahre vor dem geplanten Ruhestand in weniger schwankungsanfällige Rentenfonds umschichten, um sich das angesammelte Kapital dann zu sichern. Nicht, dass Ihr Ruhestand ausgerechnet mit einer Talfahrt am Aktienmarkt zusammenfällt! In dieser Situation kommt es weniger auf Noch-mehr-Ertrag an als auf sicheren Ertrag.

Wie Sie daraus schließen können, kommen den »Späteinsteigern« in Sachen Fondssparplan eher die Rentenfonds entgegen. Wenn ihnen nur noch wenige Jahre bis zur Rente bleiben, sollten Sie größere Kurs-

35 An dieser Stelle wird immer wieder kritisch angemerkt, dass, wenn alle Anleger aus den geburtenstarken Jahrgängen in Deutschland eines Tages in Ruhestand gehen werden und im Zuge dessen ihre Fondsanteile gleichzeitig verkaufen, die Kurse durch dieses Überangebot in den Keller rutschen und die Fonds zur Altersvorsorge nichts mehr wert sind. Rein auf Deutschland oder Europa bezogen mag dieses Argument zunächst durchaus überzeugen. Da Fonds und die in ihnen steckenden Wertpapiere international gehandelt werden, treffen die vielen deutschen Verkäufer eines fernen Tages auf viele internationale Käufer – die diese Fonds aber nur dann kaufen werden, wenn der Inhalt – sprich die Aktien und Anleihen – ertragsstark waren und erwartungsgemäß bleiben

schwankungen nicht mehr riskieren, sondern sich ihren Finanz-Proviant trockenlegen und nicht gefährden.

Das gilt auch für Lebenssituationen, bei denen Sie auf relativ kurze Sicht ein klar definiertes Sparziel haben, zum Beispiel Eigenkapital für einen in circa fünf Jahren geplanten Immobilienkauf. Bei einer Anlage überwiegend in Aktienfonds wäre es auf diese relativ kurze Zeitdauer nicht unbedingt zu erwarten, dass Sie Ihr Sparziel damit zum definierten Zeitpunkt auch erreichen.

2.4 AS-Fonds – bislang kein wirkliches Ass

Die Idee, Extrafonds für die Altersvorsorge aufzulegen, stammt aus den USA und ist dort sehr erfolgreich. Ein ähnlicher Erfolg zeichnet sich bei uns noch nicht ab. Im Grunde sind die AS-Fonds nichts anderes als Mischfonds, die bestimmten gesetzlichen Bestimmungen unterliegen: Mindestens 51 Prozent des Fondsvermögens müssen in Aktien oder Immobilien angelegt sein. Der Aktienanteil darf nicht unter 21 Prozent liegen, aber auch nicht über 75 Prozent ansteigen. Der Immobilienanteil darf 30 Prozent nicht übersteigen, und es dürfen nicht mehr als 30 Prozent in fremden Währungen ohne Absicherung angelegt werden.

Die Sparpläne laufen entweder mindestens 18 Jahre lang oder bis zum 60. Lebensjahr des Fondssparers. Wollen Sie vorzeitig aussteigen, müssen Sie drei Monate vorher kündigen (bei Arbeitslosigkeit nur einen Monat vorher).

Nach drei Vierteln der Laufzeit haben Sie die Möglichkeit, kostenlos in risikoärmere Fonds der Fondsgesellschaft (mit höherem Rentenanteil) umzuschichten, um das bis dahin angesparte Kapital sicher in Richtung Rente zu bringen.

Aus dem bisher Gesagten wird Ihnen klar, warum die AS-Fonds bei uns kein Renner sind: Das gleiche Ziel können Sie mit ganz normalen Fondssparplänen auch erreichen – und bleiben dabei noch viel flexibler!

2.5 Alles unter einem Dach – Dachfonds

Das Prinzip des Dachfonds ist ein Fonds-im-Fonds-Konzept. Das heißt, das Fondsvermögen wird nicht in Einzelwerte, sondern in andere Investmentfonds investiert – also eine Mischung aus den Mischungen. Wenn's dadurch besser wird – prima. Doch wenn Sie nur Mist mischen, wird das Ergebnis dadurch auch nicht besser – im Gegenteil schlechter, weil alle in den vielen Fonds beschäftigten Fondsmanager Tag für Tag (Ihr) Geld kosten!

Die Herausforderung: Die Fondsmanager versuchen, durch »Fonds-Picking« im Dickicht der unzähligen Fonds solche mit guten Entwicklungschancen für Sie auszuwählen und aufs Neue zu mischen. Dachfonds wurden in Deutschland erst mit dem Dritten Finanzmarktförderungsgesetz vom 1. April 1998 erlaubt und unterliegen gesetzlichen Bestimmungen zum Schutz des Anlegers. Zum Beispiel dürfen Dachfonds nicht wiederum in Dachfonds investieren, und es dürfen maximal 20 Prozent des Fondsvermögens in einem Fonds angelegt werden.

Wenn alles gut gemischt und aufeinander abgestimmt ist, liegt der große Vorteil der Dachfonds in der *doppelten* Risikostreuung: Mit einem Dachfonds reduzieren Sie folglich Ihr Risiko, einen Fonds zu wählen, der plötzlich mit all seinen Anlagen (zum Beispiel Aktien einer bestimmten Branche) einbricht. Allerdings hat ein guter Kursverlauf eines einzelnen Fonds mit seinem maximal 20-Prozent-Anteil (oder einer Einzelaktie) dann auch keinen so ausgeprägt positiven Einfluss mehr auf die Entwicklung des gesamten Dachfonds.

Es gibt im Grunde zwei verschiedene Konzepte am Markt: Die einen Dachfonds investieren nur in Fonds aus der eigenen Fondsgesellschaft. Das widerspricht aber eigentlich der Maxime, durch das Fonds-Picking die (vermeintlich) besten Fonds am gesamten Markt für die Kunden auszuwählen.

Besser ist es für Sie, wenn das Fondskonzept vorsieht, dass die Fondsmanager eines Dachfonds auch Investmentfonds anderer Fondsgesellschaften erwerben können. Dann macht das Fonds-Picking auch

Sinn. Allerdings fallen dort wiederum zusätzliche Gebühren für den Kauf der Fremdfonds an.

Grundsätzlich haben Sie die Wahl, je nach Ihrer persönlichen Risikoneigung Dachfonds mit einem hohen Risiko (sprich einem hohen Aktienanteil), einem mittleren Risiko (der Aktien- und der Rentenanteil sind relativ ausgeglichen) und einem geringen Risiko (hier liegt der Schwerpunkt in Rentenfonds) auszuwählen. Wenn Sie sich selbst nicht mit der Fondsauswahl beschäftigen wollen oder können und Sie nicht mehrere Fonds gleichzeitig in Ihrem Depot überwachen möchten, dann kann ein Dachfonds für Sie eine gute Lösung sein. Investieren Sie aber trotzdem im Vorfeld Ihrer Geldanlage ein wenig Zeit, um sich über das Fondskonzept, die Zusammensetzung und die Gebührenstruktur (Ausgabeaufschläge, laufende jährliche Verwaltungsgebühr, zusätzliche Gebühren für den Kauf von Fremdfonds) des jeweiligen Dachfonds zu informieren. Denn doppelte Risikostreuung kostet meist auch doppelt!

Wichtig: Es gibt auch die Möglichkeit, Fondssparpläne mit Dachfonds zu besparen.

2.6 Zielfonds – den Tag X im Visier

Zielfonds (engl. *Targetfonds*) haben anders als »normale Fonds« oder Dachfonds eine fixierte Laufzeit – beispielsweise bis ins Jahr 2020, 2025 oder sogar bis ins Jahr 2030. Angenommen, Sie planen einen Teil Ihrer privaten Altersvorsorge durch einen Zielfonds abzudecken, dann wählen Sie eine Laufzeit, die ungefähr mit Ihrem voraussichtlichen Ruhestandsbeginn zusammenfällt (also zum Beispiel 2030).

Dieser Zielfonds investiert zunächst voll oder überwiegend in Aktien, um die höheren Renditechancen an den Aktienmärkten frühzeitig zu nutzen. Mit abnehmender Restlaufzeit des Zielfonds wird nun sukzessive in weniger riskante Anleihen umgeschichtet, bis dann zum Laufzeitende in sichere Geldmarktfonds umgeschichtet wird. So haben Sie, wenn's auf die Rente zugeht (oder, um auch einmal ein anderes

Etappenziel zu wählen: der Ausbildungsbeginn eines Kindes), einen festen Betrag im Blick, der nicht durch einen Börsencrash an den Aktienmärkten geschmälert wird.

Anders als bei den AS-Fonds hat man bei Zielfonds nicht nur die Möglichkeit, ab einem bestimmten Zeitpunkt in risikoärmere Rentenfonds umzuschichten. Die Umschichtung bei den Zielfonds erfolgt immer wieder über die gesamte Laufzeit hinweg automatisch (durch das Fondsmanagement), ohne dass Sie sich jedes Mal darum kümmern müssen. Außerdem bleiben Sie mit einem Zielfonds viel flexibler. Sie können die Fondsanteile jederzeit wieder verkaufen oder neue dazukaufen.

2.7 Garantien und Absicherungen

Wenn Ihnen die Börsenbewegungen zu sehr an die Nerven gehen, Sie aber trotzdem nicht ganz auf die attraktiven Chancen von Aktienfonds verzichten wollen, können Sie unter einigen Garantien oder Absicherungen wählen – und sich somit in der Regel zumindest Ihren Kapitaleinsatz absichern. Allerdings haben diese Garantien natürlich ihren Preis – ähnlich wie eine Versicherung. Steigen die Aktienkurse, nehmen Sie nicht in vollem Umfang an der Wertentwicklung teil, weil Sie ja Ihre »Versicherungsprämie« für die Kursabsicherung bezahlen müssen.

Bei *offenen* Garantiefonds, die täglich gekauft oder verkauft werden können, sind Sie auch nicht ganz gegen Verluste geschützt. Die Fonds arbeiten zwar mit bestimmten Absicherungstechniken. Aber auch die könnten einmal versagen, und der Fonds könnte dann doch Verluste einfahren. Das Ganze ist also eher nicht geeignet für die Absicherung Ihres Finanz-Proviants.

Anders sieht es bei den *geschlossenen* Garantiefonds aus. Hier wird erst einmal das Kapital bis zu einem festen Stichtag gesammelt. Danach wird der Fonds für eine feste Laufzeit geschlossen. Am Ende der Laufzeit wirkt die abgegebene Kapitalgarantie und schützt Ihren Finanz-Proviant 100-prozentig gegen Kursverluste (abzüglich der Kaufspesen!). Sollten Sie Ihre Anteile früher verkaufen wollen, entfällt die 100-Prozent-Kursgarantie.

Die Phantasie der Fondsgesellschaften kennt keine Grenzen:

1. Sie können neben der Kapitalgarantie (die Sie vor sinkenden Aktienkursen schützt) auch noch zu einem Bruchteil an der *positiven* Wertentwicklung der Märkte teilnehmen. Damit bekommen Sie die Gewissheit, dass Sie auch bei einer positiven Konjunktur- und Kapitalmarktentwicklung einen bestimmten Prozentsatz des Höchstkurses während der Laufzeit bekommen (zum Beispiel 80 Prozent). Stand Ihr Fonds während der Laufzeit zum Beispiel auf einem Kurshoch von 150 Euro, dann werden Ihnen bei Fälligkeit 120 Euro (80 Prozent von +50 Euro Zuwachs = +20 Euro) zurückgezahlt, auch wenn der Kurs mittlerweile schon wieder darunter liegt.
2. Die bislang begrenzten Laufzeiten der Fonds werden durch neue, sogenannte Roll-over-Angebote, durch die Sie Ihre Anlage immer wieder verlängern können, im Grunde unbefristet verlängerbar.

Für die private Altersvorsorge spielen die Garantiefonds aber keine große Rolle. Zu hoch sind in der Regel die Abschläge, die Sie bei einer positiven Wertentwicklung hinnehmen müssen.

2.8 Die Abgeltungssteuer – viel Neues bei Fonds

Für den Fondssparer bringt die neue Abgeltungssteuer erhebliche Nachteile, weil ab 2009 nicht nur Zinsen und Dividenden mit Abgeltungssteuer in Höhe von 25 Prozent (zuzüglich Solidaritätszuschlag und gegebenenfalls Kirchensteuer), sondern auch Kursgewinne mit der Abgeltungssteuer belegt werden.

Wer allerdings bis zum 31.12.2008 in Fonds investiert, genießt den sogenannten Bestandsschutz. Das heißt, für die bis dahin erworbenen Fonds gilt weiterhin die Steuerfreiheit aller Kursgewinne, sofern die Wertpapiere länger als ein Jahr gehalten werden.

2.9 Worauf Sie achten sollten

- Sie haben als Laie keine Chance, die besonders interessanten Aktien auf den diversen Kapitalmärkten herauszupicken. Das mag Ihnen das eine oder andere Mal durchaus gelingen, aber langfristig nicht – die Wahrscheinlichkeit, dass Sie über längere Zeiträume das eine Mal richtig liegen und das andere Mal daneben, ist fifty-fifty.

- Setzen Sie auch beim Fondskauf nicht alles auf eine Karte – streuen Sie! Denn auch hier können Sie nicht sicher sein, dass die erfolgreichen Fondsmanager von gestern auch die Champions von morgen sein werden. Oder – noch schlimmer – die Champions verlassen den Fonds, auf den Sie gesetzt haben.

- Informieren Sie sich ausführlich – auch eine Fondsanlage muss zu Ihrer Lebensplanung und zu Ihrem Vermögen passen. Fondsratings oder »Hitlisten« können nur Wertentwicklungen aus der Vergangenheit aufzeigen, nicht in die Zukunft schauen. Außerdem liegen unterschiedlichen Hitlisten unterschiedliche Bewertungskriterien und Betrachtungszeiträume zugrunde. Dennoch ist es natürlich ein gutes Zeichen, wenn ein Fonds in den Hitlisten – auch bei längerfristiger Betrachtung von mehr als fünf Jahren – immer wieder vorne zu finden ist.

- Vergleichen Sie die Gebühren und Preise: Ein Fondspreis ist nicht verhandelbar – wohl aber sein Ausgabeaufschlag oder die Kaufspesen beim Kauf an der Börse (besonders wenn es um größere Anlagesummen geht). Direktbanken, Fondsshops und Fondsdiscounter, die Fonds vor allem über das Internet verkaufen, sind meist günstiger als Filialbanken. Aber »Geiz ist nicht immer ein guter Ratgeber«, und eine gute Beratung sollte Ihnen auch etwas wert sein!

3. Lebensversicherungen – der Klassiker der privaten Altersvorsorge

In diesem Kapitel ...

- ... erkennen Sie, dass eine Kapitallebensversicherung nicht für jeden Finanz-Proviant-Hamster passt.
- ... bekommen Sie einen guten Überblick über die verschiedenen Erscheinungsformen von Kapitallebens- und Rentenversicherungen.
- ... können Sie schnell erkennen, wo die »Haken und Ösen« der verschiedenen Versicherungen liegen.
- ... wird Ihnen eines klar: Mit einer Lebens- oder einer Rentenversicherung binden Sie sich sehr lange – und sollten das dann auch durchhalten können!

3.1 Die hatten schon Ihre Eltern: Kapitallebensversicherungen

Die Kapitallebensversicherung ist in Deutschland immer noch eine beliebte Sparmöglichkeit, wenn es um die private Altersvorsorge geht. Zu Recht oder nur aus »Tradition«? Wir gehen der Sache im Folgenden auf den Grund.

Wenn Sie eine Kapitallebensversicherung abschließen, schlagen Sie zwei Fliegen mit einer Klappe: Zum einen sichern Sie Angehörige oder Ihnen nahestehende Personen für den Fall Ihres Todes ab. Damit schützen Sie sie vor plötzlichen Existenznöten und finanzieller Ebbe. Zum anderen sparen Sie über einen längeren Zeitraum regelmäßig für Ihren Ruhestand und erhalten eine Summe bei Fälligkeit Ihrer Lebensversicherung ausbezahlt, die sich aus einer garantierten Summe und aus Überschussanteilen zusammensetzt.

Zunächst zum Hauptzweck einer Lebensversicherung, der Todesfallabsicherung. Hier spielt es natürlich eine Rolle, ob Sie überhaupt jemanden absichern wollen oder müssen, und wenn ja, wie lange. Die Praxis zeigt uns immer wieder, dass zwar einerseits der Wunsch nach Absicherung von Familie oder Freunden da ist, die dann dazu notwendigen Beträge aber unterschätzt werden.

Das sollte Ihnen mit Ihrem Finanz-Rucksack nicht passieren. Nehmen Sie sich deshalb Ihren Finanz-Proviant-Rechner zur Hand und rechnen Sie sich die notwendigen Absicherungsbeträge über die Jahre selbst aus. (Neben den Geldbeträgen für die einzelnen Finanz-Rucksacktaschen spielt jetzt natürlich auch eine Rolle, wie lange Sie Dritte absichern möchten.) Am Beispiel von Hans Glück sehen Sie im Folgenden den von ihm berechneten Absicherungsbedarf für seine dreiköpfige Familie:

Finanz-Rucksack												
Jahr	Einkünfte (netto)	Zusatz-einkünfte	zusätzliche Zahlungen im Alter	1 Konsum-tasche	2 Wohn-tasche	3 Versicherungs-tasche	4 Freizeit-tasche	5 Gesundheits-tasche	6 Bildungs-tasche	7 Finanzhilfe-tasche	8 Vermögens-tasche	SUMME
1*	25.000	10.000	-	13.000	10.000	2.500	4.000	2.000	500	1.500	1.500	35.000
2	25.000	10.000	-	13.000	10.000	2.500	4.000	2.000	500	1.500	1.500	35.000
3	...	...	-	...	...	...	...	...	...	...	...	
4**	25.000	10.000	-	13.000	10.000	2.500	4.000	1.000	500	2.500	1.500	35.000
5	...	...	-	...	...	...	...	...	...	...	...	
6***	35.000	10.000	-	15.000	16.000	3.500	4.000	1.000	500	2.500	2.500	45.000
...	...	...	-	...	...	...	...	...	...	...	...	
in % ca.												
1. - 3. Jahr				37	29	7	11	7	1	4	4	100
...												
ab 6. Jahr				34	36	8	9	0,6	0,4	6	6	100
Tendenz					+					+	+	

* Er: Angestellter, 25 Jahre
Sie: Angestellte, 24 Jahre, Teilzeitkraft
ein Kind
** Geburt des zweiten Kindes
*** Gehaltserhöhung um 10.000 € und Umzug in eine größere Wohnung

Will sich Familie Glück nach der Geburt des zweiten Kindes beispielsweise für die nächsten sechs Jahre absichern, so müssen die Gehälter der beiden Eltern durch eine Versicherungssumme abgedeckt werden. Wie hoch dieser Betrag ist, können Sie mit der sogenannten Barwertformel selbst ausrechnen. Hans und Dani Glück wollen in der Zukunft also zwei Jahre 35.000 Euro und vier Jahre 45.000 absichern und berechnen für sich

$$35.000 \text{ x } \frac{1}{1+i} + 35.000 \text{ x } \frac{1}{(1+i)^2} +$$

$$35.000 \text{ x } \frac{1}{(1+i)^3} + ... + 45.000 \text{ x } \frac{1}{(1+i)^6}$$

rund 210.000 Euro (mit *i* ist der sogenannte Kalkulationszins gemeint, hier fünf Prozent). Der notwendige Absicherungsbetrag erhöht sich natürlich, wenn Sie nicht nur sechs Einkommensjahre, sondern eine noch längere Zeitdauer und die damit verbundenen Zahlungen in der Zukunft absichern möchten.

Ist dieser Absicherungswunsch bei Ihnen (oder Ihren Nächsten) nicht vorhanden oder überfordert Sie die Versicherungsprämie für eine solche Absicherungshöhe, sollten Sie wirklich überdenken, ob für Sie eine Kapitallebensversicherung sinnvoll ist oder ob Sie nicht mit anderen Sparprodukten, zum Beispiel mit einem Fondssparplan, flexibler für Ihr Alter (und andere) vorsorgen. Spielt die Absicherung für den Todesfall auch in der berechneten Höhe für Sie eine Rolle, dann haben Sie noch die Möglichkeit, »nur« eine Risikolebensversicherung abzuschließen. Das heißt, Sie sparen überhaupt keinen Kapitalbetrag über viele Jahre an, und im Falle Ihres Todes erhalten die »Begünstigten« dann eine bestimmte Versicherungssumme zur Abdeckung des oben berechneten Kapitalbedarfs ausbezahlt. Das kostet Sie über all die Jahre wesentlich weniger als eine Kapitallebensversicherung und erfüllt den gleichen Zweck der Risikoabsicherung.

Achtung: Beide Versicherungsarten werden immer teurer, je älter Sie beim Abschluss sind. Außerdem müssen Sie sich in der Regel einer Gesundheitsprüfung unterziehen, die mit der Höhe Ihrer Versicherungssumme natürlich auch immer umfangreicher wird.

Jetzt zurück zum zweiten Nutzen einer Lebensversicherung, dem Anspar-Aspekt. Hier müssen Sie zunächst wissen, dass Sie nicht die gesamten Beiträge gutgeschrieben bekommen, die Sie monatlich – oder besser jährlich, denn dann entfallen die Zuschläge für die monatliche Zahlungsweise – ansparen. Abgezogen werden die Kosten für die Absicherung des Todesfalls und die Kosten für Vertrieb und Verwaltung. Was dann übrig bleibt, wird angespart und mit einem Garantiezins verzinst. Der beträgt seit 2007 gerade noch 2,25 Prozent; für bis Ende 2006 abgeschlossene Verträge waren es 2,75 Prozent, für bis Ende 2003 abgeschlossene Verträge noch 3,25 Prozent. Darüber hinaus haben Sie auch Chancen auf den sogenannten Überschussanteil. Der hängt davon ab, wie gut das Anlagemanagement der Versicherung mit den Anlagegeldern wirtschaftet.

Wenn Sie also Angebote auf dem Markt vergleichen – was Sie unbedingt tun sollten –, vergleichen Sie zunächst die Höhe der garantierten Ablaufleistung, denn nur die haben Sie im Alter wirklich sicher. In dieser garantierten Summe kommt die Kostenwirtschaftlichkeit Ihrer Versicherungsgesellschaft zum Tragen. Darüber hinaus sollten Sie aber auch auf die Ihnen gebotenen Überschussbeteiligungen achten, denn hier spiegelt sich wider, wie erfolgreich die Versicherung mit Ihrem Geld an den Kapitalmärkten agiert. Ergo: Geht Ihnen Sicherheit vor Ertrag, werden Sie die Police mit der höheren Garantiesumme wählen, geht Ihnen Ertrag vor Sicherheit, wählen Sie das Angebot mit einer höheren zu erwartenden Überschussbeteiligung.[36]

Zudem müssen Sie wissen, dass Sie sich bei einer Lebensversicherung sehr lange mit festen Beträgen binden. Sie sollten sich also sicher sein, dass Sie die Beiträge über die gesamte Laufzeit wirklich aufbringen können, da Sie sonst mit erheblichen Nachteilen rechnen müssen (dazu später mehr).

Einen großen Vorteil haben Anleger, die Versicherungsverträge vor dem 31. Dezember 2004 abschlossen und deren Versicherung mindestens eine Laufzeit von zwölf Jahren hat. Die Ablaufleistung dieser Versicherung ist dann nämlich komplett steuerfrei. Das ist sicherlich auch ein Punkt, warum sich die Kapitallebensversicherung schon lange so großer Beliebtheit erfreut. Bei Verträgen, die ab dem 1. Januar 2005 abgeschlossen wurden, wurde dieser Steuervorteil durch das

36 Was über die garantierte Summe hinausgeht, sind unverbindliche Hochrechnungen – und nicht selten optimistische »Luftnummern«, die die Kunden zum Abschluss bewegen sollen!

Alterseinkünftegesetz jedoch erheblich eingeschränkt: Nur noch die Hälfte des Ertragsanteils ist steuerfrei (die Auszahlung abzüglich der eingezahlten Beträge), sofern die Versicherung mindestens zwölf Jahre läuft und frühestens im Alter von 60 Jahren ausbezahlt wird. Dennoch, wenn Ihr Sparerfreibetrag (ab 2009 der Sparerpauschbetrag) ausgeschöpft ist, kann diese – zumindest teilweise Steuerfreiheit – ein Argument für eine Kapitallebensversicherung sein.

Zwei andere Punkte, die ab 2008 durch das reformierte Versicherungsvertragsgesetz für die Kapitallebensversicherung sprechen: Beim Abschluss einer Lebensversicherung müssen Sie in Zukunft auch über die Abschlusskosten für Provisionen und Verwaltung informiert werden – das schafft viel mehr Transparenz. Außerdem müssen Alt- und Neukunden ab 2008 stärker am Gewinn und an den stillen Reserven der Versicherungsgesellschaften beteiligt werden, was sich dann positiv auf die Rendite auswirken wird.

3.2 Private Rentenversicherungen

Zugegeben, ein Renditeknüller ist eine private Rentenversicherung nicht, es sei denn, Sie werden steinalt. Aber: Eine klassische private Rentenversicherung tut Ihrem Finanz-Rucksack auf jeden Fall gut, wenn Sie eine sichere Zusatzversorgung suchen. Denn anders als bei der gesetzlichen Rentenversicherung wird Ihnen bei Abschluss einer Rentenversicherung von vornherein ein bestimmter lebenslanger Rentenbetrag garantiert. Die aktuell garantierte Verzinsung liegt, wie bei Lebensversicherungen, bei 2,25 Prozent auf Ihren Sparanteil, also Ihre Einzahlungen abzüglich Kosten für Vertrieb und Verwaltung. Zu diesem garantierten Teil Ihrer Rente kommt dann noch die Überschussbeteiligung obendrauf, die davon abhängig ist, wie erfolgreich die Versicherungsgesellschaft mit Ihrem Geld gewirtschaftet hat.

Wenn Sie also Angebote auf dem Markt sondieren, gilt das Gleiche wie bei Lebensversicherungen: Vergleichen Sie die garantierten Renten der Anbieter – nur die haben Sie im Alter wirklich sicher. Darüber hinaus sollten Sie aber auch auf die Ihnen angebotenen

Überschussbeteiligungen achten, denn hier spiegelt sich wider, wie erfolgreich die Versicherung mit Ihrem Geld an den Kapitalmärkten agiert. Ergo: Geht Ihnen Sicherheit vor Ertrag, werden Sie die Police mit der höheren Garantiesumme wählen, geht Ihnen Ertrag vor Sicherheit, wählen Sie das Angebot mit einer höheren zu erwartenden Überschussbeteiligung.

Einzahlungsmöglichkeiten in eine Rentenversicherung

Es gibt zum einen die Möglichkeit, regelmäßig feste Beiträge zu zahlen. Hier sind Sie eigentlich mit einer jährlichen Zahlungsweise besser bedient als mit einer monatlichen, weil dann der Zuschlag für die Ratenzahlung entfällt. Mit der monatlichen Zahlung fällt jedoch vielen das Sparen und Verzichten leichter (Was weg ist, ist weg!). Und ähnlich wie bei einer Lebensversicherung sollten Sie auch bei einer Rentenversicherung die Beiträge langfristig aufbringen können. Die Rentenversicherung ist kein flexibles Sparprodukt! Andererseits mag es auch Menschen geben, die die nötigen Mittel zum Sparen haben, aber nicht die nötige Disziplin. Für die könnte es dann durchaus sinnvoll sein, sich einfach fest zu binden und somit quasi zwangsweise Rücklagen in ihrer Vermögenstasche zu bilden. Eine Rentenversicherung tut gerade ihnen gut!

Zum anderen gibt es die Möglichkeit, einen Einmalbeitrag zu leisten, beispielsweise aus einer Erbschaft. Hier können Sie dann wählen, ob Sie sofort Rente beziehen möchten (sogenannte Sofortrente) oder ob Sie die Zahlungen erst später in Anspruch nehmen wollen (sogenannte aufgeschobene Rentenversicherung). Ganz praktisch sind hier auch Versicherungen, die Ihnen mehrere Abruf- oder Aufschuboptionen bieten. Mit einer Abrufoption können Sie den Rentenbeginn vorziehen, meist bis zu fünf Jahre. Allerdings fällt die Rente dann ein wenig niedriger aus. Ein Hinausschieben der Rente funktioniert mit einer Aufschuboption (in der Regel zwei bis fünf Jahre). Sie bekommen dann mehr Rente, als Sie beim ursprünglichen Start erhalten hätten. Denn möglicherweise wissen Sie bei Abschluss der Versicherung noch nicht, wann Sie die Rentenzahlungen wirklich benötigen.

Auszahlungsmöglichkeiten und Versteuerung der Rentenversicherungen

Wichtig ist, dass Sie beim Abschluss ein Kapitalwahlrecht für den späteren Rentenzeitpunkt vereinbaren. Damit haben Sie im Alter die Möglichkeit, sich einen Einmalbetrag auszahlen zu lassen.

Die Besteuerung erfolgt dann nach dem gleichen Muster wie bei der Lebensversicherung: Unter der Voraussetzung, dass Ihre Rentenversicherung mindestens zwölf Jahre Laufzeit hat und frühestens im Alter von 60 Jahren ausgezahlt wird, muss die Hälfte des Ertragsanteils, also die Auszahlung abzüglich der eingezahlten Beiträge, mit Ihrem persönlichen Einkommensteuersatz versteuert werden. Läuft die Rentenversicherung weniger als zwölf Jahre oder sind Sie bei Auszahlung jünger als 60 Jahre, muss der gesamte Ertragsanteil von Ihnen versteuert werden.

Sie können sich die Rentenversicherung aber auch in monatlichen Raten auszahlen lassen. Dann wird nur der Ertragsanteil versteuert (mit dem weiter vorne schon genannten Prozentsatz – je nach Ihrem Alter zu Beginn der Auszahlungen). Dieser Prozentsatz ist umso höher, je jünger man die Auszahlungen beansprucht – es gibt keine »Gnade der jungen Rente«! Wer sich beispielsweise ab einem Alter von 65 Jahren seine privaten Rentenzahlungen auszahlen lässt, muss nur 18 Prozent vom Ertragsanteil versteuern. Und wer schon mit 60 Jahren in den Genuss seiner Privatrente kommen will, muss immerhin 22 Prozent vom Ertragsanteil einer Rentenversicherung versteuern.

Hier noch einmal die wichtigsten Punkte, die für eine private Rentenversicherung sprechen:

- Sie haben in Ihrer Sparrate keinen Risikoaufwand für die Absicherung des Todesfalls wie bei der Kapitallebensversicherung. Das heißt, es kommt mehr Geld für Ihre späteren Rentenzahlungen bei Ihnen an. Das Todesfallrisiko können Sie – wenn nötig – meist günstiger über eine Risikolebensversicherung abdecken.

- Vor Abschluss einer Rentenversicherung ist keine Gesundheitsprüfung nötig.
- Die spätere Rente muss nicht in voller Höhe versteuert werden, sondern nur ein bestimmter Prozentsatz des jeweiligen Ertragsanteils der Versicherung.

Was passiert eigentlich, wenn Sie vor dem richtigen »Ausleben« Ihrer privaten Rentenversicherung sterben?

Es kommt darauf an: Sterben Sie vor Rentenbeginn, bekommen Ihre Hinterbliebenen die über die Jahre eingezahlten Beträge und meist auch die bis dahin erwirtschafteten Überschussanteile. Für den Fall, dass Sie noch von der Rente profitieren, gibt es die Möglichkeit, bei Abschluss der Rentenversicherung eine Rentengarantiezeit zu vereinbaren, zum Beispiel sechs Jahre. Und wenn Sie dann nur vier Jahre Rentenzahlungen erleben, erhalten Ihre Hinterbliebenen eben noch zwei Jahre weiter Rentenzahlungen. Oder Sie vereinbaren eine sogenannte Beitragsrückgewähr. Angenommen, Sie haben in Ihrer Versicherung ein Kapital von 60.000 Euro und beziehen bis zu Ihrem Tod noch vier Jahre Rente. Dann erhalten Ihre Erben von den 60.000 Euro noch das, was nach Zahlung Ihrer Rente übrig ist. Aber: Zeigen Sie gesunden Egoismus und überlegen Sie, wem Sie Gutes tun müssen (oder wollen), denn alles, was Sie für Ihre Erben tun, geht zu Lasten Ihrer späteren Rente! Je länger zum Beispiel die Rentengarantiezeit, desto geringer Ihre monatliche Rente!

3.3 Fondsgebundene Versicherungen

Wem die Renditeaussichten der bereits beschriebenen klassischen Lebens- oder Rentenversicherungen zu mager erscheinen, der hat auch die Möglichkeit, in fondsgebundene Versicherungen zu investieren. Natürlich gehen höhere Renditechancen auch mit höheren Risiken einher. Es gibt keine – oder nur teilweise – Garantien auf die Ablaufleistung oder auf die späteren Rentenzahlungen. Da die Beiträge in Investmentfonds angelegt werden, hängt die Rendite in erster Linie davon ab, wie erfolgreich die dahinterstehenden Fonds wirtschaften. Bei einigen Versicherungen können Sie jedoch auch sicherheitsorientierte Varianten wählen, bei denen Sie beispielsweise bei Fälligkeit mindestens die eingezahlten Beträge wieder erhalten (oder Ihnen eine bestimmte Rentenhöhe garantiert wird). Ein Teil des Sparanteils wird dann von der Versicherungsgesellschaft konventionell, wie bei den klassischen Varianten, verwaltet. Bedenken müssen Sie aber eines: Je höher die Garantieleistung wird, desto mehr ähnelt die fondsgebundene Variante den klassischen Lebens- oder Rentenversicherungen – eben auch in Bezug auf die niedrigeren Renditen.

In der Regel haben Sie bei fondsgebundenen Versicherungen die Qual der Wahl, ob Sie sich für eine Variante entschließen, bei der Sie selbst die Auswahl unter den möglichen Fonds treffen, die die Versicherungsgesellschaft anbietet, oder ob Sie dies der Versicherungsgesellschaft überlassen. Wenn Sie die Auswahl selbst in die Hand nehmen, sollten Sie sich auch regelmäßig mit dem Thema beschäftigen, prüfen, wie sich die Fonds entwickeln, und gegebenenfalls Umschichtungen vornehmen.

Wenn Sie Ihren Anlageschwerpunkt in Aktienfonds haben, sollten Sie auf jeden Fall einige Zeit vor Rentenbeginn in sicherere Renten- oder Geldmarktfonds umschichten. Manche Versicherungsgesellschaften gehen auch von sich aus so vor, wenn der Fälligkeitstermin einer Fondspolice näher rückt. Sie entgehen dann dem Risiko, dass Ihr Rentenbeginn in die Zeit eines Börsentiefs fällt und Sie mit wesentlich weniger Geld als erwartet (oder sogar als eingezahlt, wenn Sie eine Variante ohne jegliche Garantie gewählt haben) auskommen müssen.

Wenn Sie die Fondsauswahl der Versicherungsgesellschaft überlassen, können Sie meist wählen, welches Risiko Sie eingehen wollen. Je nach Ihrem Risikoprofil erfolgt dann eine weitgehend standardisierte Fondsauswahl, die zu Ihrem individuellen Risikotyp passt. Dennoch: Eine Haftung für den Anlageerfolg übernimmt eine Versicherungsgesellschaft nie. Trotzdem wäre das die bessere Alternative, wenn Sie sich nicht gut mit Fonds und Wertpapiermärkten auskennen oder sich gar nicht erst damit befassen wollen.

Auch während der Laufzeit Ihrer Fondspolice gibt es Möglichkeiten, die Fonds umzuschichten. Bei manchen Anbietern geht das nur einmal pro Jahr ohne zusätzliche Kosten, bei anderen beliebig oft.

Abschließend müssen Sie jedoch entscheiden, ob ein Fondssparplan nicht doch die bessere Alternative für Sie ist. Die wesentlich höhere Flexibilität spricht sehr oft dafür. Wie auch bei den klassischen Lebens- und Rentenversicherungen sollten Sie die Beiträge in fondsgebundene Lebensversicherungen auch langfristig aufbringen können – sonst gewinnen Sie nur eine »Scheinsicherheit«, die Sie gar nicht erwirtschaften können.

Allerdings: Ab 2009 sind Fondspolicen in puncto Abgeltungssteuer bevorzugt. Der »Versicherungsmantel« um die Fonds schützt vor Abgeltungssteuer, und Umschichtungen sind steuerfrei möglich. Also: genau hinschauen, was für Sie passt, und nicht vor lauter Steuerspar-Gier die Kosten der Police übersehen!

3.4 Achtung: finanzielle Nachteile bei vorzeitiger Auflösung

Bei allen bisher genannten Versicherungsprodukten haben wir darauf hingewiesen, dass sie nur für Sparbeiträge sinnvoll sind, die Ihnen auch langfristig und nachhaltig zur Verfügung stehen. Was aber, wenn doch der Fall eintritt, dass Sie Ihre Versicherung nicht mehr weiterführen können oder dies nicht mehr wollen, weil Ihnen die Renditeaussichten zu schlecht sind? Es gibt mehrere Alternativen, so dass es vielleicht nicht die Kündigung sein muss, die in der Regel mit finanziellen Verlusten verbunden ist:

1. Policendarlehen: Der Versicherer gibt Ihnen ein Darlehen in Höhe des aktuellen Rückkaufswertes der Versicherung. Der Rückkaufswert ist Ihr Angespartes in der Versicherung, also was nach Abzug der Kosten noch übrig bleibt. Sollten Sie die Versicherung erst wenige Jahre haben, tendiert er gegen null. Außerdem müssen Sie bei einem Policendarlehen einen verglichen mit der Rendite

Ihrer Police deutlich höheren Darlehenszinssatz zahlen. Ein Policendarlehen kommt daher in der Regel nur in Frage, wenn man lediglich eine relativ kurze Zeit bis zur eigentlichen Auszahlung der Versicherung überbrücken muss oder den Kredit nicht lange braucht.

2. Beitragsfreistellung des Vertrages: Wenn es »nur« darum geht, dass Sie die Beiträge nicht mehr aufbringen können oder wollen, können Sie den Vertrag auch ganz beitragsfrei stellen lassen. Das bedeutet, dass er sozusagen auf dem bis dahin eingezahlten Stand »eingefroren« wird. Dazu kommen bei Ablauf aber noch die erwirtschafteten Überschüsse der Versicherungsgesellschaft obendrauf. Alternativ können Sie sich die vertraglichen Beträge auch stunden lassen, wenn Sie später weiterzahlen möchten. Allerdings werden dafür ebenfalls Kreditzinsen fällig.

3. Verkauf der Kapitallebens- oder Rentenversicherung auf dem sogenannten Zweitmarkt: Die Unternehmen, die auf dem Zweitmarkt Versicherungen aufkaufen, zahlen in der Regel mehr als das, was bei einer Kündigung der Police übrig bliebe. Sie führen dann den bestehenden Vertrag weiter bis zum Ende und bekommen somit auch die Gewinne aus der Überschussbeteiligung, die nur bei einem Durchhalten bis zum Ende ausbezahlt werden. Allerdings hat nicht jede Police gute Chancen, gekauft zu werden. Es müssen bestimmte Voraussetzungen erfüllt sein. (Der Rückkaufswert muss in der Regel mindestens 5.000 Euro betragen, was junge Policen kaum erfüllen können. Bei manchen Aufkäufern darf die Restlaufzeit nicht über 15 Jahren liegen, oder es werden nur Policen von bestimmten Versicherungsgesellschaften gekauft.) Nicht angekauft werden üblicherweise Direktversicherungen, die im Rahmen der betrieblichen Altersvorsorge abgeschlossen wurden. Und bislang kaufen nur wenige Zweitmarktkäufer fondsgebundene Versicherungen.

3.5 Worauf Sie achten sollten

- Prüfen Sie vor Abschluss einer Kapitallebens- oder Rentenversicherung, ob Sie die vertraglich vereinbarten Beiträge auch auf lange Sicht aufbringen können oder wollen. Wenn ja, bedenken Sie, dass eine private Rentenversicherung oftmals die rentablere Alternative ist, insbesondere wenn Sie niemanden im Familien- oder Freundeskreis absichern müssen. Aber selbst wenn Sie das Todesfallrisiko abdecken wollen: Ziehen Sie immer auch die Alternative einer Risikolebensversicherung in Betracht!

- Holen Sie vor Vertragsabschluss immer mehrere Angebote ein, und vergleichen Sie vor allem die garantierten Leistungen. Daran können Sie erkennen, wie viel Vertriebs- und Verwaltungskosten die Versicherungsgesellschaft schluckt und wie viel Ihnen am Ende sicher bleibt. Die werbewirksam avisierten Überschussbeteiligungen sind nur vage Prognoserechnungen, die Ihnen eben nicht garantiert werden.

- Überlegen Sie, ob Sie Zusatzleistungen brauchen – und welche. Zum Beispiel eine Berufsunfähigkeitsversicherung: Sie brauchen sicher eine für den Fall, dass Sie ein schwerer Unfall daran hindert, Ihre finanziellen Lasten zu stemmen. Dann aber besser als Extravertrag und nicht im Lebensversicherungsvertrag integriert. Vergleichen Sie die Kosten-Nutzen-Relation der Extras! Eine eingeschlossene Unfallversicherung, die dann bei Ihrem Tod die doppelte Versicherungssumme ausbezahlt, ist in der Regel unnötig. Warum sollte bei Tod durch Unfall eine höhere Summe nötig sein als bei Ihrem Tod durch Krankheit? Der Nachteil an der Sache: Der Einschluss einer solchen Versicherung verringert den Sparanteil an den laufenden Beiträgen in Ihre Kapitallebensversicherung.

- Achtung: Dynamik-Verträge! Das bedeutet, Ihr Versicherungsbeitrag steigt jedes Jahr um einen bestimmten Prozentsatz; somit steigt auch Ihre Versicherungssumme stetig. Man macht dies, um der Inflation etwas entgegenzusetzen. Es fallen aber auch bei jeder Dynamikstufe neue Abschlusskosten an – sichere Einnahmen für

Ihre Versicherung! Besser also, die Dynamik rausnehmen und die Inflationssicherung über einen Sparplan abschirmen.

- Wenn Sie sich für die fondsgebundenen Versicherungen interessieren: Vergleichen Sie den Steuervorteil mit den Kosten und der bindenden Zahlungspflicht im Vergleich mit Fondssparplänen.

- Für den Fall, dass Sie eine Berufsunfähigkeitsversicherung bei Ihrer Lebensversicherung eingeschlossen haben und Sie diese beitragsfrei stellen wollen oder müssen: Achtung! Was passiert mit Ihrer Berufsunfähigkeitsversicherung? Möglicherweise werden die Leistungen dann stark gekürzt, oder Sie verlieren den Schutz sogar ganz. Zu viel Unsicherheit für unsichere Zeiten!

- Sollte der Verkauf Ihrer Versicherung ein Thema sein: Holen Sie sich immer mehrere Angebote ein. Die Aufkäufer berechnen einen Rückkaufswert. Vergleichen Sie ihn mit dem, den Ihnen Ihre Versicherungsgesellschaft angibt!

4. Bausparen – schaffe, schaffe, Häusle baue

In diesem Kapitel ...

- ... erkennen Sie, nach welchen Prinzipien das Bausparen funktioniert.
- ... bekommen Sie einen guten Überblick über die Vor- und Nachteile eines Bausparvertrages.
- ... können Sie gleich einmal für sich selbst überlegen, ob ein Bausparvertrag für Sie eine sinnvolle Anlage Ihres Finanz-Proviants sein könnte.
- ... wird Ihnen eines klar: Genau hinschauen ist angesagt im Tarifdschungel der Bausparkassen!

4.1 Wie funktioniert der Klassiker?

My Home is my Castle – die eigene Immobilie ist eine in Deutschland sehr beliebte und auch sinnvolle Form der Altersvorsorge für unsichere Zeiten. Genauso erfreut sich der Bausparvertrag größter Beliebtheit, verbindet er doch die Tugenden des Häuslebauens und des Sparens! Erst müssen Sie mit einem Sparvertrag fleißig sparen und eine geringfügige Verzinsung hinnehmen. Später werden Sie dann mit einem zinsgünstigen Darlehen belohnt, dessen Festzinssatz schon beim Abschluss des Bausparvertrags feststeht. Voraussetzung: Das Bauspardarlehen wird wohnwirtschaftlich verwendet – zum Immobilienkauf oder zur Modernisierung, auch zum Kauf einer Ferienwohnung oder zum Kauf eines Wohnplatzes in einem Seniorenheim.

Die Bausparsumme setzt sich aus zwei Teilen zusammen:

1. aus einem »Topf« Eigenkapital, in den Sie in der Ansparphase monatlich sparen. (Sie können aber auch in einer Summe einzahlen oder beliebig Sonderzahlungen leisten.)

2. Den anderen Teil der Bausparsumme bildet das Bauspardarlehen, das von Ihnen in der Darlehensphase in mehreren Jahren zurückgezahlt wird.

Grundsätzlich haben Sie eine bestimmte Wartezeit durchzuhalten, bis Ihr Bauspardarlehen »zuteilungsreif« wird. Wie lange, das hängt zum einen vom Vertrag selbst ab, zum anderen haben Sie die Möglichkeit, durch Sonderzahlungen die sogenannte Bewertungszahl, die vor Zuteilung des Vertrages erreicht werden muss, positiv zu beeinflussen. Sollten Sie mit Ihren Zahlungen aussetzen – was bei einem Bausparvertrag grundsätzlich kein Problem ist –, wirkt sich das jedoch negativ auf Ihre Bewertungszahl aus. Das heißt, der Zuteilungszeitpunkt Ihres Darlehens verschiebt sich nach hinten.

4.2 Für wen lohnt sich ein Bausparvertrag?

Ein Bausparvertrag lohnt sich grundsätzlich für all diejenigen, die die feste Absicht haben, in einem absehbaren Zeitraum (in der Regel fünf bis zehn Jahre) eine Immobilie für sich zu kaufen oder zu bauen. Dafür sind natürlich auch eigene Geldmittel nötig, die mit einem Bausparvertrag risikolos und gezielt angespart werden können (üblicherweise mindestens 20 Prozent, besser 30 Prozent des Kaufpreises).

Eine rentablere Ansparmöglichkeit, wie zum Beispiel ein Fondssparplan, eignet sich zum Ansparen des nötigen Eigenkapitals für Ihren Immobilienwunsch bei dieser vergleichsweise kurzen Ansparzeit nicht – zu hoch ist die Gefahr von Wertschwankungen Ihres Fondsvermögens. Gerade in Niedrigzinsphasen kann man den geringen Guthabenzins, den Sie für Ihr Bausparguthaben bekommen, ganz gut verschmerzen, denn andere (sichere) Bankprodukte, die Ihnen zur Ansammlung von Eigenkapital dienen könnten, bieten in solchen Zeiten auch keine Traumverzinsung. Jedoch sichern Sie sich den niedrigen Darlehenszins gleich bei Abschluss des Bausparvertrages. Das bedeutet: Falls Ihr Immobilienkauf später einmal in eine Hochzinsphase fallen sollte, sind Ihnen die vergleichsweise günstigen Konditionen für ein Bauspardarlehen sicher.

Geeignet ist die Einbindung eines Bausparvertrages in eine Immobilienfinanzierung auch dann, wenn Sie in der Darlehensphase größere Geldeingänge erwarten können (zum Beispiel durch eine Schenkung oder eine Erbschaft oder wenn andere Sparverträge »frei werden«). Denn anders als bei den meisten »normalen« Bankdarlehen können Sie auf ein Bauspardarlehen jederzeit Sondertilgungen in beliebiger Höhe leisten und sich somit rasch entschulden, wobei die Laufzeiten von Bauspardarlehen mit ungefähr sieben bis elf Jahren ohnehin wesentlich kürzer sind als die von herkömmlichen Bankdarlehen (in der Regel um die 30 Jahre Laufzeit). Das bedeutet aber natürlich auch, dass Bauspardarlehen mit einem hohen Tilgungssatz und folglich mit einer hohen Darlehensrate verbunden sind. Und die muss in Ihren Lebensplan und zu Ihrer Finanzkraft passen! Deshalb ist es in der Regel nur für einen Teil der Finanzierungssumme für Ihren Immobilienwunsch sinnvoll (oder möglich), mit Bauspardarlehen zu arbeiten.

4.3 Mehr Durchblick im Tarifdschungel

Die Zeiten sind vorbei, als wenige Tarife einen Überblick über das Bausparen garantierten und Sie nur die Wahl hatten zwischen

1. Tarifen mit niedrigem Guthabenzins und niedrigem Darlehenszins oder

2. etwas höherer Guthabenverzinsung – dafür auch etwas höherer Darlehensverzinsung.

Heute gibt es einen wahren Dschungel an Tarifvarianten. Zum Beispiel Tarife mit Wahlzuteilung, so dass Sie den Zeitpunkt der Zuteilung weitgehend selbst bestimmen können, unabhängig von einer Bewertungszahl oder einem bestimmten Guthabenstand. Oder Sie können beispielsweise ein höheres Darlehen beanspruchen, wenn Sie bereit sind, bei der späteren Tilgung Ihres Bauspardarlehens eine höhere Monatsrate zurückzuzahlen. Oder umgekehrt: Sie mindern Ihre Darlehensbelastung und verzichten auf einen Teil Ihres Darlehensanspruchs.

Zugegeben: Der Durchblick wird immer schwieriger, und aktuelle Informationen und verlässliche Beratung sind umso wichtiger. Trotzdem: Gerade in unsicheren Zeiten ist die Möglichkeit, flexibel auf geänderte Lebensbedingungen reagieren zu können, so wichtig wie nie zuvor. Da lohnt sich der Kampf durch den Tarifdschungel!

4.4 Worauf Sie achten sollten

- Ein Bausparvertrag ist nur dann sinnvoll, wenn Sie sich vorgenommen haben, Wohneigentum zu erwerben, zu bauen oder zu renovieren. Das günstige Bauspardarlehen ist immer an eine – nachweislich – wohnwirtschaftliche Verwendung gekoppelt. Das bedeutet: Wenn sich Ihr Lebensplan ändert und Sie statt des *Traumhauses* doch lieber das *Traumauto* finanzieren würden – mit einem Bauspardarlehen ist das nicht möglich! Dann bleibt Ihnen letztlich nur die über viele Jahre magere Guthabenverzinsung auf Ihrem Ersparten.

- Wenn Sie Ihren Immobilientraum wahr machen, bevor Ihr Bausparvertrag zuteilungsreif ist, müssen Sie die gesamte Bausparsumme, also auch Ihr angespartes Guthaben, bis zur Zuteilung Ihres Darlehens bei einer anderen Bank oder bei der Bausparkasse vorfinanzieren beziehungsweise zwischenfinanzieren!

- Bisher erhielten Bausparer, deren zu versteuerndes Einkommen nicht höher als 25.600 Euro war (bei Verheirateten 51.200 Euro), vom Staat eine jährliche Wohnbauprämie in Höhe von 45 Euro (Verheiratete 90 Euro). Diese Prämie stand schon oft zur Diskussion, rechnen Sie also nicht allzu sicher damit.

- Schließen Sie in einer Hochzinsphase einen Bausparvertrag ab, verzichten Sie auf eine höhere Guthabenverzinsung alternativer Anlagen und Sparprodukte. Möglicherweise fällt Ihre Darlehensphase ausgerechnet dann in eine Niedrigzinsphase, und der Zinsvorteil Ihres Bauspardarlehens ist für Sie vergleichsweise gering beziehungsweise zu teuer erkauft. Schließen Sie deshalb Bausparverträge nur während einer Niedrigzinsphase ab, um dann bei den sich anschließenden Hochzinsphasen vom niedrigen Darlehenszins zu profitieren – oder komplett zinsphasenunabhängig, um mit Ihrem hohen Einkommen (oder Schenkungen und Erbschaften) die besonderen Sondertilgungsmöglichkeiten zu nutzen!

- Vergleichen Sie verschiedene Angebote nicht nur im Hinblick auf Konditionen und voraussichtliche Zuteilung, sondern auch hinsichtlich weiterer, für Sie wichtiger Aspekte rund um Ihren Immobilien(spar)wunsch.

Das heißt: Machen Sie sich erst einmal bei den Anbietern schlau, und füllen Sie für sich die folgende Checkliste zum Vergleich der Ihnen angebotenen Tarifvarianten aus:

1. Guthabenzins auf den Bausparvertrag: ____________
2. Kreditzins auf das Bauspardarlehen: ____________
3. Wartezeit bis zur Bauspardarlehenszuteilung: ____________
4. Voraussichtlicher Tilgungszeitraum: ____________
5. Jährliche Sondertilgungsmöglichkeiten: ____________
6. Monatliche/jährliche Zins- und Tilgungsrate: ____________

7. Flexibilität im Hinblick auf
   a) Zuteilungszeitpunkt: ____________________
   b) Erhöhung des Darlehens: ____________________
   c) Reduzierung des Darlehens: ____________________
   d) Erhöhung der Monatsraten: ____________________
   e) Reduzierung der Monatsraten: ____________________
8. Zwang zur Restkreditversicherung: ____________________
9. Höhe der Abschlussgebühr: ____________________

4

WAS IHNEN DER PRODUKTE-DSCHUNGEL BIETET, WENN SIE MEHR WOLLEN – MEHR ERTRAG BEI MEHR RISIKO

1. Aktien und Zertifikate – Auf und Ab mit Wirtschaft und Börse

Auf den folgenden Seiten …

- … erkennen Sie, dass Privatanleger nicht erwarten können, den Markt zu schlagen (und Finanzprofis meistens auch nicht).
- … bekommen Sie einen guten Überblick über sinnvolle Anlagestrategien für unsichere Börsenzeiten.
- … können Sie bei irgendwelchen Insider- und Expertentipps gleich die richtigen Antworten geben (und oft auch gelassen abwinken).
- … wird Ihnen eines klar: Wer nicht richtig diversifiziert, verschenkt Geld – er erhält für ein bestimmtes Risiko zu wenig Rendite oder trägt für eine bestimmte Rendite ein zu hohes Risiko.

1.1 Aktien sind das Barometer der Wirtschaft

Konkurrenz macht kreativ – das gilt nicht nur für sportliche oder künstlerische Wettbewerbe, sondern auch für die Unternehmen an der Börse. Dort buhlen Aktiengesellschaften aus den verschiedensten Branchen Tag für Tag um das Kapital von Finanzinvestoren, Großanlegern, Firmenkäufern und – last but not least – auch um Ihr Erspartes. Aktiengesellschaften benötigen frisches Kapital zur Finanzierung der Entwicklung von neuen (und noch erfolgreicheren) Produkten, zum Vormarsch in neue Märkte und zur Gewinnung noch besserer Mitarbeiter, Manager und Standorte auf dem gesamten Globus. Dieser kreative Wettkampf um Kapital und Aufmerksamkeit übt rund um die Uhr eine ungeheure Faszination auf Millionen aus – Menschen und Moneten. Jede noch so winzige Nachricht wird in ihrer Wirkung auf die Börse gierig aufgenommen und bewertet. Hat etwa der Ölpreis an einem Tag einen neuen Höchststand erreicht, so scheint das schlecht für Automobil- und Chemie-Aktien zu sein, die noch am gleichen Tag stark im Kurs fallen. Die Erklärung scheint naheliegend: »Die steigenden Rohölkosten verteuern das Benzin für die Autofahrer und die Herstellung vieler chemischer Produkte.« Der Kursverlauf dieser und anderer Aktien scheint also mit einem Zugang zu allen möglichen Informationen via Internet, gepaart mit dem notwendigen wirtschaftlichen Sachverstand, recht gut vorhersehbar. Oder nicht?

Irritierend sind im Zusammenhang mit den Auswirkungen eines steigenden Ölpreises auf den Kursverlauf von Aktien, dass die diversen Experten ganz unterschiedlich argumentieren. Der eine Experte erläutert in einem Fernsehinterview, er sei davon überzeugt, dass deutsche Autobauer von steigenden Ölpreisen profitieren werden, weil sie ihrer Konkurrenz bei der Entwicklung des Drei-Liter-Autos weit voraus seien – ihre Aktienkurse sollten also steigen. Dem hält ein anderer Experte entgegen, dass die hohen Ölpreise in den derzeitigen Aktienkursen schon berücksichtigt seien und die Aktienkurse der näheren Zukunft von ganz anderen Faktoren bestimmt würden: der Kursentwicklung in den USA, der internationalen Zinsentwicklung, aktuellen Unternehmensnachrichten oder gar vom nächsten Regierungsprogramm und von geplanten Gesetzesänderungen. Das geschilderte Beispiel zeigt, dass nicht nur der Zusammenhang zwischen Ölpreis und Aktienkursentwicklung unklar ist, sondern auch der Einfluss der vielen anderen Informationen, die täglich um den Erdball kreisen. Es ist also selbst Börsenexperten und Wissenschaftlern unmöglich, Aktienkurse präzise und verlässlich vorherzusagen.[37]

37 Selbstverständlich lassen sich im Nachhinein meist schlüssige Erklärungen finden, warum eine bestimmte Aktie in der letzten Zeit an Wert gewinnen konnte. Eine plausible rückschauende Erklärung darf aber nicht zu der Meinung verleiten, dass auch eine sichere Prognose der Zukunft möglich sei. Selbst die besten Analysen der geschäftlichen Aktivitäten, des Managements und der Produkte eines Unternehmens können wie im Fall der *Bayer*-Aktie im Jahr 2001 die Probleme beim Cholesterinsenker *Lipobay* nicht vorhersehen. Und ähnliche – negative wie positive – Vorfälle sind bei jedem Unternehmen möglich. Damit kann sich jede Aktie anders entwickeln als prognostiziert.

Der Kursverlauf des Deutschen Aktienindex DAX

»Das Leben würfelt, nicht die Börse. Die Börse ist nicht mehr als ein Spiegelbild des realen Lebens«, lautet die Kernaussage der heutigen Finanzforschung. Das bestätigen auch die täglichen Kursentwicklungen der 30 im Deutschen Aktienindex DAX versammelten Aktien: Extreme tägliche Kurszuwächse von plus oder minus fünf Prozent sind äußerst selten, plus ein Prozent selten und plus 0,05 Prozent im Durchschnitt zu erwarten.[38] Und aus dem heutigen positiven Kurssprung einer Aktie lässt sich auch nur mit einer Wahrscheinlichkeit von 50 Prozent ein weiterer positiver Sprung für den nächsten Tag vorhersagen. Wenn also Aktien hin und wieder einige Tage oder gar Wochen in Folge nach oben klettern und an Wert gewinnen, so ist das reiner Zufall und lässt keine für Ihren Finanz-Proviant notwendige sichere Prognose zu; bei

38 Die täglichen Kurssprünge der DAX-Aktien liegen statistisch gesehen in neun von zehn Fällen zwischen minus zwei und plus zwei Prozent. Liegt der DAX also heute bei 6.000 Punkten, so ist es sehr wahrscheinlich, dass er morgen in einem Intervall von 5.880 und 6.120 Punkten liegen wird. Das Intervall würde natürlich entsprechend größer ausfallen, wenn wir den DAX auf eine Woche, auf einen Monat oder auf ein Jahr vorhersagen müssten.

einer Prognosegüte von 50 Prozent können Sie gleich eine Münze werfen. Und auch die an der Börse agierenden Finanzprofis überschätzen meist ihr Wissen über kursbeeinflussende Ereignisse und deren Wirkung auf bestimmte Aktien.[39]

1.2 Wie Sie bei der Aktienanlage vorgehen sollten

Wenn sich schon Finanz*profis* erwiesenermaßen schwer mit der Auswertung der Informationsmassen tun, die auf das tägliche Börsengeschehen einwirken, wie sollen dann eigentlich Finanz*amateure* diejenigen Aktien auswählen, die sich in Zukunft am besten entwickeln werden?[40]

Natürlich passiert es täglich, dass sich eine bestimmte Aktie besser als der Durchschnitt der übrigen Aktien entwickelt hat und der stolze Käufer dann besser dasteht als andere. Genauso ist es aber an der Tagesordnung, dass sich einzelne Aktien schlechter entwickeln als die übrigen. An der Börse sind immer so viele Verlierer wie Gewinner un-

39 In ihrer Studie *Overconfidence bei Profis und Laien* zeigen die Mannheimer Wirtschaftswissenschaftler um *Martin Weber* eindrucksvoll den Hang zur Selbstüberschätzung bei Finanzprofis (Working Paper der Universität Mannheim 2005). Auch weltweit und über den Zeitraum von 18 Monaten ergibt sich kein besseres Bild. Das geht aus einer aktuellen Untersuchung von *sharewise* hervor, in der 6.700 Aktienempfehlungen von 35 Banken ausgewertet wurden. Auch dieses Ergebnis ist sehr ernüchternd: Rund die Hälfte der ausgesprochenen Kauf- und Verkaufsempfehlungen war falsch, und nur einigen wenigen gelang es, Prognosetrefferquoten über 60 Prozent zu erzielen.

40 Selbst wenn Aktienkurse zuverlässig prognostiziert werden könnten, wären mit Sicherheit eher die Finanz*profis* dazu in der Lage als Finanz*amateure*, die mit Anlegermagazinen (deren »Insiderinfos« bereits von zig Journalisten und Verlagsmitarbeitern gelesen und verarbeitet wurden) und Internetanschluss laborieren. Ganz sicher sind Titeln wie »Sie kaufen die Gewinner von morgen« keine »Geheimtipps« mehr zu entlocken, haben sie doch allein seit ihrer Veröffentlichung Heerscharen von Leuten bereits für sich genutzt – und die Kurse nach oben getrieben beziehungsweise den Kauf für Sie verteuert.

terwegs – Letztere konnten den Markt schlagen, Erstere nicht. Unter Berücksichtigung der für Kauf und Verkauf von Aktien notwendigen Transaktionskosten – Bankspesen, Depotpreise, Kosten für die Informationsbeschaffung und Steuern – liegen Tag für Tag mehr als die Hälfte der Anleger unter der durchschnittlichen Rendite des gesamten Aktienmarkts.

Noch eines geht aus der Betrachtung des Aktiengeschehens klar hervor: »Wer nichts wagt, der nichts gewinnt.« Wer also mehr als den risikolosen Zins einer Staatsanleihe (in der Grafik unten der Zinssatz einer Bundesanleihe von 5,6 Prozent) bekommen will, der muss auch ein höheres Risiko für seinen investierten Finanz-Proviant einplanen. Das Risiko des gesamten deutschen Aktienmarkts in den vergangenen zehn Jahren wird durch den Punkt DAX dargestellt: Einer durchschnittlichen Rendite von 6,6 Prozent steht in diesem Punkt eine mittlere Schwankung der Renditen um den Durchschnitt von 26,5 Prozent pro Jahr gegenüber. Wer also mehr Rendite als der Marktdurchschnitt erreichen will, der muss dem grauen gestrichelten Pfeil folgen und eine Aktie oder ein Wertpapier mit mehr Risiko auswählen – und dessen Verluste finanziell schultern können.

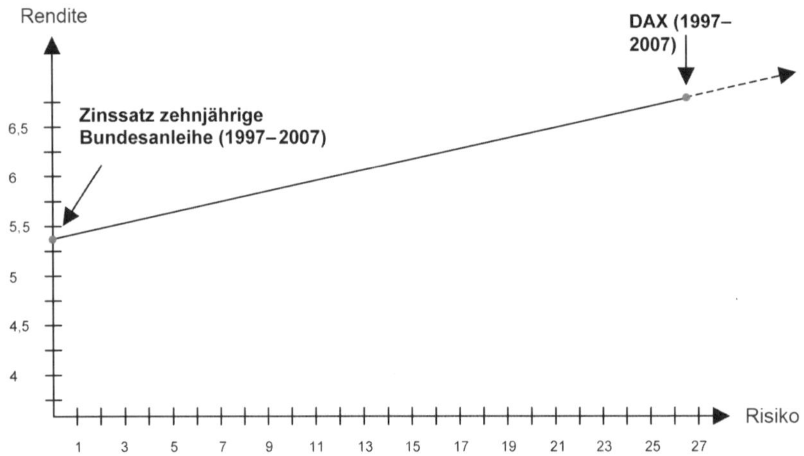

Aus dem bisher Gesagten wird Ihnen schnell klar: Sie dürfen nicht alles auf eine Karte setzen, und ist der Tipp auch noch so heiß, den Ihnen Experten, Bekannte, Kollegen oder Finanzjournalisten zuflüstern. Denken Sie daran: Es geht hier um eine sichere Anlage für unsichere Zeiten, die Sie langfristig und solide planen, und nicht um Spekulation!

Das notwendige Zauberwort heißt auch hier *Risikostreuung*. In einem sinnvoll diversifizierten Depot sollten sich deshalb Aktien unterschiedlicher Branchen und unterschiedlicher Märkte befinden (europäische, aber auch internationale). Zudem sollten Sie nicht sofort Ihre gesamte Anlagesumme auf einmal an der Börse investieren, sondern in mehreren Tranchen beziehungsweise Schritten Aktien»päckchen« kaufen. Sonst laufen Sie Gefahr, bei sinkenden Kursen mit Ihrer kompletten (zu teuer gekauften) Anlagesumme ins Minus zu rutschen. Haben Sie hingegen nicht alles auf einmal investiert, können Sie bei fallenden Kursen eventuell sogar günstig weitere Aktien»päckchen« nachkaufen (und von einer »schwachen« Börse sogar profitieren).

Überlegen Sie im Vorfeld Ihrer Geldanlage Folgendes oder besprechen Sie sich dazu mit dem Anlageberater Ihres Vertrauens:

1. Wie viel Kapital möchten Sie in Aktien investieren?

2. Sind mit diesem Kapital eine sinnvolle Streuung in verschiedene Branchen und Märkte (verteilt auf zehn bis 20 unterschiedlichste Aktien) und eine Streckung auf mehrere Kaufzeitpunkte möglich? Oder haben Sie sich dann in unsinnig viele Kleinstpositionen verzettelt, die beim Kauf (Achtung: Meistens gibt's Mindestgebühren pro Auftrag!) und bei der Depotverwaltung viel Geld kosten? Mit zu berücksichtigen ist der Aufwand für die Überwachung vieler Aktien.[41]

---

41 Vielleicht blättern Sie an dieser Stelle noch einmal zurück zum Kapitel über Investmentfonds (Schritt 3, Kapitel 2). Diese bieten Ihnen grundsätzlich eine gute Risikostreuung auch bei kleineren Anlagebeträgen und nehmen Ihnen das Problem der Auswahl der einzelnen Aktien ab. Zudem haben Sie keine Schwierigkeiten mit dem richtigen Einstiegszeitpunkt, wenn Sie regelmäßig gleich bleibende Beträge in einen Fondssparplan sparen.

Wenn Sie zu dem Schluss kommen, dass eine Direktanlage in Aktien für Sie sinnvoll ist, dann müssen Sie auch Interesse für die Entwicklung der Aktienmärkte und an wirtschaftlichen Entwicklungen mitbringen, also Interesse für Konjunktur, Zinstrends, Währungsentwicklungen und viel versprechende Unternehmen. Außerdem sind Informationen über die aktuelle und kommende Börsenentwicklung enorm wichtig; selbst wenn Sie nach der Buy-and-Hold-Strategie Ihre gekauften Aktien im Depot »ruhen lassen«, sollten Sie regelmäßig deren Wert im Auge behalten. Der Wirtschaftteil Ihrer Tageszeitung, gute Fachzeitschriften, Börsennachrichten im Rundfunk, Fernsehen oder im Internet und langjährige Insider (zum Beispiel bei Ihrer Bank oder Sparkasse) helfen Ihnen beim Sammeln und Auswerten der Informationen über mögliche Aktienfavoriten, die für Sie in Frage kommen.

Hier noch mehr Fragen, die Sie sich dann zum Start Ihrer Aktienanlage stellen sollten (Sie merken schon, mit Aktien ist es wie beim Arzt: Zuerst muss man viele Fragen beantworten, bevor es losgehen kann!):

1. Standardwerte (Blue Chips) oder Nebenwerte (Small Caps)?
   Als Standardwerte werden die Aktien von großen, international agierenden Unternehmen bezeichnet, zum Beispiel die Aktien, die im DAX enthalten sind. Über sie wird im Grunde jeden Tag viel berichtet – sie stehen im Mittelpunkt des Interesses. Hierzu gehören beispielsweise die Flaggschiffe der deutschen Automobilindustrie wie Daimler, BMW und Volkswagen oder so klangvolle Namen wie Deutsche Bank, Lufthansa, SAP, Siemens, Adidas oder TUI.

   Als Nebenwerte werden Aktien kleinerer und mittlerer Aktiengesellschaften bezeichnet, zum Beispiel Werte, die im MDAX enthalten sind, wie Puma, Heidelberger Druck, Douglas, MLP oder Wincor Nixdorf.

   Unser Tipp: In puncto sicherer Finanz-Proviant raten wir Ihnen, Ihre Aktienanlagen schwerpunktmäßig im Bereich der Standardwerte zu investieren. Man traut ihnen langfristig mehr Stabilität zu, weil sie sich im Grunde recht kontinuierlich vorwärtsentwickeln. Sie marschieren wie die Elefanten durch die Steppe: recht stabil und meistens ohne große Sprünge und Stürze. Aber auch die kleinen Nebenwerte können ihre Reize haben. Oft sind sie spezialisiert in Nischen tätig und machen mit ihren Geschäftsideen und ihrer Schnelligkeit häufig spektakuläre Kurssprünge. Sie sind quasi die Gazellen des Aktienmarkts – und oft auch ein wenig anfälliger. Mit der Informationsbeschaffung ist es allerdings bei den Nebenwerten meist schwieriger: Informationen sind im Gegensatz zu den großen Konzernen bei den kleinen und mittleren Unternehmen eher dünn gesät.

2. Substanzwerte (Value) oder Wachstumsaktien (Growth)?
   Bei Substanzwerten beziehungsweise unterbewerteten Aktien ist der Börsenwert aller gehandelten Aktien einer Aktiengesellschaft niedriger als der innere Wert des Unternehmens. Meist haben sie ein niedriges Kurs-Gewinn-Verhältnis (KGV) und eine hohe Dividendenrendite – zwei positive Merkmale. Sie investieren in den Kaufkurs einer solchen »vergleichsweise billigen« Aktie (die eben vergleichsweise wenige Gewinne als Merkmal für gewinngierige Nachfrager im Kurs »eingepreist« hat), bevor auch der Rest der Anleger merkt, dass die Aktie eigentlich viel mehr wert ist, als ihr Börsenkurs gerade widerspiegelt. Wenn das dann auch andere Anleger entdeckt haben und die Aktie kaufen, steigt der Kurs, und Sie können sich freuen, dass Sie sie noch günstiger (für weniger Gewinn) eingekauft haben und nun mit schönen Wertzuwächsen (weitere Gewinne, die im Aktienkurs erwartet werden) rechnen können.

   Bei Wachstumswerten handelt es sich um viel beachtete »Glamour«-Aktien von Gesellschaften mit spektakulären Gewinnen oder Umsätzen und einer überdurchschnittlichen Kursentwicklung in der Vergangenheit. Ihre Wachstumsperspektiven sind meistens außerordentlich gut, die Umsatzprognosen sind blendend, und auch der Gewinn wird erwartungsgemäß weiter kräftig steigen. Kurz, die Anleger lieben diese Aktien, alle wollen sie besitzen, ihre Kurse steigen.[42] Was aber, wenn diese optimistischen Aspekte nicht ein-

---

42 Dieser Effekt wird in der Finanzpraxis von professionellen Anlegern wie Versicherungen und Fondsgesellschaften meist noch verstärkt, da ein – eben auch möglicher – Misserfolg bei der Anlage der Gelder in Growth-Aktien leichter zu rechtfertigen ist als ein Verlust mit Value-Aktien.

treten? Dann bleibt nichts außer der vermeintlich guten Idee eines *fallen angels*. Diejenigen, die in den Boomzeiten der New Economy investiert haben, können Ihnen viele – zum Teil abenteuerliche – Geschichten darüber erzählen: viele Pleiten, aber auch einige geradezu revolutionäre Ideen, die sich nachhaltig durchgesetzt haben.

Unser Tipp in Sachen Value oder Growth:

Bei den Substanzwerten (Value) haben Sie bildlich gesprochen mehr in der Hand als nur die langfristig erwartete Erfolgsstory der Wachstumswerte (Growth). Und auch in schlechteren Zeiten hilft der angesammelte finanzielle Speck auf den Rippen den Value-Unternehmen, besser über die Runden zu kommen. Außerdem bieten Ihnen die hohe Dividendenrendite und regelmäßig ausgeschüttete Gewinne eine gewisse Sicherheit. Allerdings hat eine wirklich gute Zukunftsstory natürlich auch ihren Wert. Also auch hier: streuen, den Schwerpunkt auf Substanzwerte legen und dann immer mal wieder Wachstumswerte beimischen.

3. Wann loslegen? Gibt es erfahrungsgemäß richtige oder falsche Zeitpunkte?
   Trösten Sie sich: Den optimalen Zeitpunkt – alle Aktien, die Sie haben wollen, liegen auf einem billigen »Wühltisch«-Tiefstkurs, und wenn Sie sie gekauft haben, geht's bei allen sofort stetig bergauf – werden auch Sie wohl nicht vorhersehen und erwischen. Andere aber auch nicht. (Lassen Sie sich nicht von den vielen Münchhausen-Aktien-Erfolgsstory-Märchen beeindrucken.) Teilen Sie lieber Ihren Anlagebetrag in mehrere Tranchen, dann ist der Kaufzeitpunkt mal besser, mal schlechter. Aber er ist nie so schlecht, dass Sie alles in einer Hochphase überteuert gekauft haben und es dann mit den Kursen Ihrer Aktien nur noch bergab geht.

   Unser Tipp: Setzen Sie sich feste Kaufpreisgrenzen beziehungsweise Limits. Das heißt, Sie haben die konkrete Absicht, bestimmte Aktien zu kaufen, aber höchstens zu dem Preis, den Sie bei Ihrem Auftrag als Limit angeben. Ist der Kurs dann höher, werden eben dieses Mal keine Aktien gekauft.

Das ist umso wichtiger, je »enger« ein Markt ist, je weniger Umsätze bei einer bestimmten Aktie täglich stattfinden oder wenn Angebot und Nachfrage der Aktie überhaupt nicht ausgeglichen werden.

Dazu ein Beispiel:

Der Kurs der MLP-Aktie (im MDAX gelistet) stand am 4. Februar 2008 bei 10,44 G Euro. Der Kurszusatz G (= Geld) bedeutet, dass mehr Nachfrage als Angebot bei MLP-Aktien vorliegt. Hier empfiehlt es sich, beim Kauf zu limitieren, beispielsweise auf 10,80 Euro (oder was Ihnen die Aktie eben im teuersten Fall wert wäre). Ansonsten könnte es Ihnen – theoretisch – passieren, dass Sie bei einem unlimitierten Auftrag die Aktie zu 13,00 Euro bekämen. Übertrieben gesagt: »Da will jemand meine MLP-Aktien, und der zahlt sogar jeden Preis!« Mit dem Limit 10,80 Euro bekommen Sie die Aktie entweder zu 10,80 Euro oder günstiger – oder eben gar nicht, wenn der Kurs höher ist als 10,80 Euro.

Weniger riskant ist es bei Aktien, bei denen hohe Umsätze gehandelt werden und wo Angebot und Nachfrage eigentlich jeden Tag ausgeglichen sind. (Kurszusatz b = bezahlt). Mit großer Wahrscheinlichkeit wird hier ein »fairer« Preis festgestellt. Wenn Sie dennoch ganz sicher kalkulieren wollen, setzen Sie auch hier ein Limit.

Zwei weitere wichtige Kurszusätze, bei denen Sie ein Limit setzen sollten:

1. B = Brief: Es werden mehr Papiere angeboten als nachgefragt.

2. T = Taxkurs: Ein geschätzter Kurs, da kein Angebot und keine Nachfrage vorhanden sind. Jetzt unbedingt ein Limit setzen, wenn Sie gerade diese Aktien haben wollen.

Nun haben Sie sich für bestimmte Aktien in verschiedenen Märkten entschieden und sinnvoll gestreut, sich dabei nicht verzettelt und heiße Tipps auch gut überprüft, umsichtig und nicht alles auf einmal investiert. Wie geht es nun weiter mit Ihrem Aktien-Finanz-Proviant im Wertpapierdepot?

Beobachten Sie Ihre Aktien regelmäßig, und überprüfen Sie Ihre Kauf- beziehungsweise (Be)Halte-Entscheidung immer wieder. Trotzdem: Betrachten Sie Ihre Aktienanlage als langfristige Anlage, Rückschläge sind immer möglich. Geraten Sie nicht bei jeder Abwärtsbewegung in Panik. Haben Sie den Mut, …

1. … sich auch einmal von Aktien zu trennen, die offensichtlich nicht laufen.
2. … Kursgewinne in Bares zu verwandeln, wenn sich Ihre Aktien gut entwickelt haben.

Und denken Sie daran, wenn Ihr Ruhestand näher rückt, die Aktienquote zu verringern und in weniger riskante Anlagen umzuschichten!

1.3 Bekannte Indizes als Alternative – Indexzertifikate

Haben Sie für sich den passenden Aktienfonds noch nicht entdeckt, finden aber an der Direktanlage in Aktien auch nicht so recht Gefallen, dann sind möglicherweise Zertifikate die richtige Lösung für Sie.

Wie funktioniert ein Indexzertifikat?

Es bildet den Stand des Aktienmarkts eine Landes beziehungsweise dessen Börsen-Index identisch ab – und nimmt an dessen Gewinnen und Verlusten teil. Beim Kauf eines Indexzertifikates auf einen Aktienindex, zum Beispiel auf den DAX, beteiligen Sie sich, ähnlich wie bei Fonds, an vielen verschiedenen Aktien – bei einem Indexzertifikat beispielsweise auf den DAX an den 30 im DAX gelisteten Aktien. Also auch hier eine Risikostreuung durch den Kauf eines einzigen Wertpapiers! Natürlich können Sie mit Indexzertifikaten auch andere Märkte abbilden: den Europäischen Aktienmarkt beispielsweise mit dem Euro Stoxx 50 (das führende europäische Börsenbarometer – enthält die 50 größten europäischen Aktiengesellschaften in der Euro-Währungszone) oder den Dow Jones (das führende Börsenbarometer der USA – enthält die 30 größten Unternehmen der USA) und viele mehr! Und damit haben Sie viele Chancen, das Einzelwertrisiko zu streuen.

Der Wert eines Indexzertifikates ist ganz einfach zu ermitteln. In der Regel verbriefen Indexzertifikate ein Zehntel oder ein Hundertstel des jeweiligen Index. Steht beispielsweise der DAX bei 7.000 Punkten, ist Ihr Zertifikat auf den DAX 700 Euro beziehungsweise 70 Euro wert. Fällt er auf 6.950 Punkte, fällt der Wert Ihres Zertifikates mit dem DAX auf 695 Euro beziehungsweise auf 69,50 Euro. Damit werden zwei weitere Vorteile von Indexzertifikaten deutlich. Zum einen die Transparenz: Die Preisentwicklung eines Zertifikates ist ganz offen und leicht nachvollziehbar. Zum anderen die Risikostreuung: Wie auch bei Fonds können Sie schon mit kleinen Anlagebeträgen Ihr Risiko von der Entwicklung einer Aktie auf einen ganzen Markt verteilen. (Wenn der allerdings abwärts geht, nützt Ihnen diese Verteilung auch nichts mehr.)

Worin liegen die Unterschiede zu den Investmentfonds?

Indexzertifikate bilden einen Index ab; sie können also nie besser oder schlechter laufen als der gesamte Markt. Investmentfonds werden aktiv gemanagt mit dem Ziel, durch die aktive Auswahl von Aktien besser zu sein als ein Vergleichsindex, was aber oft nicht gelingt. Zudem erwirbt man Zertifikate in der Regel kostengünstiger als Aktienfonds. Es fällt nur der sogenannte Spread an, die Spanne zwischen An- und Verkaufskurs (meist unter einem Prozent) – und die An- und Verkaufsspesen Ihrer Bank. Bei Aktienfonds liegen die Ausgabeaufschläge meist um die fünf Prozent, und dazu kommen noch die jährlichen Verwaltungsgebühren, die dem Fondsvermögen belastet werden, etwa ein bis zwei Prozent.

Achten Sie aber beim Kauf eines Zertifikates darauf, dass es eine *unbegrenzte* Laufzeit hat! Es gibt auch welche mit begrenzter Laufzeit. Und wenn Sie dann auf lange Sicht immer wieder neue kaufen müssen, weil Sie weiter im Aktienmarkt bleiben wollen, schmelzen die Kostenvorteile der Zertifikate mit jedem Kauf dahin.

Vielleicht fragen Sie sich an dieser Stelle, was dann überhaupt noch für einen Aktienfonds spricht, wenn ein Indexzertifikat transparenter und billiger ist. Doch es gibt schon noch weitere gute Gründe, Fonds zu kaufen:

Indexzertifikate sind nichts anderes als Schuldverschreibungen eines Emittenten. Geht er in Konkurs, ist möglicherweise Ihr Kapital verloren. Deshalb ist es ganz wichtig, auf die Bonität eines Emittenten zu achten. Bei Fonds hingegen sind Sie geschützt: Das Fondsvermögen ist ein sogenanntes Sondervermögen und wird getrennt vom übrigen Eigentum einer Fondsgesellschaft gehalten.

Auch der Handel mit Zertifikaten weist seine Tücken auf: Vor allem dann, wenn es brenzlig wird und es darum gehen kann, durch rechtzeitige Indexzertifikate-Verkäufe sein Geld in unruhigen Zeiten in Sicherheit zu bringen, kommt es immer wieder zu bösen Überraschungen. Manche Banken sind dann nicht in der Lage, Verkaufskurse zu bieten. Die Handelssysteme fallen aus, und viele Privatanleger müssen zusehen, wie sich Euro für Euro in Luft auflöst. So kam es seit dem Banken- und Börsencrash Anfang 2008 im Zertifikate-Handel in Deutschland zu fast 400 Handelsausfällen.

Auch die neue Abgeltungssteuer begünstigt Fonds gegenüber Zertifikaten: Wenn Sie noch im Jahr 2008 Fonds kaufen, dann sichern Sie sich die Steuerfreiheit Ihrer Kursgewinne, vorausgesetzt, Sie halten sie länger als ein Jahr. Zertifikate sind durch die neue Abgeltungssteuer eher benachteiligt, sie greift hier schon früher: Für Zertifikate, die nach dem 14. März 2007 erworben wurden und nach dem 30. Juni 2009 mit Gewinn verkauft werden, wird die neue Abgeltungssteuer für die erzielten Gewinne fällig.

Bei Aktienfonds erhalten Sie auch die Dividenden der Aktien, die im Fonds enthalten sind. Bei Zertifikaten müssen Sie darauf achten, dass Sie Zertifikate auf einen *Performanceindex* kaufen – da werden die Dividenden dem Kapital zugerechnet und mehren ihren Wert. Bei einem reinen Kursindex sind die Ausschüttungen nicht enthalten; das zehrt an der Rendite.

1.4 Zertifikate-Sparpläne

Zertifikate ohne Laufzeitbegrenzung bieten sich auch in Form eines Sparplanes zur Altersvorsorge an. Hier nutzen Sie ebenfalls den *Cost-Average-Effekt*, den Sie von den Fondssparplänen schon kennen: Bei hohen Kursen kaufen Sie mit einem festen Sparbeitrag entsprechend weniger Zertifikate, bei niedrigen Kursen mehr – und haben somit einen günstigen durchschnittlichen Einstiegskurs.

Aber die Zertifikate-Sparpläne sind bei Weitem nicht so stark verbreitet wie die Fondssparpläne. Es sind bislang hauptsächlich Direktbanken, die Zertifikate-Sparpläne anbieten. Achten Sie darauf, dass mit Ihrer Sparrate auch Bruchteile von Zertifikaten erworben werden können, sonst kommt der Cost-Average-Effekt nicht voll zum Tragen. Die Mindestsparrate beträgt bei den meisten Anbietern heute 50 Euro. Wichtig ist, auf die Bonität des Emittenten zu achten. Sie wissen ja, Sie kaufen nicht wie bei Fonds ein besonders geschütztes Sondervermögen, sondern Schuldverschreibungen, was im schlimmsten Fall bedeuten kann, dass Ihr Zertifikat wertlos ist, falls der Emittent pleite geht.

In Sachen Flexibilität stehen die Zertifikate-Sparpläne den Fonds eigentlich in nichts nach. Auch hier können Sie jederzeit über Teile oder Ihr ganzes angespartes Kapital verfügen, Raten aussetzen, erhöhen oder auch ermäßigen – falls Sie damit nicht unter den Mindestanlagebetrag rutschen.

1.5 Garantie-Zertifikate

Auch der Zertifikate-Dschungel bietet für diejenigen, die auf eine Aktienanlage partout nicht verzichten möchten, aber nicht das volle Aktienrisiko eingehen wollen, interessante Möglichkeiten: Garantie-Zertifikate. Damit partizipieren Sie zu einem vorher festgelegten Teil (meist zwischen 60 und 80 Prozent) an den Kursgewinnen einer bestimmten Aktie oder an der Entwicklung eines Index. Der teilweise Verzicht auf Kursgewinne ist der Preis für die Garantie. Die sichert Ihnen die Rückzahlung am Ende der Laufzeit zum Startpreis des Zertifikates abzüglich der Kaufspesen. Ihr Verlustrisiko beschränkt sich also auf die Kaufkosten. Aber die Garantie greift nur, wenn Sie Ihr Zertifikat auch bis zum Ende der Laufzeit halten. Sollten Sie Ihr Kapital vorher brauchen, erhalten Sie den aktuellen Zertifikate-Kurs – und der kann dann eben auch unter dem Kaufkurs liegen.

1.6 Discount-Zertifikate

Discount – das klingt nach besonderen Schnäppchen und billig einkaufen! Und in der Tat: Mit Discount-Zertifikaten können Sie Aktien, Indizes oder auch Rohstoffe mit Preisnachlass erwerben. Aber den Rabatt gibt's nicht kostenlos: An einem möglichen Gewinn nehmen Sie nur begrenzt teil. Achtung: Auch die Laufzeit eines Discount-Zertifikates ist begrenzt.

Hierzu gleich einmal ein Beispiel:

Die Aktie X hat einen aktuellen Börsenkurs von 100 Euro. Sie kaufen nicht die Aktie, sondern ein Discount-Zertifikat auf die Aktie X zu einem Kurs von 90 Euro. Sie haben also einen Preisvorteil von zehn Prozent gegenüber der Direktanlage in diese Aktie. Dafür müssen Sie aber eine Gewinnbegrenzung in Kauf nehmen, zum Beispiel bei 110 Euro. Angenommen, die Aktie steigt während der Laufzeit Ihres Zertifikates auf 130 Euro, dann hätte ein Direktanleger mit dem Verkauf seiner Aktien 30 Prozent Gewinn gemacht. Sie jedoch »nur« 22 Prozent, nämlich den Kursgewinn zwischen 110 und 90 Euro. Dafür haben Sie aber einen Risikopuffer nach unten. Sie wären erst in der Verlustzone, wenn die Aktie unter den Discountpreis von 90 Euro fiele. Ein Direktanleger hätte in diesem Fall schon einen Verlust, wenn seine Aktien unter 100 Euro fielen.

Discount-Zertifikate sind also dann interessant, wenn die Märkte stagnieren oder in einem engen Korridor nur leicht fallen oder nur leicht steigen. Fallen die Märkte hingegen stark, ist auch der Risikopuffer schnell verbraucht. Geht es steil nach oben, dann nur mit einer Direktanlage. Die Gewinn»deckelung« mit einem sogenannten Cap verhindert, dass die Discount-Zertifikate die Aufwärtsbewegung in voller Höhe mitmachen.

Für diejenigen, die sich nun hin- und hergerissen fühlen zwischen Fonds und Zertifikaten, gibt es einen »Königsweg«: **E**xchange **T**raded **F**unds (kurz: ETFs).

1.7 Stark im Kommen – Exchange Traded Funds

ETFs sind börsengehandelte Indexfonds, die einen bestimmten Index – sprich: ganze Gruppen von Aktien – möglichst exakt abbilden, beispielsweise die Entwicklung der 30 im DAX zusammengefassten Aktien. Da die Kurse der Aktien in einem bestimmten Index von selbst jeden Tag steigen oder sinken, braucht man weder bei der Auswahl noch beim Kauf eines Index einen Manager – wozu auch? Das nennt man in Bank-Chinesisch »passiv gemanagt« (im Gegensatz zu Aktienfonds, bei denen die Aktienfondsmanager ganz gut verdienen – was von Ihrem Ertrag als Anleger weggeht!).

Was macht die ETFs so interessant und immer beliebter? Kurz gesagt: Sie vereinen die Vorteile von Investmentfonds und Zertifikaten in einem Produkt.

Die Vorteile im Vergleich zu Aktienfonds:

1. Keine Kosten für Analysen und Prognosen (die ohnehin Tag für Tag geändert werden müssen), die von Ihren Erträgen abgehen;

2. Im Durchschnitt lediglich rund 0,5 Prozent Jahresgebühren für die Emittenten;

3. Kein Ausgabeaufschlag, sondern neben den banküblichen An- und Verkaufsspesen nur der sogenannte *Spread*, das heißt die Spanne zwischen dem Preis, zu dem Sie die ETFs an der Börse kaufen können, und dem Preis, den Sie erzielen würden, wenn Sie Ihre

ETFs wieder verkauften.[43] Diese Spanne kann bis zu 2,5 Prozent betragen. Es gibt aber auch ETFs, bei denen gar keine *Spreads* zu bezahlen sind;

4. Vollkommene Transparenz. Sie können die Entwicklung der im Index verborgenen Aktien leicht selber nachvollziehen – sie wachsen und schrumpfen nämlich exakt mit ihrem jeweiligen Markt (also dem DAX, den Euro STOXX, dem Dow Jones und dergleichen);

5. Keine Illusion, dass ein Index oder ein Markt von irgendeinem Manager über Jahre hinweg geschlagen werden kann – ETFs sind so ehrlich und sagen dem Anleger: »Dein Geld entwickelt sich so gut oder so schlecht wie das ausgewählte Marktsegment.«

Die Vorteile von ETFs im Vergleich zu Indexzertifikaten:

1. Das Geld der Anleger ist als Sondervermögen gegen Zugriff und Missbrauch eines Emittenten geschützt – viel Sicherheit für mögliche Pleiten und Konkursfälle in unsicheren Zeiten. Indexzertifikate sind hingegen Schuldverschreibungen, die in unsicheren Zeiten bei Ausfällen keinen besonderen Schutz genießen;

2. Bei ETFs gehören die Dividenden Ihnen, sowohl wenn sie ausgeschüttet werden als auch wenn sie in den Index eingerechnet werden. Letzteres ist bei einem Performance-Index (wie beim DAX[44]) der Fall. Anders sieht es bei Kurs-Indizes – und das sind die meisten – aus. Hier profitiert der Zertifikate-Emittent von den Dividenden und nicht Sie – das Geld landet in seinem Finanz-Rucksack und nicht in Ihrem. Das wirkt sich vor allem langfristig aus, weil die Dividenden die Wertentwicklung des Aktienvermögens maßgeblich beeinflussen.

---

43 Sie kennen dieses Prozedere vom Kauf ausländischer Währungen: Der Händler verdient an der Spanne – sprich Spread – zwischen An- und Verkauf von Devisen.

44 Bei einem Performance-Index geht man davon aus, dass die von den Aktiengesellschaften ausgeschütteten Dividenden sofort wieder in die Aktien investiert werden. Der Indexstand verändert sich nicht.

3. Ihr Vorteil bei der Abgeltungssteuer: Wenn Sie noch im Jahr 2008 ETFs kaufen und länger als ein Jahr halten, können Sie spätere Kursgewinne steuerfrei in Ihren Finanz-Rucksack stecken. Bei den Zertifikaten ist dies nur bis Mitte 2009 möglich. Wer also längerfristig anlegen möchte, ist mit ETFs besser bedient.

1.8 Worauf Sie achten sollten

- Die Streuung des Risikos – man kann es nicht oft genug sagen – ist oberstes Gebot bei allen Anlageentscheidungen. Prüfen Sie nochmals für sich, ob Sie mit dem Betrag, den Sie für eine Aktienanlage vorsehen, eine sinnvolle Risikostreuung in Einzelwerten darstellen können oder ob nicht Fonds oder Indexzertifikate die bessere Alternative sind – und ETFs die beste!

- Beachten Sie die Neuregelungen, die mit der Abgeltungssteuer ab 2009 verbunden sind. Ganz wichtig: Fondsmanager sollen bevorzugt werden. Wenn sie innerhalb eines Fonds Gewinne realisieren und in andere Aktien umschichten, sollen sie nicht von der Abgeltungssteuer betroffen sein. Wenn Sie als Privatanleger dagegen noch im Jahr 2008 direkt in Aktien investieren und die Spekulationsfrist von einem Jahr einhalten, können Sie zwar für diese Aktien steuerfrei Kursgewinne realisieren. Aber wenn Sie Ihr Geld dann in andere Aktien anlegen, unterliegen die realisierten Kursgewinne dieser Aktien dann der neuen Abgeltungssteuer.

- Vergleichen Sie Preise: Bei Provisionen für An- und Verkauf von Wertpapieren und Depotgebühren für die Verwahrung und Verwaltung gibt es große Unterschiede oder auch verschiedene Gebührenmodelle. Hier geht es fast so diffus und innovativ zu wie im Telefon- oder Energiemarkt – ständig etwas Neues, das zur Verwirrung der Kunden beitragen soll. Denken Sie auch daran, dass Sie an die Beratungsleistungen von Direktbanken keine allzu hohen Erwartungen haben sollten (die günstigen Preise und Kosten entstehen nicht zuletzt durch das Einsparen von Kundenberatern).

- Wenn Sie das Thema Zertifikate dennoch überzeugt: Planen Sie Ihre Route durch den Zertifikate-Dschungel gut. Bei vielen Zertifikaten, zum Beispiel bei Indexzertifikaten, kann man Transparenz als Vorteil durchaus nachvollziehen. Es gibt aber auch andere Zertifikate, deren Konstruktion nur schwer durchschaubar ist. Gute Informationen sind hier sehr wichtig, um eine sinnvolle Anlageentscheidung treffen zu können – und achten Sie immer auf die Bonität und Zuverlässigkeit des Emittenten, auch und gerade in schlechten Börsenzeiten!

2. Immobilien als Kapitalanlage – Auf und Ab mit den Mieteinnahmen

Auf den folgenden Seiten ...

- ... erkennen Sie, dass die Direktanlage in Immobilien zur Vermietung nicht nur Geld, sondern auch Zeit – und Nerven – kostet.
- ... bekommen Sie einen guten Überblick über weitere Anlagemöglichkeiten in Immobilien, bei denen Sie auch mit kleinen Beträgen mit von der Partie sein können.
- ... können Sie gleich einmal überlegen, welche Form der Immobilienanlage zu Ihnen passt.
- ... wird Ihnen eines klar: Auch eine Anlage in Immobilien ist keineswegs ohne Risiko!

2.1 Vermietete Wohnungen

Den Sinn einer eigengenutzten Immobilie für die private Altersvorsorge haben Sie bereits kennengelernt – Ihr großer Vorteil: im Alter mietfrei wohnen (Nebenkosten und Unterhaltung nicht vergessen!). Wie sieht es aber mit vermietetem Wohneigentum aus? Könnten Mieteinnahmen aus gut vermieteten Wohnungen oder Häusern ein weiterer Baustein Ihrer privaten Altersvorsorge sein? Tatsache ist, dass Sie diese Form der Geldanlage sicher mehr Zeit kostet als die Verwaltung und Überwachung von Wertpapieren. Das gilt nicht nur bei der Auswahl eines geeigneten Objektes, möglicherweise kosten Sie auch Renovierungsarbeiten, Finanzierungsgespräche und die Suche nach zuverlässigen Mietern viel Zeit und Geld. Auch die laufende Verwaltung wird Sie Zeit und Geld kosten – selbst wenn ein Hausverwalter viele Aufgaben übernimmt. Hinzu kommt: Mieter sind keine stumme Geldanlage wie

Wertpapiere, die in Ihrem Depot beziehungsweise in Ihrem Finanz-Rucksack schlummern. Sie können Forderungen stellen, möglicherweise zahlen sie nicht oder nicht immer pünktlich, ziehen irgendwann aus, behandeln und hinterlassen die Wohnung nicht so, wie es Ihnen gefallen würde. Die Suche nach einem neuen Mieter beginnt in der Hoffnung, dass es nächstes Mal besser wird.

Dennoch gibt es gute Gründe, die für einen Immobilienerwerb zur Vermietung sprechen, wenn Sie die folgenden Punkte beachten:

1. Kaufen Sie nur dort Wohneigentum, wo Sie sich vom Standort und von der Lage selbst überzeugen können und wo Sie langfristig mit einer guten Vermietbarkeit rechnen können; so vermeiden Sie böse Überraschungen, die manche Erwerber von »Ost-Immobilien« in den Neuen Bundesländern erlebt haben. Eine gute Infrastruktur ist eine wesentliche Voraussetzung für eine gute Vermietbarkeit, zum Beispiel eine gute Verkehrsanbindung, ausreichende und vielfältige Einkaufsmöglichkeiten, Kindergärten und Kindertagesstätten, Schulen mit einem guten Ruf sowie ein hoher Naherholungs- und Freizeitwert.

2. Verschaffen Sie sich eine Marktübersicht: Ist der Kaufpreis überhöht, geht das zu Lasten Ihrer Mietrendite. Außerdem droht ein Verlustrisiko, falls Sie die Wohnung später wieder verkaufen möchten. Studieren Sie Kauf- und Mietangebote im Internet und in den örtlichen Tageszeitungen, damit Sie ein Gefühl dafür bekommen, was läuft und was nicht. Auch der örtliche Mietspiegel ist recht hilfreich.

3. Kaufen Sie nur, wenn Sie die monatlichen Belastungen (Kreditraten und Nebenkosten) selbst bei einem eventuell längeren Mietausfall tragen könnten. Beziehen Sie diese Überlegung auch mit ein, wenn es um die Finanzierungshöhe geht. Ein höherer Eigenmitteleinsatz und damit weniger Kreditbedarf vermindert Ihre monatliche Kreditrate und damit Ihr Risiko bei eventuellen Mietausfällen! Jedoch reduziert sich Ihr Steuerspareffekt durch den geringeren Schuldzinsabzug. Also: Unbedingt den Steuerberater mit an den Tisch holen – der weiß Bescheid.

4. Prüfen Sie vor dem Kauf einer Eigentumswohnung die Protokolle der Eigentümerversammlung. Hierbei bekommen Sie Einblick, ob es sich um eine »harmonische« Eigentümergemeinschaft handelt – erkennbar daran, dass hoher Konsens bei den Beschlüssen besteht – oder ob die Gemeinschaft zerstritten ist. Ebenso bekommen Sie Aufschluss darüber, wie es um die laufende Instandhaltung des Objektes steht. Werden nötige Maßnahmen zügig durchgeführt oder lieber auf die lange Bank geschoben, bis es gar nicht mehr anders geht? In der Regel ist es auch ein gutes Zeichen, wenn unter den Eigentümern viele Selbstnutzer sind – dann lebt man selbst im Haus und kümmert sich entsprechend mehr um alles.

5. Wenn Sie eine bereits vermietete Wohnung kaufen wollen, prüfen Sie vorher den Mietvertrag, denn Sie übernehmen als neuer Eigentümer diesen Mietvertrag mit allen Rechten und Pflichten und dem jeweiligen Mieter.

6. Kalkulieren Sie die Mietrendite realistisch: Die erzielbare Nettomietrendite sollte über vier Prozent liegen. Dazu ein Beispiel, das Ihnen mehr Einblick geben wird:

Sie kaufen eine Wohnung zum Preis von 170.000 Euro. Dazu kommen noch die Nebenkosten (hier mit 3,5 Prozent Grunderwerbsteuer und rund 1,5 Prozent Grundbuch- und Notarkosten kalkuliert).

Falls Sie über einen Makler gekauft haben, kommt noch dessen Provision hinzu, wobei es keine gesetzlichen Vorschriften über die Höhe dieser Provision gibt. Die Maklerverbände geben nur Richtwerte an. Diese sind je nach Bundesland unterschiedlich; die Spanne reicht von rund 3,5 bis rund sieben Prozent.

In unserem Beispiel nehmen wir an, dass kein Makler beim Kauf eingeschaltet wurde. Sie zahlen also:

Kaufpreis	170.000 Euro
Nebenkosten (5 %)	8.500 Euro
= Investitionskosten	178.500 Euro

Ihr Mieter zahlt Ihnen monatlich 750 Euro Kaltmiete:

Kaltmiete pro Jahr (750 Euro x 12)	9.000 Euro
– Verwaltungskosten pro Jahr	400 Euro
– Instandhaltungskosten pro Jahr	1.000 Euro
= Jahresreinertrag	7.600 Euro

Kaltmiete pro Jahr	9.000 Euro
: Kaufpreis x 100	170.000 Euro
= Bruttomietrendite	5,3 Prozent

Jahresreinertrag	7.600 Euro
: Investitionskosten x 100	178.500 Euro
= Nettomietrendite	4,25 Prozent

Auch bei vermieteten Immobilien kassiert der Fiskus mit

Wenn Sie eine Eigentumswohnung vermieten, erzielen Sie daraus Einkünfte aus Vermietung und Verpachtung. Die müssen Sie bei Ihrer Steuererklärung angeben. Umlagen und Werbungskosten können Sie dagegen aufrechnen. Zu den wichtigsten Werbungskosten zählen:

- Abschreibungen: Sie können 50 Jahre lang jährlich zwei Prozent der Anschaffungskosten für Gebäude (nicht für die Kosten für Grund und Boden) absetzen. Für Altbauten, die vor 1925 erstellt wurden, beträgt der Abschreibungssatz 40 Jahre lang 2,5 Prozent. Sonderabschreibungen gelten für die Sanierung von Baudenkmälern und Gebäuden in Sanierungsgebieten. Hier können Wohnungsvermieter acht Jahre lang jeweils neun Prozent der Sanierungskosten absetzen, danach noch weitere vier Jahre jeweils sieben Prozent. Wichtig: Die Sanierungsarbeiten und die damit verbundenen Kosten dürfen erst nach Abschluss des Kaufvertrages starten.

- Finanzierungskosten: Dazu gehören die laufenden Zinsen und die einmaligen Kosten, wie zum Beispiel ein Disagio (Auszahlungskürzung des Darlehens), Wertermittlungsgebühren für das Objekt, eventuelle Bearbeitungsgebühren sowie die Kosten für die Grundschuldbestellung (Notar- und Grundbuchgebühren).

- Instandhaltungs-, Betriebs- und Verwaltungskosten: zum Beispiel Kosten für Reparaturen, Haus- und Wohngeld für die Betriebskosten und die Verwaltervergütung.

Welche Rendite Ihre Immobilieninvestition langfristig abwirft, hängt natürlich auch von den möglichen Mietsteigerungen und der realisierbaren Wertsteigerung im Verkaufsfall ab.[45] Diese Werte können natürlich nur geschätzt werden. Entscheidend ist, dass nur eine langfristige Investition Sinn ergibt. Wer auf schnellen Gewinn aus erwarteten Wertsteigerungen von Immobilien setzt, spekuliert wie im Kasino – nichts für sichere Erträge in unsicheren Zeiten!

Wichtig: Binden Sie immer Ihren Steuerberater in Ihre Immobilienentscheidungen mit ein!

---

45 Beachten Sie zudem: Der mögliche Verkaufsgewinn einer vermieteten Immobilie ist erst nach einem Zeitraum von zehn Jahren steuerfrei. Davor unterliegt er – wie auch der Mietertrag – der Einkommensteuer.

2.2 Offene Immobilienfonds

Wie funktioniert ein offener Immobilienfonds?

Eine Fondsgesellschaft sammelt bei Leuten wie Ihnen fleißig Anlagegelder ein und investiert in eine große Anzahl von Objekten, meist gewerbliche Bürogebäude. Für Investitionen in neue Objekte hält sich die Fondsgesellschaft außerdem eine größere Barreserve, um schnell auf interessante Angebote reagieren zu können. Die Streuung über eine Vielzahl von Objekten mindert das Ausfallrisiko einzelner Objekte. Börsentäglich wird dann ein Preis ermittelt. Sie können also täglich Anteile Ihres Fonds kaufen oder verkaufen. In der Praxis ist aber nur ein längerfristiger Anlagehorizont sinnvoll, weil der Ausgabeaufschlag bei offenen Immobilienfonds in der Regel um die fünf Prozent beträgt – und der muss erst einmal wieder mit Wertzuwächsen verdient werden.

Renditeknüller sind offene Immobilienfonds nur selten. Die aktuellen Renditen betragen rund vier bis fünf Prozent. Dafür unterliegen Immobilienfonds keinen hohen Wertschwankungen und können somit eine solide Basis für Ihren Finanz-Proviant darstellen. Außerdem bleibt ein Teil der Rendite steuerfrei, zum Beispiel durch Abschreibungen, steuerfreie Veräußerungsgewinne bei Objektverkäufen[46] oder Vorteile in der Besteuerung bei Auslandsimmobilien, wenn dort die Steuerlast niedriger ist als in Deutschland.

Insgesamt stellen offene Immobilienfonds ein vergleichsweise »pflegeleichtes« Immobilieninvestment dar. Aber sie sind nicht ganz ohne Risiken und Nachteile:

Um einen täglichen Preis der Fonds zu veröffentlichen, müssen die Immobilien bewertet werden. Im Gegensatz zu Aktien, bei denen der tägliche Wert an der Börse ermittelt wird, legen bei den Immobilien sachverständige Gutachter die Werte fest – also mehr eine Schätzung als ein konkreter Preis, der durch Angebot und Nachfrage vieler Marktteilnehmer bestimmt wird.

46 Nicht vergessen: Voraussetzung ist eine Mindesthaltedauer der Immobilien im Fonds zehn Jahre!

Anfang 2006 wurde das Vertrauen in offene Immobilienfonds ganz ordentlich erschüttert. Durch eine größere Verkaufswelle war bei einigen Fonds zu befürchten, dass die Barreserven nicht mehr ausreichen würden, um die Verkaufsaufträge zu erfüllen. In der Konsequenz wurden drei Fonds für eine bestimmte Zeit geschlossen, und viele Anleger konnten ihre Fonds vorübergehend nicht verkaufen.

Es gab aber auch schon Zeiten, in denen den offenen Immobilienfonds viel Liquidität zugeflossen ist. Die Folge: Es konnten nicht schnell genug attraktive Objekte gekauft werden, und die Fonds hatten zu viel Bares auf den Konten, teilweise bis zu 50 Prozent. Unter dem damit verbundenen Anlagedruck geraten die Gesellschaften in eine Sandwich-Position. Entweder sie kaufen auch zweit- und drittklassige Immobilien, oder sie haben eine zu hohe Liquidität. Im ersten Fall leidet die Qualität der gekauften Immobilien, was die Einnahmen aus Vermietung oder Verpachtung des Fonds drückt. Im zweiten Fall sind die Gelder nicht gut verzinst. In beiden Fällen leidet die Rendite der Fonds.

Fazit: Ein guter offener Immobilienfonds ist als wertstabile Beimischung für Ihren Finanz-Proviant ganz gut geeignet. Schauen Sie sich aber genau die Art und Weise an, wie die Fondsgesellschaft in der Vergangenheit mit ihren Anlegern umgegangen ist und wie erfolgreich sie im Vergleich mit anderen Fonds war!

2.3 Geschlossene Immobilienfonds

Geschlossene Fonds sind unternehmerische Beteiligungen, die in der Regel die Rechtsform der Kommanditgesellschaft haben. Diese Kommanditgesellschaften erwerben gewerbliche Objekte, zum Beispiel Schiffe, Container, Windkraftwerke oder eben oft auch Immobilien. Sie können gezielt Anteile an geschlossenen Fonds kaufen (man sagt »zeichnen«) und werden dann Mitunternehmer an den gekauften Objekten. Die jährlichen Einnahmen aus diesen Investitionen fließen Ihnen und den anderen Beteiligten nach Abzug aller Bewirtschaftungskosten je nach Höhe Ihres Anteils zu. Aus den laufenden Ausschüttungen und dem Verkaufserlös am Ende einer Beteiligung errechnet sich Ihre Rendite. Diese kann natürlich im Voraus nur prognostiziert werden und ist nicht garantiert. Wie gesagt, es handelt sich bei geschlossenen Fonds um unternehmerische Beteiligungen mit unternehmerischen Risiken: Die Einnahmen können sich auch anders entwickeln, der Verkaufserlös kann niedriger sein als erwartet. Dennoch können geschlossene Fonds sehr interessant sein, denn oftmals entwickeln sie sich weitgehend unabhängig von den übrigen Wertpapiermärkten. Außerdem bieten viele Fonds noch steuerliche Vorteile – auch wenn die Zeit der reinen Steuersparfonds vorbei ist.

Achtung, Verwechslungsgefahr: Ein geschlossener Immobilienfonds ist etwas anderes als ein offener Immobilienfonds. Beide investieren zwar in Immobilien, doch gibt es erhebliche Unterschiede: Wenn Sie einen geschlossenen Immobilienfonds zeichnen, erwerben Sie kein Wertpapier, sondern eine Unternehmensbeteiligung – Sie sind dann ein echter Unternehmer mit zum Teil wenig Einfluss- und Mitsprachemöglichkeiten. Diese Beteiligungen haben eine bestimmte Laufzeit; Sie können sie nicht problemlos börsentäglich wieder veräußern. Mit ein wenig Glück werden Sie Ihre Beteiligung am sogenannten Zweitmarkt für interessierte Investoren auch vorzeitig los, aber Sie können sich nicht darauf verlassen, dass dies funktioniert, und schon gar nicht von einem Tag auf den anderen.

Auch hinsichtlich der Risikostreuung unterscheiden sich die beiden Immobilienfonds. Bei den geschlossenen Fonds werden in der Regel nur eines oder wenige gewerbliche Objekte gekauft. Die Zahl der Anteile ist begrenzt, und wenn das nötige Kapital zur Investition eingesammelt ist, wird der Fonds geschlossen. Bei den offenen Immobilienfonds werden hingegen ständig Anteile ausgegeben und laufend in gewerbliche Immobilien investiert. Klar, dass es hier nicht so stark ins Gewicht fällt, wenn die Mieten bei einem Objekt nicht fließen wie geplant – andere Objekte können das dann ausgleichen (müssen aber nicht!).

Wichtig: Wenn Sie planen, sich an einem geschlossenen Immobilienfonds zu beteiligen, nehmen Sie den Anbieter genau unter die Lupe. Kann er eine gute Leistungsbilanz aus der Vergangenheit vorweisen?

Hat er engagierte und qualifizierte Leute, die sich ständig um Pflege und Vermietung der Objekte kümmern? Ist sein Konzept schlüssig, sind seine Prognosen fundiert und nachvollziehbar?

Heute sind geschlossene Immobilienfonds nicht mehr nur auf Bürogebäude fixiert. Auch an Wohngebäuden, Hotels oder Seniorenheimen können Sie sich beteiligen. Aber auch hier gilt: Wichtig sind der Standort des Objektes, das Umfeld und die Infrastruktur in der Umgebung. Nur wenn alles passt, lassen sich gute Mieter langfristig binden. Und nur das sichert Ihnen wiederum langfristig verlässliche Ausschüttungen.

Was Ihnen ebenfalls begegnen wird, wenn Sie sich für dieses Thema interessieren, sind Auslandsimmobilien mit verlockenden Steuervorteilen.

Im Ausland herrschen oft andere rechtliche und steuerliche Rahmenbedingungen als in Deutschland. Ein deutscher Investor kann daher von höheren Freibeträgen und niedrigeren Steuersätzen im Investitionsland ordentlich profitieren. Doppelbesteuerungsabkommen zwischen Deutschland und verschiedenen Ländern machen es möglich. Das bedeutet: Ihr Einkommen aus Ihrem Investment, das in einem anderen Land erzielt wird – und dort innerhalb bestimmter Freibeträge nicht versteuert wird –, muss auch in Deutschland nicht versteuert werden. Hier verdient das Finanzamt also nur durch den sogenannten Progressionsvorbehalt ein bisschen mit. Ausländische Erträge werden fiktiv zum versteuernden Einkommen in Deutschland dazugerechnet. Das kann dazu führen, dass die Anleger in eine etwas höhere Steuerprogression kommen. Der leicht erhöhte Steuersatz wird dann auf das zu versteuernde Einkommen angewendet, aber die ausländischen Einnahmen bleiben davon unberührt.

Hier gilt genauso wie oben: Hat der Fondsanbieter die nötige Ortskenntnis im Ausland? Wie läuft der Immobilienmarkt am Investitionsort? Ist zum Beispiel der Standort London seinen hohen Preis wert? Und berücksichtigen Sie die Währungsrisiken außerhalb der Euro-Zone – die haben schon oft die Renditen hoch- oder runtergetrieben!

2.4 Immobilien-Aktien, Immobilien-Aktienfonds und Immobilien-Zertifikate

Es gibt noch weitere Möglichkeiten, in Immobilien zu investieren, ohne gleich den Weg zum Notar gehen zu müssen. Allerdings haben sie in Deutschland noch nicht die Bedeutung wie die offenen oder geschlossenen Immobilienfonds. Aber ein Blick darauf lohnt sich allemal.

Sie können beispielsweise in Immobilien-Aktien investieren, wenn Ihnen sowohl Aktien als auch Immobilien zusagen. Es gibt Unternehmen, die sich vorwiegend auf Geschäfts- und Industrieimmobilien konzentrieren, zum Beispiel die *DIC Asset AG*. Andere haben Wohnungsbewirtschaftung oder Wohnungsprivatisierung im Fokus, zum Beispiel die *Deutsche Wohnen AG*, oder aber Shoppingcenter: Das ist das Geschäftsfeld der *Deutschen Euroshop AG*. Gemeinsam ist den Immobilien-Aktien, dass es sich um sogenannte Nebenwerte handelt.

In welche Immobilien-Aktien sollten Sie jetzt investieren? Und wie eine sinnvolle Risikostreuung hinbekommen, wenn Ihnen die Unternehmen nicht geläufig sind? Auch hierfür – Sie ahnen es schon und die Überschrift verrät es auch – gibt es Fonds- und Zertifikate-Lösungen. Die nehmen Ihnen zwar nicht die grundsätzliche Entscheidung ab, ob Sie Ihren Finanz-Proviant in den Immobilienmarkt oder in diese Form der Immobilienanlage investieren sollten. Sie diversifizieren Ihr Risiko jedoch über eine Vielzahl von Immobilien-Aktien in einem Fonds beziehungsweise Zertifikat; damit erreichen Sie eine bessere Risikostreuung als bei einer Direktanlage in Immobilien-Aktien.

2.5 Der Neuling: REITs

REITs (**R**eal **E**state **I**nvestment **T**ru**s**ts) sind steuerbefreite börsennotierte Gesellschaften, die in alle Arten von Immobilien investieren und den Großteil ihres Gewinnes ausschütten müssen. (Das freut den ausgabefreudigen Aktionär!) In den USA gibt es sie schon seit den 1960er Jahren. Japan und viele Länder Europas haben sie in den vergangenen

Jahren ebenfalls eingeführt. In Deutschland gibt es sie seit 2007 – das neue REIT-Gesetz macht's möglich.

Der Vorteil: Werden Immobilien von einer Immobilien-AG an einen REIT verkauft, muss der Gewinn aus den Immobilienverkäufen von der AG nur zur Hälfte versteuert werden (sogenannte Exit Tax). Diese Exit Tax soll Unternehmen motivieren, sich von ihrem Immobilienbesitz zu trennen und ihn an REITs zu verkaufen.[47]

Anleger können sich dann über die Börse wiederum an den immobilienbesitzenden REITs beteiligen und diese Vorteile genießen:

1. REITs bieten ein ähnliches Renditeprofil wie eine Direktanlage in Immobilieneigentum, sind aber als Aktien handelbar und damit tendenziell besser kauf- und verkaufbar.

2. REITs müssen einen sogenannten Streubesitz haben (sprich: ihr Kapital auf viele Anlagen verteilen) und eine Eigenkapitalquote von mindestens 45 Prozent aufweisen.

3. Mindestens 90 Prozent des Gewinnes müssen ausgeschüttet werden. Sie können also mit einer ordentlichen Dividende rechnen, vorausgesetzt, die Geschäfte laufen gut und die Gesellschaft ist flüssig.

Im Ausland bietet der Markt für REITs eigentlich für jeden Geschmack etwas: REITs, die sich vorwiegend auf Industrieanlagen oder auf Bürokomplexe spezialisieren, oder REITs, die diversifiziert in mehrere Arten von Immobilien in einem gemischten Portfolio investieren.

Angesichts wachsender Sorgen über schlechte Refinanzierungsbedingungen und erhebliche Abwertungen von Immobilien im Nachgang zur Subprime-Krise 2007/2008 waren sowohl Immobilien-Aktien als auch REITs auf breiter Front abgestürzt. Der Appetit auf neue Anlagemöglichkeiten ist eher gering, wenn viele Immobilien-Aktien bis zu

47 Normalerweise müsste ein Unternehmen den Ertrag beim Verkauf der Immobilien voll versteuern – beim Verkauf an einen REIT aber nur zur Hälfte.

30 Prozent unter ihrem Nettovermögenswert (Immobilienvermögen abzüglich Schulden) gehandelt werden und die Kursschwankungen schlechten Schlaf bei Managern und Anlegern auslösen. Ein weiteres Problem: Viele REIT-Gesellschaften haben zu den Hochpreis- und Boomzeiten in den Jahren 2006 und 2007 ihre Immobilien von den Immobilien-AGs gekauft. Daher haben sie ihre Immobilienbestände vergleichsweise hoch bewertet und wollen diese natürlich nicht unter Wert an der Börse verkaufen. Bleibt aber der Börsengang der REITs aus, müssen die Unternehmen die Steuern aus dem Exit-Tax-Vorteil an den Fiskus nachzahlen und mangels frischen Kapitals mit dem Kauf weiterer Immobilien warten – noch zu viel Unsicherheit für Ihre Altersvorsorge!

2.6 Worauf Sie achten sollten

- Wenn Sie direkt in eine Immobilie investieren wollen, achten Sie immer auf die Lage. Denken Sie daran: Sie können viel verändern, die Lage jedoch nicht! Eine gute Infrastruktur und ein gutes Wohnumfeld sind notwendig, um langfristige Vermietbarkeit zu sichern. Und dann brauchen Sie auch ein wenig Glück mit den Mietern ...

- Wenn Sie offene Immobilienfonds bevorzugen, vergleichen Sie die Angebote. Wie waren die Wertentwicklungen in der Vergangenheit, wie ist die Zusammensetzung der Fonds (inländische und ausländische Immobilien), wie hoch ist die Liquiditätsquote, und wie wird der Fonds von Anlageexperten eingeschätzt?

- Wenn für Sie auch ein geschlossener Immobilienfonds in Frage kommt, gilt wie bei einem Direktinvestment in Immobilien: Was zählt, ist Lage, Lage und noch einmal Lage! Hier ist von Vorteil, wenn Sie in einen »ortsnahen« Fonds investieren, bei dem Sie selbst die Lage und das Engagement des Betreibers beurteilen können. Sie geben Aufschluss über die langfristige Vermietbarkeit des Objektes und den Werterhalt.

- Wenn Sie schon mehr wagen wollen, sind Immobilien-Aktien oder REITs interessant – aber sorgfältig auswählen, nicht alles auf eine Karte setzen und aus Gründen der Risikostreuung möglicherweise doch gut gemischte Fonds oder Zertifikate bevorzugen.
- Alles hat seinen Preis. Das heißt, dass bei all den genannten Anlagen erst einmal andere verdienen (also Finanzamt, Steuerberater, Fondsgesellschaft, Vertriebspartner und Bank), bevor Sie Ihren Ertrag bekommen. Also bei Kosten und Provisionen genau hinschauen und vergleichen!

3. Gold – Auf und Ab mit den Spekulanten

Auf den folgenden Seiten ...

- ... erkennen Sie, dass auch bei hohen Goldpreisen eine Anlage in Gold sehr sinnvoll sein kann.
- ... bekommen Sie eine konkrete Anleitung, wie Sie vorgehen sollten, wenn Sie Gold in Form von Barren und Münzen kaufen wollen.
- ... zeigen wir Ihnen einen Weg, wie man aus unhandlichen Barren handliche Wertpapiere macht.
- ... wird Ihnen eines klar: Gold ist ganz schön spekulativ und wirft auch keinen regelmäßigen Ertrag ab – deshalb nur zur Beimischung im Finanz-Rucksack geeignet!

3.1 Direktanlage in Gold

Nach Golde drängt,
Am Golde hängt
Doch alles. Ach wir Armen!

Ein Satz Gretchens aus Goethes Faust. Und es scheint wirklich so: Je ärmer oder, besser gesagt, je unsicherer wir uns fühlen, desto mehr scheint es uns »ins Gold« zu drängen. Das jüngste Beispiel der Kapitalmarkt- beziehungsweise Subprime-Krise macht es uns deutlich, der Goldpreis steigt und steigt: Die »magische« 1.000-US-Dollar-Grenze je Unze (31,10 Gramm) wurde bereits überschritten. Und die Nachfrage scheint weiter zu steigen – obwohl die Anlage in Gold auch einige Risiken birgt:

Gold bietet keinen laufenden Ertrag – also Zinsen oder Dividenden –, der zum Lebensunterhalt beitragen kann. Auch kann der Goldpreis

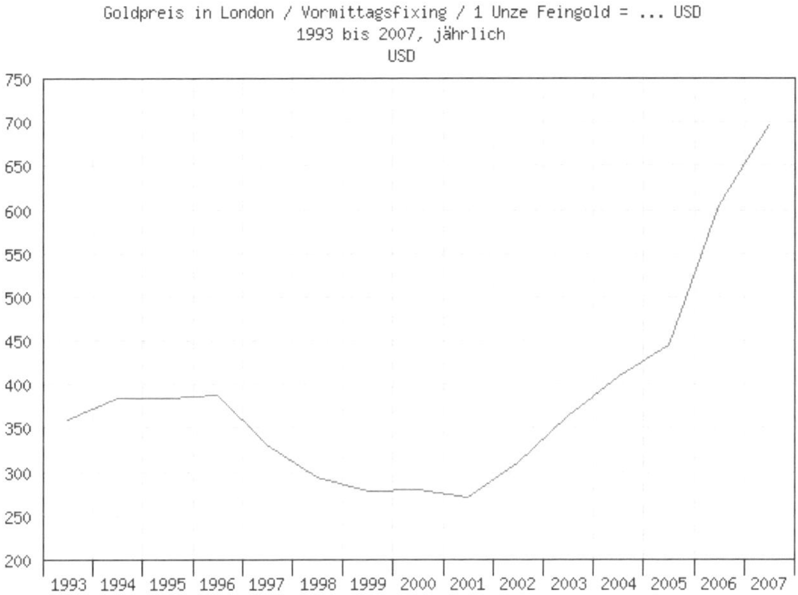

Quelle: Deutsche Bundesbank

fallen. Nach dem alten Höchstpreis für Gold im Jahre 1980 ging es bis an die Jahrtausendwende lange Jahre bergab mit dem edlen Metall. Viele Anleger sehen erst jetzt wieder ungefähr ihre Einstandspreise von vor knapp 30 Jahren – in US-Dollar!

Auch da liegt ein Risiko: die Abhängigkeit vom US-Dollar. Die maßgebliche Handelswährung beim Gold ist nach wie vor der Dollar. Für den in Euro investierenden Anleger kann das erhebliche Auswirkungen haben. Hätten Sie beispielsweise noch zu einem günstigen Goldpreis in Gold investiert und möchten sich über Gewinne im Gold freuen, so versalzt Ihnen der stark gegenüber dem US-Dollar gestiegene Euro ganz schön die Suppe. Die Kursgewinne im Gold wurden von den Kursverlusten des US-Dollars weitgehend aufgezehrt. Ein weiteres Risiko ist die mangelnde Transparenz des Goldmarktes. Es ist nicht abschließend zu klären, was den Goldpreis immer wieder in die Höhe treibt: die starke Nachfrage aus den immer reicher werdenden asiatischen Ländern – allen voran China, wo vor 2002 Handel und Besitz von Gold verboten waren – oder weltweit steigende Inflationsängste. Nicht zuletzt wohl auch die Tatsache, dass Gold immer ein beliebtes Spekulationsobjekt war und ist.

Dennoch: Was spricht für Gold – außer, dass es seit jeher ein Symbol für Macht und Reichtum war und schöner glänzt als jeder Bankdepotauszug?

Gold ist ein knapper und damit wertvoller Rohstoff. Der weltweite Abbau von Gold stagniert derzeit. Steigende Energie- und Logistikkosten bedeuten steigende Förderkosten für Gold. Auch haben sich die Förderbedingungen verschärft. Bevor eine Mine in Betrieb geht, müssen Zulassungsverfahren, die sich lange hinziehen können, durchlaufen und strenge Umweltschutzauflagen beachtet werden. Manche Goldvorkommen können mit der heutigen Fördertechnik noch gar nicht abgebaut werden. Aber selbst wenn die Technik das eines Tages möglich macht: Irgendwann ist der Rohstoff Gold erschöpft. Dafür ist er einfach recycelbar. Anders als beispielsweise verbrauchtes Öl, das nur zur Umweltverschmutzung »dient«, kann »verbrauchtes« Gold (zum Beispiel Schmuck oder Zahngold) jederzeit eingeschmolzen und wiederverwertet werden.

Gold bietet schon immer einen guten Inflationsschutz. Gold kann nicht beliebig vermehrt werden wie Papiergeld. Am schnellsten aufwärts mit dem Goldpreis ging es immer dann, wenn der Realzins gering oder sogar negativ war, sprich: dann, wenn die Inflationsrate deutlich über den gezahlten Zinsen lag.

Physischem Gold, also Goldbarren oder Goldmünzen, stehen keine Schulden gegenüber. Anders als bei einer Schuldverschreibung ist man nicht abhängig von der Rückzahlungsfähigkeit eines Staates oder eines Unternehmens. Gold ist immer und überall eine »harte« Währung.

Es gibt also gute Gründe – trotz des hohen Goldpreises –, ein wenig Glanz in Ihren Finanz-Proviant zu bringen. Aber nur als Beimischung und im Bewusstsein, dass es sich auch hier um eine vom Charakter her langfristige Anlage handelt.

Wenn Sie in physisches Gold anlegen wollen, bieten sich Produkte an, die weltweit akzeptiert werden, deren Preise nahe am rechnerischen Goldpreis liegen und bei denen die Spanne zwischen Verkaufspreis und Ankaufspreis nicht zu groß ist. Klar, der Händler oder die Bank wollen ebenfalls daran verdienen. Manche mehr, manche weniger, deshalb lohnen sich auch hier Preisvergleiche.

Vorteilhaft ist es, keine allzu großen Stückelungen zu kaufen. Angenommen, Sie wollen 20.000 Euro in physischem Gold anlegen – kaufen Sie nicht gleich ein Kilo am Stück! Besser ist, Sie kaufen für den Gegenwert beispielsweise mehrere 100-Gramm-Barren (Verkaufspreis Stand Februar 2008: rund 2.000 Euro) und Ein-Unzen-Krügerrand-Münzen (Verkaufspreis Stand Februar 2008: rund 630 Euro). Dann müssen Sie, falls Sie an Ihre Goldreserven ranwollen, nicht gleich das ganze Kilo wieder aus dem Finanz-Rucksack nehmen und den ganzen Goldproviant verkaufen. Ein Vorteil der Krügerrand-Münzen liegt in der sehr guten Handelbarkeit – bei Bedarf lassen sie sich leicht wieder zu Geld machen.

Auf jeden Fall sollten Sie sich für die Lagerung Ihres Goldes nicht auf einen Rucksack verlassen, sondern einen Banksafe mieten, falls Sie noch keinen haben. Erkundigen Sie sich auch, ob es eine Höchstsumme gibt, mit der Ihr Schließfachinhalt versichert ist, und passen Sie gegebenenfalls die Versicherungssumme dem Wert Ihres Schließfachinhalts an.

Nun zur Frage, ob Goldschmuck eine sinnvolle Anlageform in Gold ist. Das beantwortet sich wie der Nährwert eines Nuss-Nougat-Brotaufstrichs für Ihre Ernährung: »gut für die Seele!« Dennoch ist es natürlich immer noch mehr Wert, wenn Sie von Ihrer Tante ein 80 Gramm schweres Goldkettchen erben als einen zehn Jahre alten Fernseher. Für das Goldkettchen erhalten Sie zumindest einen gewissen Materialwert – sozusagen das Beste aus einem Drittel entrahmter Milch, falls Sie (oder auch andere, zum Beispiel bei einer Auktion) sich nichts daraus machen.

3.2 Zertifikate und Fonds

Wem die Beschaffung oder die Lagerung von physischem Gold zu umständlich ist, der kann auch in Zertifikate oder Fonds investieren. Die Zertifikate, die von Banken emittiert werden, verbriefen das Recht auf eine bestimmte Menge Gold. Der Vorteil liegt in einer leichten Handelbarkeit über die Börse. Empfehlenswert ist diese Variante der Goldanlage auch für diejenigen, die kurzfristig auf Bewegungen im Goldmarkt spekulieren und nicht längerfristig auf Gold setzen. Wichtig zu wissen ist aber, dass Gold-Zertifikate Inhaberschuldverschreibungen sind. Ihre Anlagegelder werden also nicht, wie bei Fonds, im separaten Sondervermögen gehalten (und sind im – unwahrscheinlichen, aber theoretisch möglichen – Konkursfall des Emittenten nicht geschützt). Das bietet nicht genug Sicherheit für unsichere Zeiten!

Eine weitere Alternative der Goldanlage bieten Ihnen ETFs. Sie legen die Anlegergelder in physischem Gold an und lassen es dann von einem Treuhänder verwahren. Falls Ihnen irgendwann doch danach sein sollte, das Gold in Händen zu halten, können Sie sich das Gold auch ausliefern lassen. Allerdings wäre es dann kostengünstiger gewesen, Sie hätten gleich Barren oder Münzen gekauft.

3.3 Goldminen-Aktien

Wer möchte nicht am Goldrausch neuer Goldfunde mitverdienen? Der Wert der Aktien dieser schillernden Unternehmen wird nicht allein vom Goldpreis beeinflusst, sondern vor allem vom goldenen Näschen der Goldsucher und vom Wert der von ihnen gefundenen Goldvorkommen. Bei diesen Aktien tragen Sie also auch bei etablierten Minenunternehmen ein erhebliches unternehmerisches Risiko. Sind die Vorkommen so ergiebig wie erwartet? Wie sind die geologischen und technischen Möglichkeiten des Abbaus in den Minen? Was tut sich in den Förderländern politisch? Die damit verbundenen Risiken sind kaum zu diversifizieren und deshalb nicht gerade goldig für eine sichere Anlage für unsichere Zeiten!

3.4 Worauf Sie achten sollten

- Gold ist ein wertvoller Bestandteil einer gut gestreuten Vermögensanlage, sollte aber auch in unsicheren Zeiten nur eine Beimischung bleiben und nicht vor lauter Zukunfts- und Inflationsängsten in Ihrem Finanz-Proviant übergewichtet werden. Denn einen laufenden Ertrag ziehen Sie aus einer Goldanlage nicht!

- Vergleichen Sie die Preise beim Goldan- und -verkauf. 100 Gramm Feingold sind und bleiben 100 Gramm Feingold. Da gibt es keine Qualitäts-, jedoch spürbare Preisunterschiede! Fallen Sie aber nicht auf Betrüger herein, die Ihnen als besonderes Schnäppchen »Katzengold« verkaufen. Kaufen Sie am besten bei einer seriösen Bank oder Sparkasse!

- Das Gleiche gilt, wenn Sie Altgold verkaufen wollen. Auch hier bieten Ihnen die Händler ganz unterschiedliche Preise. Also genau hinschauen und vergleichen!

- Falls Sie lieber »etwas in der Hand« haben wollen als nur auf Ihrem Depotauszug verbuchte Zertifikate oder Fonds – dann sollten Sie Gold pur oder als handelbare Münzen kaufen. Legen Sie Ihre Goldstücke aber nach glücklichem – oder ehrfürchtigem – Bestaunen auch wieder aus der Hand und bald wieder zurück in einen sicheren Banksafe – eine sichere Verwahrung für unsichere Zeiten!

4. Rendite mit Ressourcen – noch mehr Spekulation

Auf den folgenden Seiten …

- … erkennen Sie, dass mit Weizen, Reis und Soja nicht nur leckerer Proviant für hungrige Mäuler, sondern auch hübsche Gewinne mit der Preisentwicklung dieser Ressourcen gemacht werden können.
- … bekommen Sie einen ersten Einblick in die Komplexität und den Risikogehalt der weltweiten Finanzgeschäfte mit Rohstoffen.
- … zeigen wir Ihnen die wichtigsten Aspekte rund um die private Geldanlage in Rohstoffen.
- … wird Ihnen eines klar: Große Chancen und Risiken im globalen Geschäft mit Ressourcen bieten nur Finanzprofis mehr Sicherheit für unsichere Zeiten!

4.1 Im Blickpunkt: die Preisrally bei Nahrungsmitteln und Rohstoffen

Dass Nahrungsmittel seit Jahren teurer werden, merkt jeder an der Supermarktkasse. Allein die Bevölkerungsexplosion von 6,5 auf 8,3 Milliarden Menschen bis zum Jahr 2030 wird die weitere Nachfrage nach Weizen, Mais, Reis oder Soja erhöhen. Um die zusätzliche Versorgung von rund zwei Milliarden Menschen zu sichern, muss das Angebot an Agrarrohstoffen in diesem Zeitraum um etwa ein Drittel steigen. Der steigende Lebensstandard mit einem höheren Anteil von Milchprodukten, Fisch und Fleisch an der menschlichen Ernährung ist dafür verantwortlich. Auch die Produktion von Biokraftstoffen wird in den kommenden Jahrzehnten zu einem zusätzlichen Nachfrageschub führen. Das Angebot kann dagegen mit der stark zunehmenden Nachfrage kaum mithalten. Neue Felder bringen wegen schlechterer Bodenqualität weniger Ertrag pro Fläche, und gleichzeitig gehen nach Schätzungen der Vereinten Nationen pro Jahr etwa ein halbes Prozent der bestehenden Anbauflächen durch Urbanisierung und Bodenschäden verloren. Schon heute wäre ohne künstliche Bewässerung auf einem Sechstel der weltweiten Anbauflächen keine Landwirtschaft mehr möglich. Und die globale Erderwärmung mit zunehmenden Dürren, Stürmen und Überflutungskatastrophen dürften wiederum zu weiteren Ernteausfällen und Verknappungen führen.

In diesem Umfeld sind der Preis für Weizen in den zurückliegenden zwei Jahren schon um 252 Prozent, der Preis für Soja um 155 Prozent und der Preis für Mais um 152 Prozent gestiegen. Aber nicht allein die Erwartungen hinsichtlich der künftigen Verhältnisse zwischen Angebot und Nachfrage sind Auslöser und Treiber der »Agroinflation«, wie die Preissteigerung der Agrarrohstoffe genannt wird. Weil über viele Jahre in Landwirtschaft und Bergbau vergleichsweise wenig investiert wurde, fehlt es jetzt an Produktionskapazitäten, an Energie, an Infrastruktur oder an Anbauflächen. Selbst in den 1990er Jahren waren die Preise für Rohstoffe und Grundnahrungsmittel so niedrig, dass sich Investitionen kaum lohnten. Erst mit den Nachfrageüberhängen aus Asien, dem Mittleren Osten und aus der westlichen Welt sorgt die Logik der Gütermärkte für steigende Preise und attraktive Investitionen. Aber auch spekulative Finanzinvestoren suchen ihre Gewinnchancen mit Wetten auf die künftigen Preise von Nahrungsmitteln oder Rohstoffen wie Basismetalle, Edelmetalle oder Erdöl. Entsprechend stieg der Anteil der Finanzinvestoren an den offenen Spekulationspositionen (sog. *open interest*) an der Londoner Rohstoffbörse *London Metal Exchange (LME)* bei den wichtigen Basismetallen von weniger als zehn Prozent im Jahr 2003 auf über 20 Prozent Anfang 2008.

Schon vor mehr als 30 Jahren formulierte der Geologe *Marion King Hubbert* seine Theorie, dass beispielsweise bei Öl die Knappheit nicht erst eintritt, wenn die Ölquellen versiegt sind, sondern schon dann, wenn der Punkt der maximalen Ölförderung erreicht ist. Heute ist diese *Peak-Oil-These* aktueller denn je. Und wurden in den 1960er Jahren rund 55 Milliarden Barrel Öl pro Jahr neu entdeckt, so sind es heute weniger als zehn Milliarden. Auf der Angebotsseite kommen erschwerend hinzu: ungeplante Verzögerungen bei der Förderung des schwarzen Golds, Produktionsausfälle und die Tatsache, dass große Teile der globalen Reserven in Regionen mit hohen geopolitischen Risiken liegen. Dem steht auch hier eine steigende Nachfrage gegenüber, ausgelöst durch das rasante Wachstum der Schwellenländer[48] bei gleich bleibender Nachfrage der Industrieländer. So spekulieren nicht wenige auf einen weiteren Anstieg des Ölpreises über die Grenzkosten des teuersten neuen Förderprojekts hinaus (derzeit zwischen 70 und 90 Dollar je Barrel).

Doch es ist nicht allein die Erwartung weiter steigender Preise, die Rohstoffe und Grundnahrungsmittel für die Geldanlage interessant machen, sondern auch die geringe Synchronität zwischen den Entwicklungen an den Aktienmärkten und den Märkten für Ressourcen (in der Fachsprache: eine recht niedrige Korrelation zwischen Indizes wie dem *MSCI-World-Aktienindex* und dem Rohstoffindex *DJ-AIG Commodity*). Deshalb führt eine Beimischung von Anlagen in Ressourcen tendenziell zu einer Reduzierung des Risikos im Depot vieler Finanzprofis.

Zudem bieten diese Güter einen potenziellen Inflationsschutz, weil ihre Preise in Phasen steigender Inflation ebenfalls steigen. Und was ist mit Ihnen: Sollten auch Sie Ihren Finanz-Proviant in Agrarrohstoffe, Edelmetalle und Öl anlegen?

4.2 Zertifikate und Fonds

Mittlerweile gibt es eine Reihe von Zertifikaten, die sich auf die Preise von Mais, Reis oder Milch beziehen. Derartige Rohstoffinvestments erfolgen üblicherweise nicht über den Kauf des Rohstoffes an sich, sondern über sogenannte Future-Kontrakte an den Terminmärkten. Dort

48 Allein in den vier größten Schwellenländern der Erde – China, Russland, Indien und Brasilien – sollen nach aktuellen Prognosen schon 2020 fast 50 Prozent der weltweiten Wirtschaftsleistung stattfinden. Eine zentrale Voraussetzung dafür: eine funktionierende Infrastruktur, deren Grundlagen vor allem Öl und Edelmetalle wie Nickel, Zink oder Kupfer sind.

werden Preisvereinbarungen zur Lieferung einer bestimmten Menge einer Ressource zu einem bestimmten Termin in der Zukunft geschlossen (daher der Begriff *Future*, engl. Zukunft), zum Beispiel ein Pound Zucker der Sorte *Sugar N°11* (entspricht 454 Gramm) zur Lieferung im Mai 2008 zu 13,47 US-Cent. Auf diese Weise kauft man schon heute einen Rohstoff zu einem vereinbarten (Future-)Preis, wenn man mit einer steigenden Preisentwicklung rechnet – man sichert sich sozusagen einen vergleichsweise günstigen Kaufpreis schon heute. Der jeweilige Handelspartner rechnet hingegen mit dem Gegenteil (mit sinkenden Preisen) und sichert sich durch dieses Geschäft einen schon heute vereinbarten (Future-)Preis für den Verkauf des Rohstoffs. Damit auch langfristig auf die Preisentwicklung eines bestimmten Rohstoffs gesetzt werden kann und es nicht zur tatsächlichen Lieferung von Zucker, Mais oder Weizen zum vereinbarten Termin und (Future-) Preis kommen muss – wer hat hierfür schon die passenden Lager geschweige denn die Abnehmer der Waren? –, wechseln beziehungsweise »rollen« die Finanzprofis, die an den Terminmärkten handeln, kurz vor Fälligkeit eines Kontraktes in einen anderen Kontrakt. In unserem Fall des *Sugar N°11* steigen die Terminpreise bis zum Mai 2009 auf 14,64 US-Cent. Dass 2007 nur rund zehn Prozent aller Kontrakte durch Lieferungen und Bezahlungen erfüllt und 90 Prozent nicht bis zur Fälligkeit gehandelt wurden, ist ein deutliches Zeichen, dass vermehrt Spekulanten Gewinne mit Wetten auf die Preisentwicklung von Ressourcen machen möchten.

Die meisten Anleger investieren nicht in einzelne Rohstoffe, sondern in Rohstoffindizes, das Pendant zu den bereits oben vorgestellten Aktienindizes, in denen die Preisentwicklung verschiedener Rohstoffe zusammengefasst wird. Das ist sinnvoll, um eine Streuung der Chancen und Risiken für Ihr angelegtes Kapital zu erreichen.[49] Das beschriebene regelmäßige »Rollen« an den Terminmärkten beeinflusst jedoch die Wertentwicklung der Zertifikate auf die im Index zusammengefassten Rohstoffe in der Weise, dass beim Wechsel der Kontrakte ent-

49 So wiesen seit 2007 die meisten Rohstoffe deutliche Preissteigerungen auf, während der Preis für Orangensaftkonzentrat auf den tiefsten Stand seit Jahren gefallen ist.

weder ein Gewinn oder ein Verlust entsteht (sprich: eine positive oder eine negative Rollrendite – im oben geschilderten Fall des Zuckers No. 11 müssen die Zertifikateanbieter, die ihre Papiere weiterlaufen lassen, in einen rund neun Prozent teureren Kontrakt wechseln). Diese Rollrendite wirkt auf den Wert des Index, der dann nicht mehr exakt die reale Preisentwicklung der Rohstoffe an den Rohstoffmärkten abbildet, zum Beispiel der S&P GSCI Agricultural, der die Preisentwicklung für Weizen, Mais, Soja, Zucker, Baumwolle, Kaffee und Kakao abbildet.[50] Hinzu kommt, dass die meisten Agrarrohstoffe und auch die auf sie abgestimmten Indizes auf Dollar basieren. In Euro gerechnet ist ein Wertzuwachs des Indexfinanzproduktes deshalb auch von der Entwicklung des Dollars zum Euro abhängig. Will man dann aus Sicherheitsgründen noch eine Wechselkurssicherung gegen das Euro-Dollar-Währungsrisiko, kommen dafür weitere renditeschmälernde Kosten ins Spiel.

Neben der Geldanlage in Zertifikaten auf einzelne Ressourcen oder Indizes gibt es seit kurzem auch Fonds, die weltweit in Aktien von Unternehmen investieren, die ihre Geschäfte mit Rohstoffen machen, zum Beispiel mit Nahrungsmitteln im Agro-Business (wie etwa die Verarbeiter von Getreide und Ölsaaten), oder von ihm profitieren (wie beispielsweise Saatgut- und Pflanzenschutzmittelproduzenten oder Zuckerhersteller). Grundsätzlich ist man mit Rohstoff-Aktien nur bedingt am Rohstoffmarkt investiert. Vielmehr beteiligen Sie sich an Unternehmen, die entlang der gesamten Prozesskette vom »Suchen« bis zum »Verbrauchen« bestimmter Rohstoffe beteiligt sind. Sie beteiligen sich damit an Unternehmen, die gut oder schlecht wirtschaften können, was maßgeblich von der Managementleistung abhängig ist. Darüber hinaus tragen Sie das unternehmerische Risiko, dass negative Umwelteinflüsse ein Unternehmen besonders hart treffen, Minen versiegen, Schächte einstürzen oder Arbeiter streiken. Am Vergleich der Entwicklung des Ölpreises (US-WTI-Future) im Vergleich zur Entwicklung des AMEX-Oil-Indexes der größten Ölkonzerne der Welt seit Anfang 2007 in der nachstehenden Tabelle können Sie sehr gut sehen, dass die

50 Dieser Index ist im vergangenen Jahr um rund 75 Prozent angestiegen, wohingegen die Zertifikate des Agrarindex nur um rund 50 Prozent an Wert zulegten.

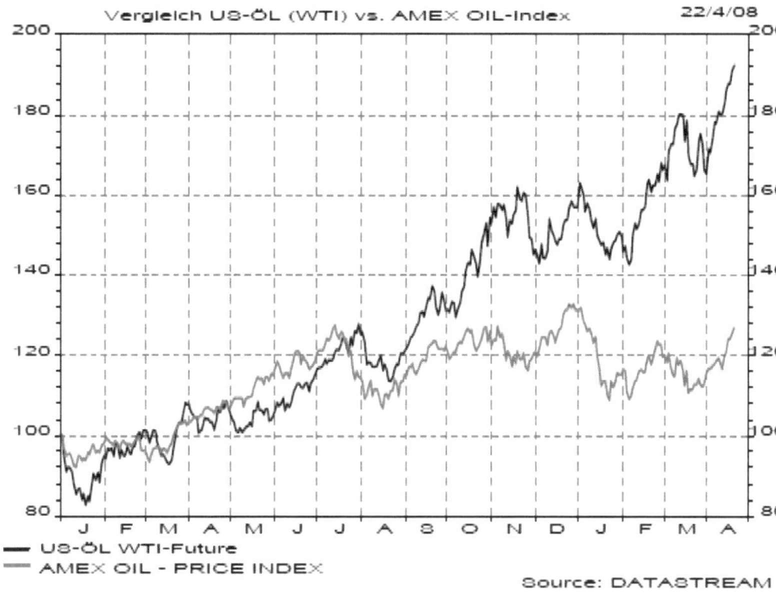

Entwicklung der Rohstoff-Aktien deutlich von der Entwicklung der zugehörigen Rohstoffpreise abweichen kann.

Neben den Ertragszuwächsen aus der Kursentwicklung der im Fonds versammelten Aktien spielen aber auch die Kosten von Rohstofffonds eine Rolle – in der Regel um die fünf Prozent Ausgabeaufschlag und eine jährliche Verwaltungsgebühr von ein bis zwei Prozent. Wie gehabt also: Vom Start weg verdienen erst einmal andere, und dann kommen Sie dran – immer vorausgesetzt, die Preise, Wechselkurse und Aktienkurse der Unternehmen steigen wirklich weiter.

Also aufgepasst: Bei der Agrar- und Rohstoffanlage reicht es nicht, allein die Marktpreise, den Dollarkurs sowie die Transaktions- und Verwaltungskosten im Auge zu behalten. Gerade die Terminmarktbesonderheiten und die große Zahl an kapitalstarken Großanlegern und Spekulanten können binnen Minuten zweistellige Prozentschwankungen auslösen. Das ist eher was für Spielgeld als für sicheren Finanz-Proviant im Alter.

ZUM SCHLUSS: UNSERE ACHT WICHTIGSTEN PROFI-TIPPS IM ÜBERBLICK

Im letzten Kapitel lesen Sie komprimiert und konkret unsere wichtigsten Tipps zum Packen Ihres Finanz-Rucksacks für einen sicheren Weg durch die finanziellen Höhen und Tiefen des Lebens. Darüber hinaus bekommen Sie unsere Black-List derjenigen Produkte, die wir auf gar keinen Fall in einen Finanz-Rucksack packen würden – nach dem Motto: mehr Sicherheit für unsichere Zeiten!

1. Unsere Hab-Acht-Tipps für Ihre Rucksack-Strategie und Ihre Altersvorsorge

1. Überwinden Sie den inneren Schweinehund – packen Sie Ihren Finanz-Rucksack

»Wer sich belügt, lebt vergnügt«, sagt ein altes Sprichwort. Solange wir uns nicht mit dem Alter beschäftigen müssen, sind wir offensichtlich immer noch jung. Das Problem ist für viele auch nicht einmal das Thema *Genügend Geld später im Alter*, sondern das Generalthema *Alter und unsichere Zeiten* schlechthin. Hinzu kommt: Wer möchte schon aufs Ausgehen, auf schicke Kleidung oder ein paar Tage Urlaub verzichten, nur um für seine ohnehin unbekannte Zukunft mit Alter und Krankheiten vorzusorgen. Selbst wenn der Geist willig ist[51], das Fleisch

51 Die Hälfte der Deutschen geht laut einer aktuellen Umfrage des *Instituts für Demoskopie Allensbach* ernsthaft davon aus, dass das Geld später einmal nicht ausreichen wird. Bei den Jungen sagen das schon zwei von drei. Die Marktforschungsgesellschaft *Psychonomics* hat herausgefunden, dass mehr als 80 Prozent der Bürger auch bereitwillig einräumen, dass künftig mehr Eigenverantwortung von ihnen gefragt sein wird. Sie haben sogar den Vorsatz zum Sparen: Jeder Zweite sagt, dass er mehr fürs Alter zurücklegen will. Doch die Zahl derer, die ein konkretes Investment für ihre Altersvorsorge planen, hat sich in den vergangenen vier Jahren halbiert. Und immerhin jeder zweite Deutsche gehört zu den »Überforderten« oder »Frustrierten« in Sachen Altersvorsorge. Nach Erhebungen des Statistischen Bundesamts liegt das Sparen fürs Alter bei 40 Prozent der Haushalte

ist eben schwach. Und es fällt uns eben verdammt schwer, auf etwas zu verzichten, an das wir uns gewöhnt haben.

Doch gerade wenn wir uns erschrecken, wie wenig wir die Art und Weise unseres Lebens und Alterns selbst beeinflussen können, sollten wir Übersicht und Kontrolle über unsere Finanzen gewinnen. Wir sollten zeitig und eigenverantwortlich unseren Finanz-Rucksack packen und immer genau wissen, was in welcher Menge in welcher Tasche ist – vom Geld für den täglichen Bedarf übers Wohnen und die Freizeit bis hin zur Geldanlage und Altersvorsorge in der Vermögenstasche. Denn gerade wenn es nicht sehr viel ist, was wir in unsere acht Taschen packen können,[52] schaffen wir die möglicherweise lange und abwegige Tour durchs Leben nur mit etwas Planung und Disziplin. (Sie erinnern sich: Zahlen Sie sich zuerst Ihre zehn Prozent!) Und wenn man weiß, worauf man im Einzelnen zurückgreifen kann, bringt gerade diese Gewissheit auch die notwendige Entspannung ins Leben – egal, was kommt!

2. Nur ein guter Mix bringt gute Erträge und ausreichend Sicherheit

»Du sollst nicht alle Eier in einen Korb legen«, sagt uns ein anderes Sprichwort. Das Gleiche gilt für Ihren Finanz-Proviant in der Vermögenstasche. Es ist gerade in puncto Sicherheit wichtig, dass Sie Ihr Geld in dieser Vermögenstasche auf unterschiedliche Anlagen (verzinste Anlagen, Aktien, Rohstoffe und Immobilien) aufteilen. Und wer die Leistungen und die Sicherheit der vielen angebotenen Finanzpro-

---

nur knapp über oder sogar unter null – und das nicht, weil sie zu oft in den Urlaub fahren, sondern weil sie monatlich weniger als 2.000 Euro zur Verfügung haben (was in etwa dem Anteil der Deutschen entspricht, die nach Umfragen 2007 gar keine Urlaubsreise machen).

52 Zweistellig wird die Sparquote in Deutschland, das heißt der Anteil des Einkommens, der gespart wird, erst ab einem Haushaltseinkommen von etwa 3.000 Euro, und erst ab 5.000 Euro werden monatlich sogar mehr als 20 Prozent gespart.

dukte nicht beurteilen kann, der setzt besser auf Indexprodukte. Das ist in der Regel viel erfolgreicher als das Kaufen von Einzelwerten oder Fonds, denn die meisten Fondsmanager schlagen den Markt nicht, und schon gar nicht nach Abzug von Kosten. Zudem ist der Versuch, die besten Fondsmanager herauszupicken, ähnlich schwer, wie das richtige Trainerteam für eine Fußballmannschaft zusammenzustellen. Und wenn so ein Top-Management einmal den Fonds verlässt, was dann? Mit Indexprodukten sind Sie immer so gut wie der Markt, in dem Sie Ihr Geld anlegen, und das Risiko, einen schlechten Fonds zu erwischen, wird ausgeschaltet. Und wenn ein Index dann auch noch mehrere Aktien, Anleihen oder Rohstoffe enthält, dann erreichen Sie eine gute Streuung der Risiken und Ertragsquellen in Ihrer Vermögenstasche.

3. Keine Rendite ohne Risiko: Wer zu viel wagt, gewinnt zwar an Erfahrung, verliert aber als Preis dafür sein Geld

Die heute 30 bis 40-Jährigen haben in Deutschland bessere Chancen auf ein gutes Leben als jede Generation zuvor – und zwar bis zu ihrem späten Tod. Nur sicher ist es nicht, denn vernünftige finanzielle Vorsorge für das Alter ist komplizierter geworden, als es für unsere Eltern und Großeltern war. Weil es gerade bei Ihrer Altersvorsorge auf Verlässlichkeit ankommt, sollten Sie nur Top-Adressen, die von der staatlichen Finanzaufsicht kontrolliert werden und einem Sicherungssystem angehören, Ihr Geld anvertrauen.

4. Setzen Sie auf das achte Weltwunder – den Zinseszinseffekt

Wer in 30 Jahren gerne eine halbe Million Euro haben will (um in der Zukunft einmal eine monatliche Zusatzrente von rund 2.000 Euro zu bekommen), muss einerseits Monat für Monat immerhin zwischen 600 und 900 Euro sparen, aber andererseits »nur« 30 bis 45 Prozent des später einmal gewünschten monatlichen Finanz-Proviants. Möglich macht diese wundersame Brotvermehrung der Zinseszinseffekt. So kommt auch bei einem monatlichen Sparbetrag von gerade einmal 50 Euro in einen Fondssparplan nach 30 Jahren die spürbare Zusatzeinnahme von rund 48.000 Euro zustande (aus der man immerhin für 25 Jahre Monat für Monat 250 Euro Zusatzrente bekommen kann).

5. So schnell wie möglich mit dem Riestern beginnen

Jedes Jahr, das später mit der Bildung von Vermögen begonnen wird, kostet Sie wertvolle Rendite. Auch wenn die Riester-Rente ins Gerede gekommen ist wegen ihrer Anrechnung bei der Grundsicherung durch die staatliche Alterssozialhilfe, schafft sie ein sicheres Plus in Ihrem persönlichen Finanz-Rucksack. Und Vater Staat spendiert Jahr für Jahr Geld dazu und fördert das Riester-Sparen mit zusätzlichen Steuervorteilen. Auf diese Weise kann ein Mittzwanziger allein schon wegen seiner langen Anlagedauer in 40 Jahren rund 1.000 Euro monatliche Zusatzeinnahmen verbuchen. Übrigens: Das Argument, man habe fürs Riestern nicht genügend Euros übrig, zieht nicht: Der sogenannte Sockelbetrag, den Sparer mindestens aufbringen müssen, beträgt nur fünf Euro pro Monat; das entspricht einem Verzicht auf zwei Bier im Monat! Und wer mit kluger Strukturierung seines Finanz-Rucksacks vier Prozent seines Einkommens als Beitrag zahlt, bekommt sogar die maximale staatliche Förderung.

6. Unbedingt betriebliche Altersvorsorge dazupacken

Wenn sich Ihr Arbeitgeber als phantasielos – weil er Ihnen keine Möglichkeiten der betrieblichen Altersvorsorge bieten kann – oder geizig – weil er nicht bereit ist, etwas dazuzugeben – herausstellt, packen Sie das Thema selbst an. Denn Sie haben das Recht darauf, dass Ihr Arbeitgeber zumindest eine Direktversicherung für Sie abschließt, wenn er sonst nichts für Sie tun will. Und dabei können Sie dann nicht nur Steuern sparen – was wir doch alle sehr gern tun –, sondern auch Sozialabgaben, die ja sonst auch nicht weniger werden. Zudem ist es doch beruhigend, weiteren staatlich geförderten Finanz-Proviant für das Alter zu sammeln.

Generell gilt: Je schneller Sie das Thema angehen und in eine betriebliche Altersvorsorge investieren, desto besser. Ist doch prima, dass Ihr Geld auch länger für Sie arbeiten kann, wenn Sie schon länger für Ihr Geld arbeiten müssen!

7. Wohneigentum überdenken

Die einzige Form der Altersvorsorge, von der Sie schon in der Gegenwart etwas haben, ist Wohneigentum. Es gibt Ihnen ein gutes Gefühl, in den eigenen vier Wänden zu wohnen, da werden Sie doch gerne zum »Spießer«. Vorausgesetzt natürlich, Sie finden das passende Objekt zum passenden Preis! Bleiben Sie mit Ihren Wohnraumträumen auf dem Teppich, damit Sie sich diesen auch noch leisten können! Außerdem sollten Sie die Darlehen bis spätestens zu Beginn Ihres Ruhestandes zurückgezahlt haben – damit das Wohnen im Alter nicht nur mietfrei, sondern auch schuldenfrei ist.

Und wenn das Gesetz zum neuen »Wohn-Riestern« nutzen können, dann gibt es sogar noch eine Unterstützung vom Staat, die Schulden schneller loszuwerden. Also mitnehmen, was geht!

8. Risikoabsicherung ist wichtig – versichern Sie sich im richtigen Maß

Für alle, die nach dem 1. Januar 1961 geboren sind, wurde in Deutschland die gesetzliche Berufsunfähigkeitsrente gestrichen und durch eine Erwerbsminderungsrente ersetzt. Das bedeutet: Wer seinen Beruf nach einer schweren Krankheit oder einem Unfall nicht mehr ausüben kann, wird ohne Einschränkung auf eine andere Tätigkeit verwiesen.

Ein Bankangestellter erhält beispielsweise keinen Euro mehr aus der Rentenkasse, wenn er sich als Nachtwächter seinen Finanz-Proviant fürs Leben verdienen kann. Gerade für junge Berufseinsteiger ist der Berufsunfähigkeitsschutz enorm wichtig, denn sie haben in der Regel noch keine gesetzlichen Rentenansprüche angesammelt.[53] Neben der Berufsunfähigkeitsversicherung brauchen Sie normalerweise noch eine Haftpflichtversicherung, die für die Schäden aufkommt, die Sie möglicherweise Dritten zufügen.

Auch eine private Unfallversicherung sollten Sie haben, denn die gesetzliche Unfallversicherung deckt nur Unfälle an Ihrem Arbeitsplatz oder auf dem Weg dorthin ab. Vielleicht haben Sie aber schon mehr Unfallversicherungen, als Sie brauchen: direkt abgeschlossene, über Kreditkarten oder über Reiseversicherungspakete. Manch eine taugt vielleicht gar nicht viel, hat eine zu niedrige Versicherungssumme oder kundenunfreundliche Bedingungen. Deshalb: Überprüfen Sie, was Sie haben und was Sie brauchen. Optimal ist eine weltweit gültige 24-Stunden-Police. Meiden Sie reine Freizeitverträge oder Policen, die auf bestimmte Situationen beschränkt sind, zum Beispiel auf Verkehrsunfälle. Außerdem sollte die Versicherungssumme mindestens 100.000 Euro betragen.

Und wenn Sie jetzt noch das Risiko absichern, das mit dem Kauf oder dem Bau eines Eigenheims und den damit verbundenen Kreditlasten oder, viel allgemeiner, mit dem Ausfall Ihres Einkommens im Todesfall für Ihre Liebsten entsteht, dann sind mit einer zusätzlichen Risikolebensversicherung – mit hohem Schutzfaktor für relativ wenig Geld – schon die wichtigsten Sicherheiten für Ihren Finanz-Rucksack eingepackt.

Und jetzt viel Erfolg und Spaß bei Ihrer Tour durchs Leben! Und Hände weg von den folgenden Produkten, sonst wird die Tour ganz schnell zum Horrortrip!

---

53 Anspruch auf eine staatliche Erwerbsminderungsrente besteht in der Regel erst nach mindestens fünf Jahren sozialversicherungspflichtiger Beschäftigung.

2. Acht Hände-weg-Produkte

1. Vermeintliche Renditeschnäppchen

In edlen Prospekten mit großzügigen Immobilien und schönen Parkanlagen werden Ihnen zweistellige Renditen und eine Verdoppelung Ihres Kapitals in wenigen Jahren von selbsternannten Investmentbankern des Jahres versprochen – mit Bauerwerbsland in USA oder Kanada, mit Golf- und Freizeitimmobilien in den schönsten Gegenden Europas, mit dubiosen Inhaberschuldverschreibungen (sprich Anleihen) oder Genussrechten. Als »Garantie« erhalten die Kunden dann Pseudodokumente (meist in englischer Sprache) und zum »Anfüttern« in der Startphase des Investments sogar regelmäßige stattliche Ausschüttungen. Das *Deutsche Institut für Anlegerschutz e. V. DIAS* schätzt den durch Kapitalanlagebetrug verursachten Schaden in den vergangenen fünf Jahren in Deutschland auf über 250 Milliarden Euro.

Das Problem liegt aber nicht nur in der Geldgier oder dem fehlenden Expertenwissen der Anleger, sondern auch in der fehlenden staatlichen Kontrolle über derartige Investment- und Vermittlerfirmen durch die *Bundesanstalt für Finanzdienstleistungsaufsicht (BaFin)*. Trügerische und magische Signalworte wie »grundbuchabgesichert«, »kein Kursrisiko« oder »Wir investieren nur in hochwertige Sachwerte« und oft sogar die persönliche Empfehlung aus dem Kollegen- und Bekanntenkreis lassen viele davon ausgehen, dass es sich um seriöse und *einmalige* Gelegenheiten handele. Dabei gewinnt nur einer – Ihr betrügerischer Geschäftspartner.[54]

2. Hedge-Fonds

Hedge-Fonds versprechen den Anlegern höhere Renditen als Aktienanlagen – bei geringeren Wertschwankungen. Aber: Sie unterliegen

---

54 Im Zweifel wenden Sie sich an das Deutsche Institut für Anlegerschutz www.dias-ev.de oder Ihr Landeskriminalamt.

keiner europäischen oder amerikanischen Aufsichtsbehörde. Mangels Regulierung können sie in alle Segmente investieren, also nicht nur in Aktien oder Anleihen. Sie können sehr risikoreiche Geschäfte wie Leerverkäufe – also Verkäufe von Sachwerten, die der Verkäufer noch gar nicht besitzt – oder Termingeschäfte abschließen und ihre Investitionen ohne Eigenkapital nur über Kredite finanzieren. Meistens folgen sie der Strategie der Konzentration und nicht der Diversifikation. Wenn ihre Geschäfte gut gehen, gewinnen die Hedge-Fonds überproportional (über die Kosten und Management-Fees der Fonds), und wenn sie schief gehen, verlieren die Fondsanteilsbesitzer.

Deshalb: Hände weg, auch wenn »Kleinanleger« sich mittlerweile über Hedge-Fonds-Zertifikate oder Dach-Hedge-Fonds auch in diesem Bereich tummeln können.

3. Optionsscheine

Eine Option ist ein Recht, eine Chance zu nutzen. Ein Call-Optionsschein gibt Ihnen das Recht, einen bestimmten Basiswert (zum Beispiel eine Aktie) zu einem festgelegten Preis innerhalb einer bestimmten Frist zu kaufen. Ein Put-Optionsschein gibt Ihnen das Recht, einen Basiswert zu einem festgelegten Preis innerhalb einer bestimmten Frist zu verkaufen. Der Käufer eines *Calls* spekuliert auf steigende Kurse (und den Wertzuwachs seines »Billig-Kaufrechts«), der Käufer eines *Puts* auf fallende (und einem Wertzuwachs seines »Teuer-Verkaufsrechts«). Geht die Rechnung während der Laufzeit des Optionsscheins nicht auf, ist das Geld ein für alle Mal weg! Deshalb: Hände weg in Sachen Altersvorsorge!

4. Knock-out-Papiere

Hier kaufen (Bull-Papiere) oder verkaufen (Bear-Papiere) Anleger Basiswerte, zum Beispiel Aktien, mit Hebelwirkung. Der Hebel entsteht dadurch, dass nur ein – im Vergleich zum Direktinvestment – geringer Kapitaleinsatz erforderlich ist. Diese Wertpapiere besitzen eine Knock-out-Schwelle. Wird diese Kursschwelle nur einmal erreicht, verfallen die Papiere sofort. Das angelegte Geld ist weg. Deshalb nicht in den Finanz-Rucksack stecken – sonst stehen Sie plötzlich ohne Finanz-Proviant da!

5. Mitunternehmer bei Schiffen, Flugzeugen, Windparks und Co.

Über einen geschlossenen Fonds können Sie sich unternehmerisch an allerhand Investitionsobjekten beteiligen. Doch oft sind die Kosten hoch (weil alle an dem Objekt schon vor Ihnen verdienen wollen), die Renditen entwickeln sich nicht wie vorhergesagt (das ist jetzt ab sofort Ihr Risiko), und Sie dürfen möglicherweise das Unternehmertum von der Verlustseite her kennenlernen.

Ähnlich verhält es sich bei der exklusiven Anlage des Vermögens als Private Placement in diversen Fonds als Kommanditist (die Fonds sind als GmbH & Co. KGs strukturiert) – sprich: als Eigenkapitalgeber. Bei Schiffsfonds suchen beispielsweise Reeder interessierte Anleger zum gemeinsamen Schiffskauf. Der Kaufpreis des Schiffes oder die Charterrate gelangen im Gegensatz zu üblichen, von der Finanzaufsicht regulierten Fonds – mit Prospektpflicht – nicht an die Öffentlichkeit. Hinter diesen Privatplatzierungen können sich ganz schnell überteuerte und renditeschwache Investments verbergen, denen Sie dann auf den Leim gehen.

6. Kreditfinanzierte Anlageträume

Vorsicht bei dubiosen Vermittlungen von Immobilien, deren Werthaltigkeit und Standort Sie gar nicht einschätzen können. Das Ganze wird dann oft noch bis zum Anschlag mit Krediten finanziert, damit möglichst viele Schuldzinsen von der Steuer abgesetzt werden können. Oder es wird schnell noch 2008 ein Aktienpaket über Kredit finanziert, damit man mit den »sicheren« Kursgewinnen nicht unter der neuen Abgeltungssteuer leiden muss. Das kann ganz schnell zum Alptraum werden, wenn sich die gekauften Werte nicht wie erträumt entwickeln oder die Erträge nicht so sprudeln und die Darlehen trotzdem bezahlt werden müssen. Deshalb: Hände weg vom »Steuern sparen, koste es, was es wolle«.

7. Belegschaftsaktien

Klingt doch prima, wenn Unternehmen ihre Mitarbeiter über steigende Aktienkurse und Dividenden am Unternehmenserfolg beteiligen und zusätzlich motivieren. Üblicherweise haben diese zu Sonderpreisen an die Mitarbeiter verkauften Wertpapiere eine Sperrfrist, in der sie nicht an der Börse an Dritte weiterverkauft werden dürfen. Wenn Sie aber unsere Diversifikation-senkt-Risiken-Devise im Hinterkopf haben, dann ist es nicht sehr vernünftig, sowohl das persönliche Humankapital als auch das sauer Ersparte in seinen Arbeitgeber zu investieren. Im Konkursfall verlieren Sie nicht nur Ihren Job, sondern auch noch einen Großteil Ihrer Altersvorsorge. Also nach der Sperrfrist verkaufen und die Erlöse in andere Anlagen, Branchen und Länder anlegen.

8. Hände weg von Produkten, die Sie nicht verstehen

»Diese Papiere haben eine feste Laufzeit, die aber vorzeitig endet, wenn der zugrunde liegende Barwert über ein bestimmtes Niveau steigt.« Alles klar, oder was?

Kaufen Sie grundsätzlich nur Produkte, die Sie verstehen. Es gibt immer mehr Angebote – darunter viele Zertifikate und Anleihen –, deren Erträge, Fälligkeiten oder Rückzahlungsmodalitäten an bestimmte Entwicklungen oder Bedingungen gekoppelt sind. Können Sie problemlos nachvollziehen, wie die Wertpapiere genau funktionieren, und können und wollen Sie die damit verbundenen Risiken eingehen, dann dürfen Sie kaufen. Wenn nicht – lassen Sie einfach die Hände weg, sonst werden Sie möglicherweise böse überrascht!

Wir sind uns natürlich bewusst, dass es noch viele Tipps rund um das Thema Altersvorsorge, Finanzplanung und Geldanlage gibt, die verdient hätten, hier erwähnt zu werden. Wir halten unser Buch auch nicht für allumfassend und uns nicht für unfehlbar. Aber in Kombination mit Ihrem gesunden Menschenverstand und Interesse für die aufgezeigten Themen ist es sehr hilfreich und vielfach praxisbewährt, um Ihren Erfolg im Beruf und Privatleben auch in finanzielle Sicherheit und Erfolg umzusetzen. Dabei wünschen wir Ihnen mit unserer Rucksack-Strategie das Beste!

Ihre »Bergführer« rund um Zinsgipfel, Vorsorgelöcher und Börsen-Berg-und-Tal-Fahrt

Nolte und Nolte

Danksagung

Auf unserer Tour durch die Welt der Finanzen und der Altersvorsorge haben uns viele Experten und wahre Investment-, Renten-, Erbrechts- und Versicherungsgenies mit Ihrem Wissen und ihren vielfältigen Erfahrungen beraten und engagiert unterstützt. Sie haben – auch an dieser Stelle des Buchs wieder einmal ganz bildlich gesprochen – den Finanz-Rucksack auf den unterschiedlichsten Etappen schon mal zur Probe getragen, den von uns empfohlenen Finanz-Proviant getestet und uns mit ihren offenen und ehrlichen Feed Backs sehr geholfen. Ihnen gilt unser ganz besonderer Dank (im folgenden ohne ihre wahrlich beeindruckenden Titel und Funktionen genannt): Werner Bischoff, Julia Broy, Christian Bubak, Batjargal Dorligab, Bastian Dütz, Dany Ebinger, Klaus Gerlach, Thomas Gerstner, Dirk Hörner, Thomas Knies, Markus Mair, Patrick Petzold, Franz Riester, Bernd Raffelhüschen, Bernhard Scheurer, Mira Strittmatter und Rolf Wörle. Nicht zu vergessen unsere Berater- und Trainerkollegen bei 4P, die Kollegen an der Steinbeis University Berlin, am SIMT und am Institute of Finance and Economics of Mongolia, die mit ihrem außerordentlichen Fachwissen und ihrer Diskussionsbereitschaft wertvolle Beiträge lieferten. Hervorragende Anregungen, Wünsche und Ideen kommen auch von den unzähligen Bank- und Sparkassenkunden in unseren Vorträgen und Workshops (die in Anbetracht der hohen persönlichen Betroffenheit der Menschen, wenn's um ihr Geld, ihr Häusle oder ihre Rente geht, nicht selten bis in die späte Nacht mit uns diskutierten). Ihre lebhaften Erzählungen, ihre entwaffnende Ehrlichkeit und ihre persönlichen Erfahrungen sollten noch viel mehr Bankmanager und Politiker hören.

Unsere langjährige Agentin Bettina Querfurth vom connectingteam glaubte schon an die Rucksack-Strategie und unser Buchprojekt, als es noch gar kein Projekt war. Ihrem Gespür für die richtigen Partner und ihrem erstklassigen Networking ist es zu verdanken, dass wir mit dem FinanzBuch Verlag einen hervorragenden Verleger an unserer Seite haben. Kent Gaertner hat sich dort als ein großartiger Partner erwiesen, der von Anfang an hinter dem Projekt stand und es meisterlich betreut und organisiert. Dr. Renate Oettinger und Fatima Cinar, unsere Lektorinnen im Verlag, bewiesen bei der Redaktion jenes Gespür und jenen Scharfsinn, die uns hilfreich unterstützten und bestärkten.

Einen ganz besonderen Dank verdient unser Sohn Luc, der mit seiner sonnigen Art jede Etappe beim Recherchieren, Schreiben und Workshoppen immer wieder auf's Neue bereichern konnte. Gerade für ihn und viele andere junge Menschen wollen wir verständliche und animierende Anregungen zum Thema „Finanzen und Altersvorsorge" liefern (– und kein »Langweiler-Buch«). Sie werden's sicher gut gebrauchen können!

Index

A

B

C

D

G

H

I

J

K

R

S

T

U

V

W

Z